Wissenschaftliche Untersuchungen zum Neuen Testament

Begründet von Joachim Jeremias und Otto Michel
Herausgegeben von
Martin Hengel und Otfried Hofius

53

Die Weisheitsschrift aus der Kairoer Geniza

Text, Übersetzung und philologischer Kommentar

von

Hans Peter Rüger

J. C. B. Mohr (Paul Siebeck) Tübingen

Die vier Abbildungen der Fragmente 1a–2b und die vierzehn Abbildungen der Fragmente 6a–12b wurden mit der freundlichen Genehmigung der M. E. Saltykov-Shchedrin State Public Library in Leningrad bzw. der Library of the Jewish Theological Seminary of America in New York abgedruckt.

CIP-Titelaufnahme der Deutschen Bibliothek

Rüger, Hans Peter:
Die Weisheitsschrift aus der Kairoer Geniza: Text, Übersetzung und philologischer Kommentar / von Hans Peter Rüger. – Tübingen: Mohr, 1991
(Wissenschaftliche Untersuchungen zum Neuen Testament; 53)
ISSN 0512-1604
ISBN 3-16-145618-1
NE: Die Weisheitsschrift aus der Kairoer Geniza; GT

Das Buch wurde von Gulde-Druck in Tübingen aus der Times-Antiqua gesetzt, auf alterungsbeständiges Werkdruckpapier der Papierfabrik Buhl in Ettlingen gedruckt und von der Großbuchbinderei Heinr. Koch in Tübingen gebunden.

Geleitwort der Herausgeber

Am 2. November 1990 starb Hans Peter Rüger, zwei Monate nach Vollendung seines 57. Lebensjahres. Er war nicht nur ein hervorragender Alttestamentler und Judaist, sondern auch ein begnadeter Philologe und Semitist. In der vorliegenden Textedition mit Übersetzung und sprachlichem Kommentar wird eben diese Vielseitigkeit seiner wissenschaftlichen Begabung sichtbar. Es ist zugleich das letzte wissenschaftliche Werk, das der allzufrüh Verstorbene zum Abschluß bringen konnte.

Die Evangelisch-Theologische Fakultät der Universität Tübingen verlor in ihm einen bedeutenden Gelehrten, einen von den Studenten geschätzten Lehrer und einen in seiner Güte und Hilfsbereitschaft vorbildlichen Kollegen. Er wird uns allen unvergeßlich bleiben.

Dezember 1990 Martin Hengel und Otfried Hofius

Vorwort

Ich danke den Leitungsgremien der Bibliothek des Jewish Theological Seminary of America in New York und der Staatlichen Öffentlichen Bibliothek Saltykow Schtschedrin in Leningrad dafür, daß sie neue Photographien der in ihrem Besitz befindlichen Teile des Manuskripts der „Weisheitsschrift aus der Kairoer Geniza" haben anfertigen lassen und mir die Erlaubnis gegeben haben, sie zu publizieren. Ich danke den Tübinger Kollegen Martin Hengel und Otfried Hofius für ihre spontane Bereitschaft, die vorliegende Arbeit in die „Wissenschaftlichen Untersuchungen zum Neuen Testament" aufzunehmen. Schließlich danke ich meiner Assistentin Frau Dr. Beate Ego und meiner Wissenschaftlichen Hilfskraft Frau Dorothea Betz für das Mitlesen der Korrekturen und die Anfertigung der Register.

Tübingen, im Oktober 1990 Hans Peter Rüger

Inhalt

I. Einleitung

Im ersten Band der von ihm mitherausgegebenen Reihe „Texte und Arbeiten zum neutestamentlichen Zeitalter" (TANZ) hat KLAUS BERGER im Sommer 1989 unter dem Titel „Die Weisheitsschrift aus der Kairoer Geniza. Erstedition, Kommentar und Übersetzung" einen Genizatext neu vorgelegt, der erstmals in den Jahren 1902–1904 von ABRAHAM E. HARKAVY[1] und SOLOMON SCHECHTER[2] veröffentlicht worden war. Die Handschrift dieses Textes, von der BERGER in einem „Anhang" nach S. 422 dankenswerterweise Photographien abdruckt, besteht aus neun Blättern im Format von durchschnittlich 19,5 × 17,4 cm, von denen sich die zwei von HARKAVY publizierten (S. I–IV) in der Sammlung Antonin der Staatlichen Öffentlichen Bibliothek Saltykow Schtschedrin in Leningrad, die sieben von SCHECHTER herausgegebenen (S. V–XVIII) in der Schechter Geniza Collection der Bibliothek des Jewish Theological Seminary of America in New York befinden. Nach SCHECHTER[3] „Fragment I [...] is written in square characters by an oriental hand, probably not later than the twelfth century. The MS. [...] is written in two columns, each page having eighteen lines, except pp. vi and xi[4], and is also provided with the superlinear punctuation." Bei dieser „superlinear punctuation" handelt es sich nicht, wie BERGER[5] angibt, um die palästinische, sondern um die sog. einfache babylonische Punktation[6].

1 Contribution à la littérature gnomique, REJ 45 (1902), S. 298–305 und *śarîd û-falîṭ mi-sefär mishlê mûsar qadmôn, ḥadashîm gam yeshanîm* II 7, 1902/03 (Nachdruck Jerusalem 1969/70), S. 379–384.

2 Genizah Fragments. I. Gnomic, JQR 16 (1904), S. 425–442. – Auf der Veröffentlichung SCHECHTERS beruht die Broschüre von LAZARE BELLÉLI, Un nouvel apocryphe. Étude sur un fragment de manuscrit du vieux Caire, 1904.

3 A. a. O., S. 426.

4 Da die sieben von SCHECHTER veröffentlichten Blätter anscheinend den zwei von HARKAVY publizierten folgen, handelt es sich nach heutiger Zählung um die Seiten X und XV.

5 A. a. O., S. 53. – In seinem Aufsatz Die Bedeutung der wiederentdeckten Weisheitsschrift aus der Kairoer Geniza für das Neue Testament, NTS 36 (1990), S. 415–430, hier: S. 415, Anm. 2 räumt BERGER ein, daß er „versehentlich ‚palästinische Vokalisierung'" geschrieben habe.

6 Den Lautwert der babylonischen Vokalzeichen kann man den Tabellen bei P. KAHLE, Die masoretische Überlieferung des hebräischen Bibeltextes, in: H. BAUER/P. LEANDER,

Leider stellt die sog. Erstedition BERGERS kaum einen wirklichen Fortschritt gegenüber den Veröffentlichungen HARKAVYS und SCHECHTERS dar: Der Konsonantentext der Handschrift ist an zahlreichen Stellen falsch gelesen.

Beispiele:

IV 9 *leṣîm we-zedîm*[7] „die Spötter und Frechen"
BERGER *leṣîm we-zarîm* „die Spötter und Heiden",
V 3 *ta'awat 'ôlam* „die Begierde der Welt"
BERGER *ḥamûdôt ha-gôyim* „die leckeren Speisen (Annehmlichkeiten) der Heiden",
6 *le-hashpîl rûḥam* „ihren Geist zu demütigen"
BERGER *le-hashmîd ge'ûtam* „ihren Stolz zu vernichten",
7 *we-rov 'ashamôt* „und viele Vergehen"
BERGER *we-rov 'awwa(h) mawät* „und viel Lust ist Tod".

Die babylonischen Vokalzeichen sind nicht selten mißverstanden.

Beispiele:

III 12 *yimmaṣe' „sie werden (*wörtlich: *er wird) gefunden"*
BERGER *yimṣa'* „man wird finden",
VII 14 *ṣarîkh le-zekhär* „bedarf des Gedenkens"
BERGER *ṣarîkh li-zkor* „muß...gedenken",
VIII 8 *bore' yadîd yyy* „Der Herr erschafft den, der ihm lieb"
BERGER *bore' yedîd yyy* „Er schafft einen Freund Gottes",
XIII 4 *yikhbad* „ist geehrt"
BERGER *yikkaved* „wird geehrt werden".

Und auch die Übersetzung ist nicht immer zuverlässig.

Beispiele:

III 8 *le-ḥappeś bam* „sie zu erforschen"
BERGER „sie zu ergreifen" (Verwechslung von *ḥpś* Pi'el und *tpś* Qal),
IV 12 *we-ha-mamrîm 'ôlam ha-ba' be-ta'awatam* „und die die kommende Welt verschmähen in ihrer Begierde"

Historische Grammatik der hebräischen Sprache des Alten Testaments, 1922 (Nachdruck Hildesheim 1965), S. 71–172, hier: S. 102, R. MEYER, Hebräische Grammatik I. Einleitung, Schrift- und Lautlehre, 1966, S. 53 oder E. WÜRTHWEIN, Der Text des Alten Testaments. Eine Einführung in die Biblia Hebraica, 5. Aufl. 1988, S. 27 entnehmen.

7 Zu dieser Lesart vgl. bereits A. E. HARKAVY, *ḥadashîm gam yeshanîm*, II 7, 1902/03, S. 382, Anm. 9 gegen Ende.

Berger „und die die kommende Welt eintauschen gegen ihre Begierden“ (Verwechslung von *mrh* Hif'il und *mwr* Hif'il [8]),

X 5 *le-shabbeaḥ* „preisen“

Berger „vergessen“ (Verwechslung von *shbḥ* Pi'el und *shkḥ* Qal),

XII 8 *û-meḥakkîm* „und sie warten“

Berger „und man lacht“ (Verwechslung von hebräisch *ḥkh* mit aramäisch *ḥwk*).

Daß der auf einem solchen Fundament errichtete Kommentar gelegentlich zu etwas ungewöhnlichen Ergebnissen gelangt, liegt auf der Hand. Ein Beispiel mag hier genügen:
Weil er die Anspielung auf Qoh 4,2f. (*we-shabbeaḥ 'anî 'ät ha-metîm shäkevar metû min ha-ḥayyîm 'ashär hemma(h) ḥayyîm 'adäna(h): we-ṭôv mi-shenêhäm 'et 'ashär 'adän lo' haya(h)* „Und ich pries die Toten, die längst gestorben sind: [Glücklicher sind sie] als die Lebenden, die jetzt noch leben, und besser daran als sie beide, wer noch nicht ins Sein getreten ist“) nicht erkannt hat, gibt Berger III 2

kî ṭôv ḥäsäd yyy me-ḥayyîn
û-shevaḥ le-fî 'shr 'adän {'shr} lo' haya(h):
„Denn die Gnade des Herrn ist besser als Leben
und lobenswert (selbst) im Vergleich mit dem, was noch nicht ins Sein [getreten ist“

auf den Seiten 15f. und 137 wieder mit
„Denn die Gnade Gottes ist besser als Leben –
ein Lob, das alles übertrifft, das bisher da war“.

Weil er ferner nicht bemerkt hat, daß in III 2a eine Anspielung auf Ps 63,4 (*kî ṭôv ḥasdekha me-ḥayyîm* „Denn deine Gnade ist besser als Leben“) vorliegt, führt er auf S. 164 aus: „Daß der Satz 3,2a zu den gewichtigsten der ganzen Schrift gehört, hat der Verf. wohl selbst bemerkt, indem er durch 3,2b die Unerhörtheit der Aussage selbst kommentierte ('ein Lob das alles übertrifft, das bisher da war'). Daß es etwas gibt, das besser ist als Leben, ist in der Tat für ein biblisch geprägtes Denken unerhört, denn bislang lief alle Offenbarung darauf hinaus, daß Gott der Ursprung des Lebens sei.“

Nach Ansicht Bergers[9] ist die Schrift „um 100 n. Chr.“ in Ägypten entstanden. Diese Annahme mag sich auf Grund der von ihm im Kommen-

8 Außerdem ist der Singular *be-ta'awatam* „in ihrer Begierde“ fälschlich mit einem deutschen Plural wiedergegeben.

9 A. a. O., S. 76.

tar herangezogenen – in der Hauptsache hellenistischen – Parallelen zu der Weisheitsschrift aus der Kairoer Geniza tatsächlich nahelegen. Die Schrift selbst gibt zu ihrer Begründung herzlich wenig her. Gegen die Behauptung Bergers[10]: „Das einzige Datum, das die WeishKairGen selbst preisgibt, ist die erfolgte Zerstörung Jerusalems nach 4,6 und besonders 6,11 (vgl. den Kontext 6,8–11)" ist mit Nachdruck festzustellen, daß IV 6 und VI 8–11 für die Bestimmung des terminus a quo denkbar ungeeignet sind. Bei dem „Schaden Josephs" (*shävär yôsef*), von dem in IV 6 und VI 8 die Rede ist, handelt es sich um eine Wendung aus Am 6,6 „Und sie härmen sich nicht um den Schaden Josephs" (*we-lo' näḥlû 'al shävär yôsef*), die der Prophet zur Charakterisierung der politischen Lage des Nordreichs in der 2. Hälfte des 8. Jh.s v.Chr. geprägt hat. VI 10b–11a „Denn sie haben sich damit beschäftigt, *ihren* Palast/Tempel zu bauen, während der Tempel/Palast des Herrn verwüstet war" (*kî 'aseqû li-vnôt hêkhalam we- hêkhal yyy ḥarav hû'*) ist eine deutliche Anspielung auf Hag 1,4 „Ist es denn für *euch* Zeit, in euren getäfelten Häusern zu wohnen, während dieses Haus verwüstet ist" (*ha-'et lakhäm la-shävät be-vatêkhäm sefûnîm we-ha-bayit ha-zä(h) ḥarev*), einen Text, der in Hag 1,1 auf den 29. August 520 v. Chr. datiert ist. Und bei der Formulierung von VI 11b „Und sie gedachten nicht des Zion" (*we-lo' zakherû 'et ṣiyyôn*) hat offenkundig Ps 137,1 „Als wir des Zion gedachten" (*be-zåkhrenû 'et ṣiyyôn*) Pate gestanden, der in nachexilischer Zeit verfaßt worden ist. Außer ihrem jeweiligen historischen Bezug haben die genannten Bibeltexte nach jüdisch-christlichem Schriftverständnis selbstverständlich auch den Charakter von „Verheißungen", die jederzeit in „Erfüllung" gehen können. Wer den Verlauf der israelitisch-jüdischen Geschichte auch nur einigermaßen überblickt, weiß jedoch, daß es eine solche „Erfüllung" nicht nur im Jahre 70 n. Chr. gegeben hat, sondern auch in den Jahren 135 oder 1096 n. Chr., um nur zwei Beispiele zu nennen[11].

Ebensowenig läßt sich die Behauptung Bergers[12] aufrecht erhalten, daß „einige Beobachtungen über das Verhältnis zur hebräischen Bibel [...] ebenfalls ein recht frühes Entstehungsdatum nahe(legen)". Die erste Be-

---

10 A.a.O., S.76.

11 Ein zumindest indirekter Beweis für die Richtigkeit dieser Behauptung ist die Anführung von Am 6,6 in dem aus der 1. Hälfte des 16. Jahrhunderts stammenden Zitat bei E. Bloch, Thomas Münzer als Theologe der Revolution, 1989, S.43: „So wandte sich später gar mancher Lutherpriester selbst mit Münzerscher Sprache gegen die 'falschen evangelischen Kriegsregenten, welche vom Gebot Christi nicht einmal angebrannt, geschweige denn bekehrt wurden; samt eurem Pferdeschwänze-Anhang, den falschen Propheten, die den Unrat eurer Abgötterei und Hurerei und Totschläge und Diebereien und Zaubereien kredenzen *und nicht eifern über den Schaden Josefs'"* (kursiv vom Verf.).

12 A.a.O., S.77.

obachtung BERGERS[13]: „In WeishKairGen 9,11 liegt ein hebräischer Bibeltext zugrunde, der Vorlage für die LXX war, aber im MT nicht bewahrt ist. Das bedeutet: Unsere Schrift ist hier von einer vor-masoretischen Textform abhängig (s. Komm. z. St.), wie sie wahrscheinlich in Ägypten verbreitet war (weil die LXX dort entstanden sein dürfte)" zeigt nur, daß er sich weder IX 11 noch Prv 8,30a hinreichend genau angesehen hat. Denn IX 11

kî ḥåkhma(h) kelî yôṣer
we-'immô le-näṣaḥ neṣaḥîm:
„Denn die Weisheit ist das Werkzeug des Schöpfers
und mit ihm zusammen in alle Ewigkeit"

entspricht bis in die Einzelheiten hinein Prv 8,30a

MT	*wa-'ähyä(h) 'äṣlô 'amôn*
LXX	ἤμην παρ' αὐτῷ ἁρμόζουσα
Peschitta	*'ammeh matqena' hwêt*

„(Und) ich (scil. die Weisheit) war bei ihm als Werkmeister(in)", wenn man berücksichtigt, daß *'amôn* hier im Sinne von BerR 1,1 par. („Die Torah spricht: Ich war das Handwerkszeug des Heiligen, er sei gepriesen" [*'anî hayîtî khelî 'ûmmanutô shäl ha-qadôsh barûkh hû*]) aufgefaßt ist und daß *'äṣlô* und *'immô*, wie die Peschitta mit ihrem *'ammeh* „mit ihm zusammen" deutlich erkennen läßt, Synonyme sind. Die Feststellung BERGERS[14]: „Unser Text geht damit in einem Punkt auf eine Textform zurück, wie sie nur der LXX vorlag, wie sie aber im MT nicht erhalten ist: Das ‚bei ihm', das unser Text erhalten hat (*'immô*) wurde in LXX mit παρ' αὐτῷ wiedergegeben. Im MT fehlt Entsprechendes" und seine Vermutung, „die nur in WeishKairGen bewahrte Form *we-'immô* [erklärt] wohl auch das rätselhafte *'amôn* des MT, das auf einem Hör- oder Abschreibfehler, jedenfalls auf einer Verwechslung beruht", lassen sich daher nur als grandiose Mißverständnisse erklären.

Die zweite Beobachtung BERGERS[15]: „WeishKairGen kennt nicht die Kanon-Zweiteilung in Torah und Propheten, sondern spricht durchgehend von Torah bzw. Torah der Propheten (9,6). Eine Sonderstellung des Pentateuch ist noch nicht entwickelt (eher im Gegenteil)", ist ebenfalls recht ungenau. Denn wenn die Weisheitsschrift aus der Kairoer Geniza in IX 6 vom „Gesetz der Propheten" (*tôrat nevî'îm*) spricht, so ist dieser Begriff selbstverständlich von mAv 1,1 („Mose empfing die Torah vom Sinai und

13 A. a. O., S. 77.
14 A. a. O., S. 302.
15 A. a. O., S. 77.

gab sie weiter an Josua, und Josua an die Ältesten, und die Ältesten an die Propheten, und die Propheten gaben sie weiter an die Männer der Großen Versammlung“ [*moshä(h) qîbbel tôra(h) mi-sînay û-mesarah l-îhôshua‘ w-îhôshua‘ li-zqenîm û-zeqenîm li-nvî’îm û-nevî’îm mesarûha le-’anshê khenäsät ha-gedôla(h)*]) her zu verstehen, wo *tôra(h)* nach Machzor Vitry S. 461 bekanntlich „die ganze Torah schlechthin, sowohl die schriftliche als auch die mündliche“ (*kol ha-tôra(h) khûllah shä-bi-khtav we-shä-be-‘al pä(h)*) bezeichnet. Und die Vorstellung, „WeishKairGen kenn[e] nicht die Kanon-Zweiteilung in Torah und Propheten“ und „eine Sonderstellung des Pentateuch [sei] noch nicht entwickelt“, ist in Anbetracht des um 132 v. Chr. vom Enkel des Jesus Sirach in Ägypten geschriebenen Prologs zum Sirachbuch[16] völlig abwegig, zumal dann, wenn man, wie Berger[17], „Ägypten als Entstehungsort“ der Weisheitsschrift aus der Kairoer Geniza annimmt.

Die dritte Beobachtung Bergers[18] schließlich: „Die Art, in der unsere Schrift Ps 1 angeht, offenbart dieselbe Einschätzung dieses Psalms, die auch diejenigen hatten, die ihn im Laufe des 1. Jh.s n.Chr. an die Spitze der Psalmensammlung stellten (vgl. den Komm. zu 3,15–4,5)“ ist dagegen im Prinzip richtig. Ps 1 ist „ein indirektes Lob des Gesetzes, sofern der glücklich gepriesen wird, der in seinem Leben Gottes Gesetz bejaht und sein Leben danach einrichtet“[19], und nach Ausweis des Makarismos von III 15

> *’ashrê ’îsh ’ohev tôra(h)*
> *we-doresh ḥåkhma(h) we-yir’at yyy:*
> „Wohl dem Manne, der das Gesetz liebt
> und die Weisheit sucht und die Furcht des Herrn“

ist die Weisheitsschrift aus der Kairoer Geniza auf einen ganz ähnlichen Ton gestimmt wie Ps 1. Nur kann man daraus keinerlei Schlüsse auf die Abfassungszeit der Weisheitsschrift ziehen. Denn die Rahmung der Psalmensammlungen A bis G mit den sog. Gesetzespsalmen 1 und 119[20], wann immer sie erfolgte[21], hatte ja gerade den Zweck, einen hermeneutischen

16 Vgl. Verf., Das Werden des christlichen Alten Testaments, in: Jahrbuch für Biblische Theologie 3 (1988), S. 175–189, hier: S. 176.

17 A. a. O., S. 78.

18 A. a. O., S. 77f.

19 C. Westermann, Zur Sammlung des Psalters, in: Ders., Forschung am Alten Testament, Theologische Bücherei 24 (1964), S. 336–343, hier: S. 338.

20 Vgl. H. Gese, Die Entstehung der Büchereinteilung des Psalters, in: Ders., Vom Sinai zum Zion. Alttestamentliche Beiträge zur Biblischen Theologie, Beiträge zur Evangelischen Theologie 64 (1974), S. 159–167, hier: S. 165, Anm. 21. – C. Westermann, a. a. O., S. 340.

21 Trotz Act 13,33 (v.l.) wird sie kaum erst auf das 1. Jh. n.Chr., sondern schon auf das 3./2. Jh. v.Chr. zu datieren sein.

Schlüssel für das Verständnis der genannten Psalmensammlungen und – nach Abschluß des Psalters – für das Verständnis der Psalmen überhaupt zu liefern. Und wie das ganze Judentum vor, neben und nach ihm hat sich auch der Verfasser der Weisheitsschrift aus der Kairoer Geniza diesen hermeneutischen Schlüssel zu eigen gemacht.

Läßt sich weder IV 6 und VI 8–11 noch dem Verhältnis der Weisheitsschrift aus der Kairoer Geniza zur hebräischen Bibel ein Hinweis auf die Abfassungszeit dieser Schrift entnehmen, so kann man aus ihren Übereinstimmungen mit der *rabbinischen Literatur*, besonders mit mAv, Sepher Jeṣirah[22] und bBer, sowie mit dem *rabbanitischen und karäischen Schrifttum des Mittelalters*, vor allem mit dem *sefär ḥôvôt ha-levavôt* des Baḥya b. Joseph b. Paquda, wenigstens den terminus a quo für ihre Entstehungszeit mit einiger Sicherheit erschließen. Wie die folgenden Beispiele zeigen, ist die Weisheitsschrift aus der Kairoer Geniza von mAv abhängig und nicht umgekehrt:

IX 16 *'al yithallal 'adam be-khoaḥ gevûratô*
(w) kî 'im li-khbosh 'et yôṣerô[23]*:*
„Nicht rühme sich der Mensch der Kraft seiner Stärke,
sondern daß er seinen Trieb bezwingt".
mAv 4,1 *'ê zä(h) hû' gîbbôr kôvesh 'ät yiṣrô*
„Welcher ist ein Held? Wer seinen Trieb bezwingt".

XIII 5a *mevaṭṭel reṣônô mi-penê reṣôn yôṣerô*
„Wer seinen Willen hintanstellt gegenüber dem Willen seines Schöpfers".
mAv 2,4 *baṭṭel reṣônakh mi-penê reṣônô*
„Stelle deinen Willen hintan gegenüber seinem Willen".

XVIII 15a *me'aṭ 'îssaq we-'îssaq ba-tôra(h)*
„Wenig hat er sich beschäftigt, sich aber mit dem Gesetz beschäftigt".
mAv 4,9 *häwê me'aṭ 'esäq wa-'asôq ba-tôra(h)*
„Sei wenig beschäftigt, aber beschäftige dich mit dem Gesetz".

XVIII 16 *mi-kol 'adam lemad de'a(h)*
„Von jedem Menschen lerne Erkenntnis".
mAv 4,1 *'ê zä(h) hû' ḥakham ha-lamed mi-kål 'adam*
„Welcher ist weise? Wer von jedem Menschen lernt".

---

22 Ich zitiere nach L. Goldschmidt (Hrsg.), Sepher Jeṣirah. Das Buch der Schöpfung, Frankfurt a.M. 1894 (Nachdruck Darmstadt 1969).

23 Lies *yiṣrô*.

mAv 2,2 erwähnt als letzten bedeutenderen Rabbinen „Rabban Gamliel, den Sohn von Rabbi Jehuda ha-Nasi'". Da Rabbi Jehuda ha-Nasi' im Jahre 217 n.Chr. gestorben ist, kann mAv kaum vor der Mitte des 3. Jh.s n.Chr. abgeschlossen worden sein. Das aber bedeutet, daß als terminus a quo für die Abfassung der Weisheitsschrift aus der Kairoer Geniza allein schon auf Grund ihrer Abhängigkeit von mAv frühestens die zweite Hälfte des 3. Jh.s n. Chr. in Frage kommt.

In dieselbe Richtung weisen die in VII 5f. und IX 11 verarbeiteten Midraschüberlieferungen von der prämundanen Erschaffung von Hölle und Paradies sowie von der Weisheit als Schöpfungswerkzeug Gottes, obwohl sich aus ihnen in Anbetracht ihrer weiten Verbreitung keine eindeutigen Schlüsse auf die zeitliche Ansetzung der Weisheitsschrift aus der Kairoer Geniza ziehen lassen.

Auch die Übereinstimmungen zwischen der Weisheitsschrift aus der Kairoer Geniza und dem wahrscheinlich zwischen dem 3. und 6. Jh. n.Chr. in Palästina entstandenen[24] Sepher Jeṣirah lassen als terminus a quo kein früheres Datum als die zweite Hälfte des 3. Jh.s n. Chr. zu. Wie z. B. das Nebeneinander von

> I 13b.14b.15b
> *we-ḥayyê 'ôlam ha-zä(h) 'aḥarîtô mawät...*
> *û-mämshäläṭ 'ôlam 'aḥarît 'avdût...*
> *we-'åshrô sôfô ṣerîkhût*
> „und das Leben dieser Welt – sein Ende ist Tod...
> und die Herrschaft der Welt – das Ende ist Knechtschaft...
> und ihr Reichtum – sein Ende ist Bedürftigkeit"

und

> Sepher Jeṣirah IV 3
> *temûrat ḥayyîm mawät...*
> *temûrat 'ôshär 'ônî...*
> *temûrat mämshala(h) 'avdût*
> „Das Gegenteil des Lebens ist der Tod. ...
> Das Gegenteil des Reichtums ist die Armut. ...
> Das Gegenteil der Herrschaft ist die Knechtschaft"

zeigt, geht der Verfasser der Weisheitsschrift aus der Kairoer Geniza mit dem Sepher Jeṣirah zwar ungleich freier um als mit mAv, aber die Beziehungen zwischen beiden Texten sind trotzdem so eng, daß man Sepher Jeṣirah in X 18 mit Erfolg zur Textkritik heranziehen kann.

---

24 Vgl. G. Scholem, Kabbalah, 1978, S. 27.

Auf einen um rund drei Jahrhunderte späteren terminus a quo für die Abfassung der Weisheitsschrift aus der Kairoer Geniza kommt man, wenn man die fast wörtliche Übereinstimmung zwischen

III 6 *kî 'ên 'adam zôkhä(h) shetê shulḥanôt*
„Denn der Mensch wird nicht zweier Tische gewürdigt"

und

bBer 5b *lo' khol 'adam zôkhä(h) shetê shulḥanôt*
„Nicht jeder Mensch wird zweier Tische gewürdigt"

sowie die Entsprechung zwischen

VIII 9a *ma(h) yit'ônen 'adam 'al middôta(y)w*
„Was klagt der Mensch über sein Schicksal?"

und

bQid 80b *ma(h) yit'ônen 'adam ḥay gävär 'al ḥaṭa'a(y)w ... we-'abba' Sha'ûl kî ketîv ha-hû' be-mitra'em 'al middôta(y)w ketîv we-hakhê qa-'amar ma(h) yitra'em 'adam 'al middôta(y)w we-khi gävär 'al ḥaṭa'a(y)w dayyô ḥayyîm shä-natattî lô*
„‚Was klagt der Mensch, der da lebt? Ist er Herr über seine Sünden?' (Thr 3,39) ... Und (was sagt) Abba Saul? Jener Schriftvers ist geschrieben im Hinblick auf jemanden, der über sein Schicksal murrt, und er will folgendes sagen: Was murrt der Mensch über sein Schicksal? Ist er etwa Herr über seine Sünden?! Es genüge ihm das Leben, das ich ihm gegeben habe!"

berücksichtigt. Urheber des Satzes von bBer 5b ist der palästinische Amoräer R. Johanan, der im Jahre 279 n. Chr. gestorben ist, während es sich bei dem Abba Saul von bQid 80b um einen Tannaiten aus der Mitte des 2. Jh.s n.Chr. handelt. Da schwerlich anzunehmen ist, daß der Verfasser der Weisheitsschrift aus der Kairoer Geniza noch aus lebendiger mündlicher Tradition hat schöpfen können, vielmehr damit zu rechnen ist, daß ihm bereits der mit der Endredaktion durch die Saboräer zum Abschluß gekommene babylonische Talmud vorgelegen hat, ist ein früheres Datum als die Wende vom 6. zum 7. Jh. n. Chr. so gut wie ausgeschlossen.

Die Richtigkeit dieser Spätdatierung wird bestätigt durch die Tatsache, daß die Weisheitsschrift aus der Kairoer Geniza in XI 1.2.3 und 5 den Begriff *ḥamishsha(h) she'arîm* „fünf Pforten" zur Bezeichnung der fünf Sinne verwendet. Dabei handelt es sich, wie D. Kaufmann[25] gezeigt hat,

25 Die Sinne. Beiträge zur Geschichte der Physiologie und Psychologie im Mittelalter aus hebräischen und arabischen Quellen, Leipzig 1884, S. 82ff. Den Hinweis auf diese grundlegende Arbeit verdanke ich S. Schechter, a. a. O., S. 434f.

um eine Weiterentwicklung der im Sepher Jeṣirah IV 7 (*shiv'a(h) she'arîm ba-näfäsh ... shetê 'ênayim shetê 'åznayim shetê niqvê ha-'af we-ha-pä(h)* [„sieben Pforten in der ‚Seele': zwei Augen, zwei Ohren, zwei Nasenlöcher und den Mund"]) und in dem davon abhängigen[26] MTadshe' XI (BHM III 175: *we-shiv'a(h) she'arîm ba-näfäsh shenê* [sic] *'ênayim shenê* [sic] *'åznayim shetê 'appayim û-fä(h) 'äḥad* [„Und sieben Pforten in der ‚Seele': zwei Augen, zwei Ohren, zwei Nasenlöcher und ein Mund"[27]]) belegten Vorstellung von den „sieben Höhlungen oder Öffnungen am Haupte"[28], die sich erstmals im *sefär ḥôvôt ha-levavôt*[29] (ed. LEWIN-EPSTEIN, Jerusalem 1965/66), dem um 1080 verfaßten, den Einfluß der Werke muslimischer Mystiker verratenden Erbauungsbuch des in der 2. Hälfte des 11. Jh.s in Spanien lebenden neuplatonisch orientierten jüdischen Theologen und Dichters Baḥya b. Joseph b. Paquda findet. In *sefär ḥôvôt ha-levavôt* III 9 (a.a.O., S.121) heißt es: *û-fataḥ lakh ... ḥamishsha(h) she'arîm 'äl ha-'ôlam, we-hifqîd 'alêhäm ḥamishsha(h) shô'arîm mi-nä'ämana(y)w. we-ha-she'arîm hem kelê ha-ḥûshîm, ha-'ênayim, we-ha-'åznayim, we-ha-'af, we-ha-lashôn, we-ha-yadayim. we-ha-shô'arîm hem ha-ḥûshîm ha-ḥamishsha(h) ha-mishtammeshîm bahäm, we-hem: ḥûsh ha-re'ût, we-ḥûsh ha-shema', we-ha-rêaḥ, we-ha-ṭa'am, we-ha-mishshûsh* „Und er (scil. der Schöpfer) hat dir (scil. der Seele) ... fünf Pforten zur Welt geöffnet und fünf Pförtner von seinen Getreuen darüber eingesetzt. Und die Pforten sind die Werkzeuge der Sinne: die Augen und die Ohren und die Nase und die Zunge und die Hände. Und die Pförtner sind die fünf Sinne, die sich ihrer bedienen, nämlich: der Gesichtssinn und der Gehörsinn und der Geruch und der Geschmack und das Tasten". Zwar läßt sich grundsätzlich nicht ausschließen, daß Baḥya b. Joseph b. Paquda Vorgänger hatte, die KAUFMANN aus irgendeinem Grunde entgangen sind, und daß deshalb die Weisheitsschrift aus der Kairoer Geniza älter ist als Baḥya b. Joseph b. Paqudas *sefär ḥôvôt ha-levavôt*. Da sich aber auch sonst enge Berührungen zwischen der Weisheitsschrift aus der Kairoer Geniza und dem *sefär ḥôvôt*

26 Vgl. L. ZUNZ, Die gottesdienstlichen Vorträge der Juden, 2. Aufl., Frankfurt a.M. 1892 (Nachdruck Hildesheim 1966), S.293; R. KIRCHHEIM bei A. JELLINEK, BHM III, 3. Aufl., 1967, S.XXXIV.

27 Der Tastsinn zählt nach Sepher Jeṣirah V 6 zu den *manhîgîm*, „den lenkenden (Organen)".

28 D. KAUFMANN, a.a.O., S.182, Anm. 97. – MTadshe' VI (BHM III 168) sagt ganz entsprechend: *shiv'a(h) neqavôt hen be-ro'shô shäl 'adam: shetê 'ênayim, shetê 'åznayim, û-shetê neqavôt shäl ḥôṭäm we-ha-pä(h)* „Sieben Öffnungen sind am Haupt des Menschen: Zwei Augen, zwei Ohren und die zwei Nasenlöcher und der Mund".

29 Dieses ursprünglich arabisch geschriebene Werk ist von Juda b. Tibbon (ca. 1120–1190) ins Hebräische übersetzt worden.

ha-levavôt finden[30], kann es kaum zweifelhaft sein, daß die Weisheitsschrift aus der Kairoer Geniza ein vergleichsweise spätes Glied in der Entwicklungslinie ist, die vom Sepher Jeṣirah über den MTadshe' zum *sefär ḥôvôt ha-levavôt* führt.

Für eine relativ späte Abfassungszeit der Weisheitsschrift aus der Kairoer Geniza sprechen auch die zahlreichen Zitate[31] und Anspielungen auf den masoretischen Bibeltext, die sich wie folgt auf die einzelnen biblischen Bücher verteilen:

Tabelle 1

Zitate in der Weisheitsschrift aus der Kairoer Geniza

Dt	32,29[32]	(1)	
Summe Torah:		(1)	
1S	2,5		1
Jes	43,13[33] – 55,2	(2)	1
Jer	51,39		1
Summe Propheten:		(4)	3
Ps	15,5 – 49,13.21 (bis) – 106,21 – 111,3; 112,3.9 – 111,10 – 115,5; 135,16		7
Hi	33,30 (bis) – 39,17		3
Prv	1,22 – 3,13 – 10,2; 11,4 – 10,14 – 11,29 – 13,19 – 14,16 – 14,32 – 15,9 – 15,16 – 16,22 – 19,22 – 22,7(bis) – 28,20		15
Qoh	9,3 – 10,6 – 12,13		3
Summe Schriften:			28
Gesamtsumme:			32

30 Vgl. zu I 10.18; II 7.8.18; IV 6.9; V 6; VIII 2.5.14; X 19; XI 8.17; XV 12 und XVI 2.6.

31 Als „Zitate" gelten hier nur solche Anführungen, bei denen mindestens ein ganzer Stichos wörtlich mit dem Bibeltext übereinstimmt.

32 Oder Jes 43,13.

33 Oder Dt 32,29.

Tabelle 2
Anspielungen in der Weisheitsschrift aus der Kairoer Geniza

Gn	2,8 – 2,17 – 9,21 – 49,21	4
Lv	18,6; 25,49 – 19,17	2
Dt	21,20	1
Summe Torah:		7
Jos	1,8	1
Jdc	5,31 – 13,7.14	2
1S	2,4 – 2,30 – 25,29	3
2S	12,25	1
Jes	2,22 – 10,3 – 27,11 – 28,1 – 28,7 – 30,33 –35,11; 51,10 – 44,18 – 55,2 – 63,7	10
Jer	8,9 – 9,22 – 9,23 – 15,15 – 17,9 – 17,11 – 22,15 – 51,56 – 51,58	9
Ez	14,14.20 – 33,31	2
Am	6,6 – 6,13	2
Mi	6,8	1
Hab	2,15	1
Hag	1,4	1
Sach	3,7	1
Mal	3,16	1
Summe Propheten:		35
Ps	1,1 – 1,2 – 1,6 – 8,17 – 9,17 – 15,4 – 15,5 – 16,11 – 24,5 – 26,4 – 37,4 – 63,4 – 73,18 – 78,25 – 85,14 – 94,10 – 119,54 – 137,1	18
Hi	1,1.8; 2,3 – 6,3 – 8,21 – 20,17	4
Prv	1,32 – 2,4 – 3,5 – 3,18 – 4,16 – 8,15 – 8,17 – 8,18 – 8,30 – 10,23 – 10,28 – 11,4 – 11,9 – 11,27 – 11,29 – 12,5 – 12,26 – 13,18; 15,32 – 14,9 – 14,13 – 15,9 – 15,10 – 15,33 – 16,5 – 16,16 – 16,22 – 18,2 – 19,2 – 20,1 – 20,3 – 21,14 – 21,21 – 23,4 – 23,29 – 23,30 – 23,31 – 24,7 – 25,8 – 25,9 – 26,11 – 28,6 – 28,16 – 30,2 – 30,8 – 30,9 – 31,5 – 31,25 – 31,26	48
Qoh	1,3 – 2,13 – 2,14 – 2,26 – 3,13; 5,18 – 4,2f. – 5,3 – 7,17 – 8,1 – 9,2 – 9,5 – 10,10 – 11,10 – 12,5 – 12,12 – 12,13 – 12,14	17
Thr	2,18 – 3,28 – 3,29 – 3,39	4
Est	8,16	1
Da	12,3	1
Neh	9,25	1
Summe Schriften:		94
Gesamtsumme:		136

Dabei ist interessant, daß eine der genannten Anspielungen deutlich den masoretischen Text der orientalischen Juden voraussetzt:

X 10a *kemô qahat barzäl pana(y)w yeqalqel*
„Wie man, wird das Eisen stumpf, seine Schneide schärft"
geht zurück auf Qoh 10,10, wo die Lesart der Okzidentalen
'im qeha(h) ha-barzäl we-hû' lo' fanîm qilqel
„Wenn das Eisen stumpf wird und man die Schneide nicht [schärft",
die der Orientalen aber
'im qeha(h) ha-barzäl we-hû' lô fanîm qilqel
„Wenn das Eisen stumpf wird und man ihm die Schneide [schärft"
lautet[34].

Wie die proto-masoretischen Qumran-Handschriften nach Art von 1Q Isb zeigen, müßte sich bei einer „um 100 n.Chr." verfaßten Schrift mindestens die eine oder andere vor-masoretische Textform nachweisen lassen; davon findet sich jedoch in den mehr als 180 Zitaten und Anspielungen in der Weisheitsschrift aus der Kairoer Geniza, deren Konsonantentext abgesehen von gelegentlichen Plene- oder Defektivschreibungen genau mit dem der Musterkodizes der Masoreten des Ostens[35] wie des Westens[36] übereinstimmt, nicht die geringste Spur.

Die genannten Schriftzitate und -anspielungen sind von dem Autor der Weisheitsschrift aus der Kairoer Geniza, teils allein, teils miteinander oder mit aus anderen Werken der jüdischen Literatur stammenden Zitaten und Anspielungen verbunden, so geschickt in den Text seines Werkes eingefügt worden, daß Eigenes und Angeeignetes, zumindest auf den ersten Blick, nicht voneinander zu unterscheiden sind. Der dadurch erzielte Effekt entspricht genau dem des sog. Musivstils, in dem bis in die frühe Neuzeit hinein zahllose jüdische Gedichte (Pijjutim) aller Art geschrieben worden sind.

Eine relativ späte Ansetzung der Weisheitsschrift aus der Kairoer Geniza legt schließlich auch ihre Sprache nahe. Schon Harkavy[37] und Schechter[38] hatten auf „les mots et tournures talmudiques qu'il emploie" bzw. auf die in ihr vorkommenden „strange words and unusual expressions" hingewiesen. Eines der auffälligsten Wörter ist *gäshäm* „Leib" (I 8; X 15 und XV 1), das

34 Vgl. BHS, BHK und C. D. Ginsburg, The Old Testament, 4 Bde, 1908–1926, z.St.

35 Codex Babylonicus Petropolitanus (geschrieben 916 n.Chr.).

36 Kairoer Prophetenkodex (895), Aleppo-Kodex (1. Hälfte 10. Jh.) und Codex Leningradensis (1008 n.Chr.).

37 REJ 45 (1902), S. 298–305, hier: S. 298f.

38 A.a.O., S. 427, Anm. 1.

selbst im babylonischen Talmud noch nicht belegt ist[39] und offenbar – trotz der Homonymität mit hebräisch *gäshäm* „Regen" – erst von einem der ungezählten jüdischen Übersetzer aus dem Arabischen ins Hebräische dem arabischen *dschism* „Leib" nachgebildet wurde[40]. Ein Lehnwort aus dem Arabischen ist auch *qaṣîr* „kurz"[41] (III 7). Im Hebräischen heißt „kurz" *qaṣer*, während umgekehrt hebräisch *qaṣîr* I und II „Ernte" bzw. „Zweig" bedeuten. Daß derartige sprachliche Interferenzen vor der islamischen Eroberung im 7./8. Jahrhundert n.Chr. kaum denkbar sind, liegt auf der Hand.

Andere Substantive und Adjektive gehorchen zwar den Gesetzen der biblisch-hebräischen Nominalbildung, lassen sich aber an ihrer Bedeutung als mittelalterliche Neologismen erkennen. In diese Kategorie gehören z.B. *haṣlaḥa(h)*, constructus *haṣlaḥat*[42] „Erfolg, Gelingen" (II 5) und *nifsad*, Plural *nifsadîm*[43] „vergänglich, wertlos" (XII 12). Beide Vokabeln sind nachtalmudisch[44] und als solche erst in der hebräisch-sprachigen jüdischen Literatur des Mittelalters zu belegen[45].

Auch sonst finden sich in der Weisheitsschrift aus der Kairoer Geniza mancherlei sprachliche Eigentümlichkeiten. Bei den *Verben* tritt nicht selten das Pi'el für das Hif'il (*le-nazzeq* statt *le-hazzîq* „zu schädigen" [IV 7]; *me'ammenîm* statt *ma'aminîm* „glaubende" [XV 5]; *mela'avîm* statt *mal'ivîm* „spottende" [XVI 6]) und umgekehrt das Hif'il für das Pi'el *(ma'av[i]dîn* statt *me'abbedîn* „verlieren lassende" [III 6]; *mafḥîdîm* statt *mefaḥadîm* „sich scheuende" [IV 15]) ein. Bei den *Nomina* wird häufig der status constructus verwendet, wo man nach dem Standard des Biblisch-Hebräi-

---

39 Vgl. M. Jastrow, A Dictionary of the Targumim, the Talmud Babli and Yerushalmi, and the Midrashic Literature I, 1903 (Nachdruck New York 1950), S. 274a, J. Levy, Wörterbuch über die Talmudim und Midraschim I, 2. Aufl. 1924 (Nachdruck Darmstadt 1963), S. 366b und G. H. Dalman, Aramäisch-neuhebräisches Handwörterbuch zu Targum, Talmud und Midrasch, 2. Aufl. 1938 (Nachdruck Hildesheim 1967), S. 89a, wo jeweils nur *gäshäm* „Regen" verzeichnet ist.

40 Dementsprechend findet es sich bei Elia Levita, Opusculum recens Hebraicum ..., cui titulum ... *Tishbî*, Isny 1541, S. 57f. und selbstverständlich auch bei J. Buxtorf, Lexicon Hebraicum et Chaldaicum ... Accessit Lexicon Breve Rabbinico-Philosophicum, Basel 1639, S. 888.

41 Vgl. H. Wehr/J. M. Cowan, A Dictionary of Modern Written Arabic, 1961, S. 768b.

42 Vgl. H. Bauer/P. Leander, Historische Grammatik der hebräischen Sprache des Alten Testamentes, 1922 (Nachdruck Hildesheim 1965), S. 486 § 61 jε.

43 Vgl. H. Bauer/P. Leander, a. a. O., S. 323 § 44*f'*.

44 Vgl. M. Jastrow, a. a. O., I, S. 363b und II, S. 1192a, J. Levy, a. a. O., I, S. 488a und IV, S. 68b/69a sowie G. H. Dalman, a. a. O., S. 118a und 339b, wo jeweils der Eintrag *haṣlaḥa(h)* fehlt und das Nif'al von *psd* nur in der Bedeutung „Schaden erleiden, verlieren" registriert ist.

45 Vgl. J. Buxtorf, Lexicon Chaldaicum, Talmudicum et Rabbinicum, Basel 1639 (Nachdruck Hildesheim 1977), Sp. 1915 s.v. *ṣlḥ* und Sp. 1765 s.v. *psd*, wo jeweils ausdrücklich „apud Rabbinos" bzw. „Rab." vermerkt ist.

schen den status absolutus erwarten sollte (*melôn 'arûkh* „ein langes Nachtlager“ [II 6; III 10]; *melôn qaṣîr* „ein kurzes Nachtlager“ [III 6]; *melôn ṭôv* „ein gutes Nachtlager“ [III 14b]; *she'er beśar* „leibliche Verwandte“ [V 13]; *ṭûv ha-gadôl* „die große Güte“ [VI 6]; *kevôd wa-'oz* „Ehre und Stärke“ [XI 15]). Und auch die *Nominalbildung* weist mit Substantiven wie *ṣerîkhût* statt *'ônî* „Bedürftigkeit, Armut“ (I 15), *nehîgût*[46] und *manhîga(h)* statt *minhag* „Lenkung“ (II 16 bzw. XV 11), *shikhḥûm* statt *shikhḥa(h)* „Vergessen“ (X 8.9), *ṣimmûaḥ* statt *ṣämaḥ* „Sproß“ (X 12), *mashmî'a(h)* statt *shemî'a(h)* „Hören“ (X 17), *mashshash* statt *mishshûsh* „Tasten“ (X 17) und *mashlût* statt *mämshala(h)* „Herrschaft“ (XVI 15) zahlreiche Besonderheiten auf[47]. Einige dieser Anomalien mögen auf das Konto des Vokalisators gehen, aufs Ganze gesehen sind sie jedoch zweifellos als Hinweis darauf zu interpretieren, daß die Weisheitsschrift aus der Kairoer Geniza erst im Mittelalter verfaßt ist.

Ein terminus ante quem für die Abfassung der Weisheitsschrift aus der Kairoer Geniza läßt sich weder aus ihr selbst noch aus ihren Beziehungen zur rabbinischen Literatur erschließen. Beim augenblicklichen Stand der Dinge wird man sich daher damit begnügen müssen festzustellen, daß die Weisheitsschrift aus der Kairoer Geniza irgendwann zwischen der Wende vom 6. zum 7. Jh. n. Chr. auf der einen und dem 12. Jh. n. Chr. auf der anderen Seite verfaßt worden ist, als die einzige Handschrift, in der dieses Werk überliefert ist, geschrieben wurde. Dabei wird man in Anbetracht der mancherlei Berührungen zwischen der Weisheitsschrift aus der Kairoer Geniza und dem *sefär ḥôvôt ha-levavôt* des Baḥya b. Joseph b. Paquda eher an das Ende als an den Anfang der genannten Zeitspanne, die sich im wesentlichen mit dem sog. gaonäischen Zeitalter deckt, zu denken haben.

Was den Abfassungsort der Weisheitsschrift aus der Kairoer Geniza angeht, so denkt BERGER an Ägypten. Wie bei der Frage nach der Abfassungszeit gilt auch hier, daß zwar die hellenistischen Parallelen, die BERGER heranzieht, eine solche Annahme in der Tat nahegelegen mögen, die Weisheitsschrift selbst aber keinerlei Hinweise auf Ägypten als Abfassungsort enthält. Denn „die Nennung Josephs in 4,6; 6,8“, die BERGER[48] als

---

46 *ṣerîkhût* und *nehîgût* sind eindeutige Aramaismen; ersteres ist im Targum zu Prv 10,15; 24,34 tatsächlich belegt, letzteres läßt sich aus einer Stelle wie Targum Pseudo-Jonathan zu Ex 39,37 *shiv'atê kôkhevayya' di-nhîgîn be-shiṭrêhôn bi-rqî'a' b-îmama' û-ve-lêlya'* „die sieben Planeten, welche auf ihren Bahnen am Firmament bei Tag und bei Nacht gelenkt werden“ ohne weiteres ableiten.

47 Verglichen mit dem Biblischen- oder Mischnischen-Hebräisch ist das Hebräische der Weisheitsschrift aus der Kairoer Geniza ein ähnlich künstliches Produkt wie das Aramäische des Buches Zohar. Vgl. dazu G. SCHOLEM, a. a. O., S. 225–232.

48 A. a. O., S. 78.

Beweis für seine These anführt, „weist" nicht „auf Ägypten", sondern, wenn „Joseph" im Kontext der Weisheitsschrift aus der Kairoer Geniza überhaupt noch eine geographische Konnotation hat, höchstens auf Mittelpalästina „als Entstehungsort"; denn mit dem Helden der Josephsnovelle, die zu einem guten Teil in Ägypten spielt, hat die aus Am 6,6 stammende Wendung *shävär yôsef* „Schaden Josephs" nicht das geringste zu tun. Und die Behauptung BERGERS[49], „die Benutzung einer hebräischen Bibel, die Basis der LXX war, [weise] nochmals nach Ägypten", ist, wie oben bei der Behandlung von IX 11 in seiner Beziehung zu Prv 8,30a gezeigt wurde, gegenstandlos.

Das heißt, daß sich derzeit über den Abfassungsort der Weisheitsschrift aus der Kairoer Geniza kaum begründete Aussagen machen lassen. Denn die enge Berührung von XV 10 mit der 5. Bitte des Achtzehngebets und die Abhängigkeit der ganzen Schrift von mAv und Sepher Jeṣirah wird man in Anbetracht der weiten Verbreitung der genannten rabbinischen Texte, von denen die beiden ersten gewiß, der dritte wahrscheinlich in Palästina entstanden sind, nur mit größter Zurückhaltung als Argument für die Abfassung der Weisheitsschrift aus der Kairoer Geniza im Heiligen Land verwenden dürfen. Das gilt um so mehr, als die Beziehungen zwischen III 6 und bBer 5b auf der einen, VIII 9 und bQid 80b auf der anderen Seite sowie der auf einer Sonderlesart der orientalischen Juden in Qoh 10,10 beruhende Text von X 10a gerade nicht auf Palästina, sondern auf die östliche Diaspora zu weisen scheint, auch wenn dahingestellt bleiben muß, ob man die *madînḥa'ê* „Orientalen" der großen Masora zu Qoh 10,10 ohne weiteres mit den Benutzern der babylonischen Aussprache (*qirā'at al-'irāqî*) des hebräischen Bibeltextes identifizieren kann, von der Ya'qūb al-Qirqisānî (Mitte des 10. Jh.s n. Chr.) sagt[50], daß sie „was used in a great part of the world, from ar-Raḳḳa on the Euphrates to the Chinese frontiers, by most people living in Mesopotamia, Khurasān, Fāris, Kirmān, Iṣfahān, Yamāma, Baḥrain, al-Yemen and other countries". Und schließlich darf man nicht übersehen, daß die Entsprechungen zwischen der Weisheitsschrift aus der Kairoer Geniza und dem *sefär ḥôvôt ha-levavôt* des Baḥya b. Joseph b. Paquda auf Spanien weisen.

Hinsichtlich des Umfelds, in dem die Weisheitsschrift aus der Kairoer Geniza entstanden sein könnte, sei mit allem Vorbehalt darauf hingewiesen, daß die in dieser Schrift immer wieder geäußerte „asketische Posi-

49 A. a. O., S. 78.

50 Zitiert nach P. E. KAHLE, The Cairo Geniza, 2. Aufl., 1959, S. 151. Vgl. Verf., Ein Fragment der bisher ältesten datierten hebräischen Bibelhandschrift mit babylonischer Punktation, VT 16, 1966, S. 65–73, hier: S. 2f.

tion"[51] zumindest von ferne an die Haltung der *'avêlê ṣiyyôn wa-'avêlê yerûshalayim* „der um Zion und um Jerusalem Trauernden" erinnert, von denen Benjamin von Tudela[52] im Zusammenhang mit der Behandlung der jemenischen Juden ausführt: „Die Asketen der Generation, das sind die um Zion und um Jerusalem Trauernden. Und sie essen kein Fleisch und sie trinken keinen Wein und sie kleiden sich in schwarze Gewänder und sie wohnen in Höhlen oder in versteckten Häusern und fasten alle ihre Tage außer an den Sabbaten und den Festtagen. Und sie bitten um Erbarmen vor dem Heiligen, er sei gepriesen, für die Verstreuten Israels, daß er sich ihrer erbarme um seines großen Namens willen." Diese *'avêlê ṣiyyôn* sind etwa seit dem 8. Jh. n. Chr., vor allem in Jerusalem, greifbar und nach JOHANN MAIER[53] bekannt als „Verfasser von asketisch-frommen Pijjutim und strenger (sic) *Mishlê mûsar* (moralisierende, fromme Spruchweisheit)". Ob dieser Hinweis auch nur im Ansatz richtig ist, wird sich erst nach einem gründlichen Vergleich der Weisheitsschrift aus der Kairoer Geniza mit der von den *'avêlê ṣiyyôn* geschaffenen Literatur sagen lassen.

Schon jetzt kann man aber mit an Sicherheit grenzender Wahrscheinlichkeit feststellen, daß die Weisheitsschrift aus der Kairoer Geniza nicht „ein vielleicht letzter Versuch (ist), dualistische Ansätze hellenistischer Philosophie mit traditionell jüdischem weisheitlichem Dualismus zu verbinden"[54], sondern, wie die nachstehend genannten Beispiele für Entsprechungen zwischen ihr und dem *sefär ḥôvôt ha-levavôt* des Baḥya b. Joseph b. Paquda deutlich machen, ein Produkt des mittelalterlichen jüdischen Neuplatonismus[55]:

I 10a *kî 'ôlam ha-zä(h) meqôm gerîm*
„Denn diese Welt ist ein Ort von Fremdlingen".
sefär ḥôvôt ha-levavôt VIII 3, a. a. O., S. 262
'atta(h) ba-'ôlam ha-zä(h) kî 'im ger
„Du bist in dieser Welt nichts anderes als ein Fremdling".

---

51 K. BERGER, a. a. O., S. 66.

52 M. N. ADLER, (Ed.), The Itinerary of Benjamin of Tudela, 1907, engl. Text, S. 48/hebr. Text, S. 47. Vgl. auch S. 24/26 für Jerusalem und S. 80/72 für Deutschland. S. ferner Verf., Syrien und Palästina nach dem Reisebericht des Benjamin von Tudela, Abhandlungen des deutschen Palästinavereins 12 (1990), S. 47, Anm. 245.

53 Geschichte der jüdischen Religion, 1973, S. 232. Zu den *'avêlê ṣiyyôn* im allgemeinen vgl. Z. AVNERI/C. ROTH, Art. Avelei Zion, in: Encyclopaedia Judaica III, Sp. 945f.

54 K. BERGER, a. a. O., S. 79.

55 Vgl. J. GUTTMANN, Die Philosophie des Judentums, 1933, S. 119–126; H. SIMON/MARIE SIMON, Geschichte der jüdischen Philosophie, 1984, S. 77–84; COLETTE SIRAT, A History of Jewish Philosophy in the Middle Ages, 1985, S. 81–83.

II 7 *shilḥû ṣêda(h) bi-mlônekhäm*
kî ve-lo' 'et yôlîkhekhäm:
„Schickt Wegzehrung in euer Nachtlager;
denn vor der Zeit wird er (scil. Gott) euch hinwegführen".
sefär ḥôvôt ha-levavôt VII 7, a. a. O., S. 221 = *tôkheḥa(h)*, a. a. O., S. 314
nafshî, hakhînî ṣêda(h) la-rôv be-'ôd ba-ḥayyîm ḥayyatekh
„Meine Seele, bereite Wegzehrung vor in Menge, solange du selbst noch am Leben bist".
sefär ḥôvôt ha-levavôt VIII 3, a. a. O., S. 247
'anaḥnû ḥayyavîm li-hyôt nekhônîm la-mô'ed û-le-hizdammen la-däräkh ha-reḥôqa(h) 'äl ha-'ôlam ha-'aḥer 'ashär 'ên lanû mivraḥ mimmännû we-lo' manôs mi-pana(y)w, we-la-ḥashôv ba-ṣêda(h) û-ve-ma(h) shä-nifga' bô bôre'enû be-yôm ha-ḥäshbôn ha-gadôl
„Wir sind verpflichtet, gerüstet zu sein für die Begegnung und uns bereitzumachen für den weiten Weg in die andere Welt, von der es für uns keine Zuflucht und vor der es kein Entrinnen gibt, und an die Wegzehrung zu denken und daran, womit wir unserem Schöpfer am Tag der großen Abrechnung gegenübertreten können".

II 18 *kemô gesher shä-yä'ävarû ha-'overîm 'ala(y)w*
kakh ha-'ôlam ha-zä(h) la-'anashîm:
Wie eine Brücke, über die man hinübergeht –
so ist diese Welt für die Menschen.
tôkheḥa(h), in: *sefär ḥôvôt ha-levavôt*, a. a. O., S. 31
we-ha-ḥayyîm we-ha-mawät... 'aḥûzîm bi-shtê qeṣôt gäshär ra'ûa', we-khol berû'ê tevel 'ôverîm 'ala(y)w. ha-ḥayyîm mevô'ô we-ha-mawät môṣa'ô
„Und das Leben und der Tod ... sind eingefaßt von den beiden Enden einer baufälligen Brücke, und alle Geschöpfe des Erdkreises gehen hinüber. Das Leben ist ihr Eingang und der Tod ihr Ausgang".

VIII 14 *nôda' kî le-'adam yekhêlatô*
'im ṭôv we-'im ra' yûkhal la-'aśôt:
„Es ist bekannt, daß der Mensch über sein Können verfügt;
ob gut oder ob böse, er kann (es) tun".
XI 17 *ḥefäṣ yekhûla(h) natan be-'adam*
la-'aśôt bên ṭôv le-ra':
„Das Gefallen am Können hat er in den Menschen gegeben,
so daß er entweder Gutes oder Böses tun kann".
sefär ḥôvôt ha-levavôt V 5, a. a. O., S. 186
kî ha-ṭôv we-ha-ra' b-îkhåltekha

„Denn das Gute und das Böse unterliegen deinem Können".

X 19 *yitrôn ʿal ʾellä(h) dibbûr śefatayim*
loʾ nimṣaʾ levad bä-ʾänôsh:
„Ein Vorzug diesen (scil. den Lebewesen) gegenüber ist das Reden der [Lippen;
es findet sich allein beim Menschen".
sefär ḥôvôt ha-levavôt III 9, a. a. O., S. 90
koaḥ ha-dibbûr, ʾashär natan lô ha-bôreʾ yitrôn ʿal sheʾar ha-ḥayyîm shä-ʾênam medabberîm
„Die Fähigkeit des Redens, die der Schöpfer ihm (scil. dem Menschen) gegeben hat, ist ein Vorzug gegenüber dem Rest der Lebendigen, die nicht reden".

Im folgenden findet der Leser zunächst eine fortlaufende Übersetzung der Weisheitsschrift aus der Kairoer Geniza, sodann Photographien der in Leningrad und New York aufbewahrten Handschrift, denen jeweils eine Transliteration[56] des auf der betreffenden Seite zu lesenden hebräischen Textes gegenübergestellt ist, und schließlich einen philologischen Kommentar, in dem ich meine Lesung des nicht ganz leichten Textes begründe, auf Zitate aus der hebräischen Bibel hinweise und auf Parallelen in der Weisheitsschrift aus der Kairoer Geniza selbst, in der Biblia Hebraica, in der rabbinischen Literatur sowie im rabbanitischen und karäischen Schrifttum des Mittelalters aufmerksam mache. Daß mir hier und da ein Zitat oder eine Parallele entgangen sein wird, ist mir ebenso bewußt wie die Tatsache, daß die vorgelegte Lesung und Übersetzung sich an der einen oder anderen Stelle noch werden verbessern lassen. Das *dies diem docet* gilt ohne Einschränkung auch hier.

56 Dabei versuche ich, die in der sog. einfachen babylonischen Vokalisation nur angedeutete Aussprachetradition des östlichen Diasporajudentums behutsam dem tiberischen Standard anzugleichen.

II. Übersetzung

Seite I

1 Suche Weisheit und guten Weg,
um dich als groß zu erweisen in den Augen des Herrn [... ?]
2 Wer Dummheit und Hochmut aus/von seiner Seele entfernt,
wird sich wahrscheinlich als weise und seh[r] stark erweisen.
3 Es ist besser, den Gewinn aus allem zu erwählen,
als alle Eitelkeiten aus/von dem Herzen zu entfernen.
4 Diese Welt ist eitel,
aber die kommende Welt ist Gewinn.
5 Es ist unangemessen, sich mit etwas zu beschäftigen, was kein Gewinn [ist;
denn es vergeht sich, wer sich darum müht.
6 Sich wenig beschäftigen mit der einem zugewiesenen Nahrung;
denn es gibt keinen ‚Kummer' wegen zugewiesenen Brots.
7 Wenig Geschäft und viel Studieren
wird glücklich gepriesen vor dem Herrn.
8 Wer sich damit beschäftigt, seinen Leib zu bauen,
reißt seinen Geist und seine Seele ein.
9 Wer sich damit beschäftigt, diese Welt zu bauen,
dem ist die kommende Welt zur Ruine geworden.
10 Denn diese Welt ist ein Ort von Fremdlingen,
wie ein Gast, der zum Nachtlager hinübergeht.
11 Es ist nicht angemessen, sich mit dem zu beschäftigen, was einem nicht [gehört;
denn was man hat, das gehört einem nicht.
12 Der Allmächtige erwählt nicht die Freude dieser Welt,
sondern die Freude der kommenden Welt.
13 Die Freude dieser Welt – das Ende ist Kummer,
und das Leben dieser Welt – sein Ende ist Tod.
14 Das Gebäude dieser Welt – ihr Ende ist Ruine,
und die Herrschaft der Welt – das Ende ist Knechtschaft.
15 Die Ehre dieser Welt – ihr Ende ist Schande,
und ihr Reichtum – sein Ende ist Bedürftigkeit.
16 Wer Gefallen hat an dieser Welt,
wird die zukünftige Welt nicht finden.
Wer diese Welt und ihr Anliegen verachtet,
17 aber das Gesetz ehrt und sich mit ihm beschäftigt,
Der wird gewiß die kommende Welt erlangen
18 und unter den Stehenden wandeln.
Einsicht zu erwerben ist erstrebenswerter als alles;

Seite II

1 denn sie ist, begleitet von ihrem Besitzer, vor dem Angesicht des [Herrn.
Wer die Weisheit verachtet, verachtet ihren Schöpfer,
so daß seine Schande auf ihn zurückfällt.
2 ....
....[1]
3 Wer die Weisheit ehrt, wird geehrt,
und sein Gedächtnis wird erhoben in Ewigkeit.
4 Erforscht die Weisheit und die Furcht des Herrn;
denn dann geht es euch gut.
5 Erwählt nicht den Erfolg der Welt;
denn dasselbe Geschick haben alle.
6 Ein langes Nachtlager hat er (scil. Gott) für euch aufgeschlagen,
so richtet euer Herz nicht auf euer ganzes Nachtlager.
7 Schickt Wegzehrung in euer Nachtlager;
denn vor der Zeit wird er (scil. Gott) euch hinwegführen.
8 Vor der Zeit seid bereit,
wie ein Gast, der hinübergegangen ist und im Nachtlager übernach-[tet hat.
9 Das Leben der kommenden Welt hat kein Aufhören;
besser ist es, (dieses) zu lieben als das sich ändernde Leben.
10 Warum wägt ihr Geld dar für das, was kein Brot ist,
und müht euch für nichts?
11 Denn es gibt keinen Gewinn für den Menschen bei all seiner Mühsal,
außer zu sinnen über das Gesetz des Herrn.
12 Denn alle Weisheit ist das Gegenstück des Gesetzes.
Denn jegliches Volk ist (nur) ein Ersatz für Israel.
13 Das Zeichen der kommenden Welt ist ihr Schöpfer,
und der Hinweis auf ihren Schöpfer ist die Weisheit.
14 Wer Gefallen daran hat, ihren Schöpfer zu erkennen,
beschäftigt sich mit Erkenntnis und Weisheit.
15 Wer die kommende Welt liebt,
beschäftigt sich mit dem Gesetz des Herrn.
16 Die Seelen der Weisen und der Lebensodem der Gerechten
und die Lenkung der Welt sind der Hinweis auf ihren Schöpfer.
17 Wie man einen Faulen vom Weideplatz vertreibt,
so daß er zu seinem Nachtlager zurückkehren muß, –
18 Wie eine Brücke, über die man hinübergeht –
so ist diese Welt für die Menschen.

---

1 II 2 besteht lediglich aus einer Dittographie von II 1c und des ersten Konsonanten von II 3a.

Seite III

1 Hasten Wanderer nicht zu ihrem Nachtlager?
So ist es Weisen angemessen, zu *ihrem* Nachtlager zu hasten.
2 Denn die Gnade des Herrn ist besser als Leben
und lobenswert (selbst) im Vergleich mit dem,
[was noch nicht ins Sein getreten ist.
3 Haltet eure Seele fern von der Begierde nach dergleichem;
denn sie ist das Gegenteil der kommenden Welt.
4 Wer in dieser Welt forscht,
wird die kommende Welt nicht erlangen.
5 Aber wer die kommende Welt sucht,
für den ist es angemessen, diese Welt zu verachten.
6 Denn der Mensch wird nicht zweier Tische gewürdigt.
Denn die Genüsse der Welt lassen (einen) die kommende Welt
7 Ein kurzes Nachtlager und ein sich änderndes Leben [verlieren.
und wenig Genuß mit allerlei Mangel –
8 Es ist nicht angemessen, sie zu suchen,
sie zu erforschen und sie zu lieben.
9 Wer auf sie vertraut, wird straucheln
und wird fallen und nicht (wieder) aufstehen.
10 Ein langes Nachtlager und ewiges Leben
und viele Genüsse ohne Mangel –
11 Es ist angemessen, sie zu suchen und zu ergreifen,
sie zu lieben und auf sie zu vertrauen.
12 Durch Weisheit werden diese (Dinge) gefunden,
durch Furcht des Herrn und durch wenig Geschäft.
13 Wer solches tut, wird keine Ungnade finden
und nicht sterben für und für.
14 Denn seine Seele ist eingebunden im Bündel des Lebens/der Lebendigen
bei ihrem Schöpfer in einem guten Nachtlager.
15 Wohl dem Manne, der das Gesetz liebt
und die Weisheit sucht und die Furcht des Herrn,
16 Der an den Herrn, den Gott Israels, glaubt,
indem er geht auf den Wegen der Gerechten und Guten.
17 Den Weg der Gerechten liebt der Herr,
aber der Weg der Gottlosen ist ein Abscheu.
18 Der Weg der Gerechten ist Weisheit und Demut
und sich der Freude der Welt zu enthalten.

Seite IV

1 Der Weg der Toren ist Torheit und Hochmut
und sich mit der Freude dieser Welt zu beschäftigen.
2 Der Weg der Gerechten und Demütigen ist es,
einsam und schweigend zu sitzen,
3 Die Schmähung der Toren noch zu ertragen
und sich nicht zu den Heuchlern zu gesellen,
4 Und nicht den Weg der Sünder zu betreten
und sich fernzuhalten vom Sitzen der Spötter,
5 Sondern über das Gesetz des Herrn zu sinnen
und sich zu freuen in der Freude des Gesetzes,
6 Die Seele zu demütigen und das Herz zu zerschlagen
und zu trauern um den Schaden Josephs,
7 Und keinen Bruder zu schädigen,
der an den Gott Israels glaubt,
8 Auch wenn keine Erkenntnis in ihm ist;
denn sie ist ein Teil des Glaubens, d. h. der Gerechtigkeit.
9 Deshalb sind sie zurechtzuweisen auf dem Weg der Guten;
nur daß die Spötter und Frechen sich nicht warnen lassen!
10 Sodann zu lieben, die das Gesetz lieben,
und zu ehren, die den Herrn fürchten,
11 Zu verachten die Toren und Spötter
und die sich beschäftigen mit den Geschäften der Welt,
12 Die sich gewöhnt haben an Essen und Trinken und Beischlaf
und die widerspenstig sind gegen die kommende Welt in ihrer Be-
13 Denn die den Herrn fürchten, lieben nicht diese Welt, [gierde.
und sie lieben nicht mit ihren Augen,
14 Aber sie haben Gefallen am Leben der kommenden Welt;
deshalb ist der Gerechte in seinem Tode getrost.
15 Auch wenn sie Scheu haben,
wegen der Sünde sich fürchten.
16 Denn die Gerechten und die Buße tun,
werden des ewigen Lebens gewürdigt.
17 Die Freude an der Weisheit ist das Vorzüglichste für den Herrn;
es ist ein Hinweis auf die Guten vor dem Herrn.
18 Das Anliegen der Welt, Besitz zu sammeln,
ist ein Hinweis auf die Sünder in dieser Welt.

Seite V

1 Ein Gerechter läßt sich warnen, Unheil zu tun,
und er bezwingt seinen Trieb, [... ?,]
2 Wie um sich zu enthalten von Begierde und Zorn;
aber ein Tor schmäht und läs[tert.]
3 Ein Tor verspottet das Fasten des Nasiräers,
aber er preist die Begierde der Welt.
4 Die Unruhe der Welt kommt von der Begierde der Narren,
aber die Ruhe der Welt kommt von der Zu[cht der Weis]en.
5 Die Zucht des Toren ist Freude am Essen,
und sein Begehren ist nach Übertretung.
6 Die Zucht der Gerechten ist Demut und Weisheit,
ihren Geist zu demütigen vor dem Herrn.
7 Denn viel Begierde mehrt Sünde,
und viele Vergehen kommen vom Biertrinken.
8 Der Betrunkene scheut sich nicht vor dem Herrn,
und die den Herrn fürchten, verachtet er.
9 Der Trunkene lernt keine Erkenntnis,
und die Zucht annehmen, verwirft er.
10 Das Werkzeug des Toren sind Wein und Trunkenheit,
und unter ihrem Einfluß erweist er sich als stark.
11 Wie der Baum der Erkenntnis Veranlassung für den Tod war,
so sind Wein und Bier Veranlassungen (?) für die Torheit.
12 Hasser der Weisheit sind Wein und Bier,
und wer durch sie ins Schwanken gerät, hat keinen Bestand.
13 Besser ist Weisheit als eine Genealogie von Vorvätern,
und Furcht des Herrn als leibliche Verwandte.
14 Nähe zu Gott sind Weisheit und Furcht,
aber Nähe zu Menschen sind Gewinn und Essen.
15 Wer Weisheit liebt, liebt den Herrn,
aber wer Gewinn liebt, haßt den Herrn.
16 Die Ehre Gottes ist Sinnen über das Gesetz,
und die Ehre von Menschen ist Gewinn und Essen.
17 Die Ehre Gottes ist Festhalten an der Zucht,
und die Ehre [von Menschen ist ...].
18 Die Ehre Gottes ist die Ehre der Weisheit,
und die Ehre [von Menschen ist ...].

Seite VI

1 Essen beseitigt die Liebe zu Gott,
und deswegen (?) fürchtet sich ihre Seele.
2 Wer Wein liebt, hat Stolz
und alle Gelüste der Begierde der Welt.
3 Fr[eu]de am Wein – ihr Ende ist Kummer
und Wehe und Leid und Schande und Schmach.
4 Fr[eu]de am Gesetz – ihr Ende ist Glück,
daß man erleuchtet werde mit dem Licht der Lebendigen/des Le-
5 Die die Freude lieben und die Begierde der Welt, [bens.
machen zunichte die Weisheit und die Erkenntnis des Herrn.
6 Die die Genüsse dieser Welt lieben,
leben nicht in Wonne durch die große Güte.
7 Die Unreines essen und Bier trinken
und Schlummer lieben und Sünder sind,
8 Die sich freuen mit der Freude der Fremden
und sich nicht demütigen wegen des Schadens Josephs,
9 Ohne ständig des Herrn zu gedenken
und (ohne) daß Jerusalem (ihnen) in den Sinn kommt,
10 Werden gewiß vergessen vor dem Herrn.
Denn sie haben sich damit beschäftigt, *ihren* Palast/Tempel zu bau-
11 Während der Tempel/Palast des Herrn verwüstet war, [en,
und sie gedachten nicht des Zion.
12 Sie vergaßen Gott, ihren Retter,
und folgten ihrer Begierde.
13 Die die Weisheit verwerfen und die Furcht des Herrn,
was können die tun für den künftigen Tag?
14 Eine Seele ohne Weisheit ist nicht gut;
deshalb erbarmt sich seiner nicht, der ihn gemacht hat.
15 Vergebung (eigentlich Pl.) und Erbarmen gelten den Büßern,
aber Schaden und Schande denen, die die Buße verwerfen.
16 Weise und Nasiräer sind Gott nahe,
aber Toren vergessen Gott.
17 Liebe, die an Gewinn und Essen hängt –
ihr Ende ist Haß und Feindschaft.
18 Liebe, die an Weisheit und Furcht hängt –
ihr Ende ist Freude und Glück.

Seite VII

1 Weisheit mehrt Liebe,
aber Torheit mehrt Streit.
2 Haß ohne Ursache und Neid
sind das Werk von Toren und ihrer Erzeugnisse.
3 Die Worte der Weisen sind Friede und Heilung
und Ruhe und Wonne und Sättigung mit Freuden,
4 Leben und Gnade und viel große Güte
und liebliche und herrliche Segnungen.
5 Die Begierde lieben, in Hochmut wandeln:
um ihretwillen wurde die Hölle erschaffen.
6 Die Weisheit lieben und sich vor dem Herrn scheuen:
um ihretwillen wurde das Paradies erschaffen.
7 Die vom Wein taumeln, haben Stolz
und Begierde nach Hohem und Niedrigem.
8 Wein mehrt Zorn und Begierde,
und alle Sünde kommt von den beiden.
9 Ein Stolzer besitzt keine Weisheit,
und die Scheu vor dem Herrn flieht vor ihm.
10 Wer bis spät beim Wein sitzt, mischt Zorn bei,
verdreht das Recht und verachtet die Weisheit.
11 Geht er (scil. der Wein) glatt ein, preist er das Recht;
tut (es) einer, so schaut er nicht hin.
12 Wer Gewinn liebt, verleugnet den Herrn,
aber wer an seinem Namen festhält, haßt Gewinn.
13 Wer Gewinn liebt, haßt die Weisheit;
aber er hilft ihm nicht am Tag des Zorns.
14 Wer an die Geschäfte dieser Welt gewöhnt ist,
bedarf des Gedenkens an das letzte Ende.
15 Denn die ganze Welt ist eitel,
und ‚außer' der Weisheit gibt es keinen Gewinn.
16 Königtum und Reichtum und Ehre der Welt
sind eine Gabe Gottes.
17 Die Weisheit liebt, die sie suchen
mit viel Studieren und Ermüdung des Leibes.
18 Herrschaft ist Erbe (eigentlich Pl.) von den Vätern her,
aber Weisheit (gewinnt man) durch eine Menge Mühsal.

Seite VIII

1 Die Geschäfte der Welt haben Bestand durch Weisheit,
und die Weisheit durch eine Menge Forschung.
2 Weisheit mehrt Furcht,
und man erbt die beiden Welten.
3 Die den Schlummer lieben, hassen Erkenntnis,
und sie schlafen ein zum ewigen Schlaf, von dem sie nimmermehr
[aufwachen.
4 Die demütig wandeln, haben die Aufsicht über den Gesang,
indem sie im Tempel/Palast des Herrn stehen.
5 Heller als die Sonne, wenn sie aufgeht, werden sie erstrahlen,
daß sie erleuchtet werden mit dem Licht der Lebendigen/des Le-
6 Wohl dem, der seine Begierde fernhält [bens.
und den Unmut seines Herzens beseitigt,
7 Der festhält an der Furcht des Herrn
und auf Lieder sinnt im Haus, da er Fremdling ist.
8 Der Herr erschafft den, der ihm lieb,
und gibt ihm, was sein Herz wünscht.
9 Was klagt der Mensch über sein Schicksal?
Denn er tut nach seinem Gefallen.
10 Wenn es ihm gefällt, tut er Gutes,
und wenn es ihm gefällt, tut er Böses.
11 Er darf nicht sagen: Ich habe (es) nicht getan,
und gegen meinen Bund wurde es getan.
12 Denn das Tun des Menschen ist nicht das Tun Gottes,
und sein Tun zeugt gegen ihn.
13 Ob gut, ob böse, er rühmt sich seiner,
und sein Name ist in aller Welt.
14 Es ist bekannt, daß der Mensch über sein Können verfügt;
ob gut oder ob böse, er kann (es) tun.
15 Und noch erhört ihn der Allmächtige, wenn er ihn sucht,
nach dem Gefallen seines Herzens lenkt er ihn.
16 Deshalb obliegt es dem Menschen, das Rechte zu tun;
denn in seinem Liede soll er preisen,
17 Nicht zu wandeln im Rat des Bösen;
denn in seiner Schlinge wird man gefangen.
18 Dank und Lob, Demut und Buße
erretten ihre Besitzer vor der Sünde.

Seite IX

1 Das Sinnen über das Gesetz ist größer als alles;
dann hat man Erfolg bei seinen Werken und Gelingen.
2 Wohl dem Menschen, der Weisheit gefunden hat
und über das Gesetz des Herrn sinnt.
3 Die Toren sind Diener der Weisen;
wider ihren Willen bedürfen sie ihrer.
4 Wie der Reiche über die Armen herrscht,
so ist der Tor Knecht dessen, der weisen Herzens ist.
5 Wie der Schuldner Knecht des Gläubigers ist,
so sind die Heuchler Knechte der Demütigen.
6 Das Herz der Einsichtigen ist wie das Herz der Propheten;
denn durch das Gesetz der Propheten werden sie gehalten.
7 Viele denken, daß sie weise sind,
aber die das Gesetz verwerfen, was ist ihre Weisheit?!
8 Besser ist Weisheit und Sinnen über das Gesetz
als alle Geschäfte dieser Welt.
9 Besser ist Weisheit und Furcht des Herrn
als alle Genüsse dieser Welt.
10 Größer ist das Gesetz und die Zucht der Weisheit
als alles Leben dieser Welt.
11 Denn die Weisheit ist das Werkzeug des Schöpfers
und mit ihm zusammen in alle Ewigkeit.
12 Und die sich mit ihr beschäftigen, werden sich auch dort laben;
(alle) außer ihnen werden vernichtet und finden ein Ende.
13 Deshalb wohl jedem, der über das Gesetz sinnt,
er lebt ja auf ewig und wird nicht zuschanden.
14 Nicht rühme sich der Mensch seiner Schönheit und seines Aussehens,
und nicht freue er sich eines Undings.
15 Nicht rühme er sich des Umfangs seiner Familie;
denn wofür sind sie zu achten?
16 Nicht rühme sich der Mensch der Kraft seiner Stärke,
sondern daß er seinen Trieb bezwingt.
17 Nicht rühme sich der Mensch der Ehre seines Reichtums;
denn sie können ihn nicht retten.
18 Nicht rühme sich der Mensch der Menge seiner Weisheit,
und er verlasse sich nicht auf seine Einsicht,

Seite X

1 Sondern er vertraue und rühme sich des Herrn,
daß er verständig sei und seinen Schöpfer erkenne,
2 Gerechtigkeit und Güte übe
und stets sinne über schöne Rede.
3 Denn durch Gerechtigkeit wird der Mensch gerettet,
und keiner errettet aus seiner (scil. Gottes) Hand.
4 Durch Gerechtigkeit hat der Mensch Bestand
und durch Erkenntnis des Herrn und durch seinen Glauben.
5 Der Mensch muß seines Schöpfers gedenken
und (darf) sein letztes Ende nicht preisen.
6 Denn das Ende ist eitel, wie es allem zukommt,
doch es gibt einen Gewinn für diejenigen, welche den Herrn fürchten
[und an seinen Namen denken.
7 Den Bestand wird er durch Weisheit einsehen,
und alle Unruhe kommt von ihrer Torheit.
8 Nachlassen und Stillstand sind Erzeugnisse der Torheit,
und auch das Vergessen ist das Werk der Bosheit.
9 Wer Erkenntnis vermehrt, verwirft das Nachlassen,
gewiß führt er alles Vergessen zur Einsicht.
10 Wie man, wird das Eisen stumpf, seine Schneide schärft,
so führt man die Herzen durch Lernen zur Einsicht.
11 Wie der Ackerboden gepflügt und besät wird,
so führt man die Herzen durch Studieren zur Einsicht.
12 Wie ein Sproß aus dem Wasser sprießt,
so die Weisheit aus ihrer Erforschung.
13 Alle Arbeiten werden durch Weisheit gelenkt,
aber die Weisheit (selbst) untersucht man durch das Reden.
14 Gelangt er dazu, sie zu erforschen, wird er einsehen und sich freuen;
denn es flieht vor ihm Trübsal und Seufzen.
15 Die Krankheiten des Leibes ‚machen' Heilmittel ‚gesund',
aber die Krankheiten der Seele – Arznei für sie (Sg.) ist die Weis-
16 Die Gesundheit des Leibes rettet seinen Besitzer nicht, [heit.
aber die Gesundheit der Seele hilft ihrem Besitzer.
17 Das Licht der Augen und das Hören der Ohren
und das Riechen der Nase und das Tasten der Hände,
18 ‚Das Schmecken' des Gaumens ‚und das Gehen' der Füße,
sie alle sind beim Lebewesen vorhanden.
19 Ein Vorzug diesen gegenüber ist das Reden der Lippen;
es findet sich allein beim Menschen.

Seite XI

1 Und das Sprechen zeigt den Weg des Lebens
nicht durch diese fünf Pforten.
2 Denn die fünf Pforten finden sich bei den Lebewesen,
aber bei ihnen allen findet sich nicht der Weg der Weisheit.
3 Das Reden der Weisheit im Herzen des Menschen ist Gnade,
aber nicht von den Wegen der fünf Pforten.
4 Die Weisheit steht allein dem Menschen zur Verfügung,
wenn auch die fünf ihre Diener sind.
5 Die fünf Pforten ohne Denken der Erkenntnis,
sie gleichen dem Vieh, das davon/schweigen muß.
6 Denn Gott ließ sie (scil. die Straußenhenne) die Weisheit vergessen
und gab ihr nicht Anteil an der Einsicht.
7 Er lehrt den Menschen Erkenntnis und Weisheit;
deshalb sucht er den Menschen heim am Tag des Gerichts.
8 Dem Menschen hat er Weisheit gegeben
und von ihnen fordert er ein in Gerechtigkeit.
9 Der Mensch kann nicht sagen: Ich kenne (es) nicht;
denn die Erkenntnis wurde im Menschen erschaffen.
10 Und wenn er will, kann er erkennen;
denn die Weisheit ist vorhanden.
11 Aber wenn der Mensch nicht einsichtig ist,
wer kann die Weisheit (dann) finden?
12 Wenn es um die Gesamtheit der Weisheit geht, wer kann (es dann)?
Aber (wenn es nur) um einen Teil von ihr geht, kann man (sie) [einsehen.
13 Schlechterdings alles läßt sich finden,
aber es wird (nur) durch Forschen erkannt.
14 Der eine Gott wird durch Weisheit erkannt,
er ist nicht nach Art von Heerlagern(?) vorhanden.
15 Die Weisheit ist Leben für ihren Besitzer
und Ehre und Stärke für den, der sie festhält.
16 Die Erwartung der Gerechten sind Wonne und Freude,
aber die Hoffnung der Toren sind Finsternis und Sorge.
17 Das Gefallen am Können hat er in den Menschen gegeben,
so daß er entweder Gutes oder Böses tun kann.
18 Wenn der Mensch Gefallen hat am Guten und nicht am Bösen,
erhört ihn der Allmächtige nach dem Gefallen seines Herzens.

Seite XII

1 Alles, woran er Gefallen hat, kann er suchen
und er wird es finden, für sich zum Guten oder zum Bösen.
2 Alles wird durch Weisheit erkannt,
und die Weisheit durch [...] (der Dinge), die sich finden lassen.
3 Das Suchen nach Weisheit mehrt die Erkenntnis,
aber Mißachtung von Zucht bedeutet Vergessen der Erkenntnis.
4 Das Hören ist der Anfang ihres Lernens,
und das Ende des Lernens sind Erkenntnis und Einsicht.
5 Die Summe von Erkenntnis und Weisheit ist die Furcht des Herrn;
denn das ist Angelegenheit jedes Menschen.
6 Denn Weisheit ohne Gerechtigkeit ist ein Fallstrick für ihren Besitzer,
aber Gerechtigkeit/Wohltätigkeit errettet vom Tode.
7 Viele meinen, daß sie weise sind,
und freuen sich über das Denken ihres Triebs.
8 Und ihr Mühen ist auf die Eitelkeiten der Welt gerichtet,
und doch warten sie auf (den Ertrag) ihre(r) Mühsal.
9 Sie haben Augen und sehen nicht;
denn ihre Herzen sind verhärtet, daß sie nicht verstehen.
10 Sieht nicht die ganze Welt Eitelkeiten?
Denn es gibt keinen Gewinn bei aller Mühsal.
11 Leben und Königtum, Reichtum und Können
und Gnade und Herrlichkeit und Ehre –
12 Sie alle sind wertlos und eitel;
die Weisheit ist vorzüglicher als das alles.
13 Alles bedarf der Erkenntnis der Weisheit,
aber die Weisheit bedarf der Gerechtigkeit.
14 Gerechtigkeit und Recht sind das Erzeugnis der Weisheit,
aber das Lobenswerteste von allem ist die Weisheit (selbst).
15 Denn durch sie erkennt man Lenkung um Lenkung,
und alles wird durch sie gefunden.
16 Wer Gefallen daran hat, die Weisheit zu erkennen,
vermindert bei sich die Begierde der Welt.
17 Wenn der Mensch sich warnen läßt vor dem Zorn seiner Begierde,
finden ihn Leben, Gerechtigkeit und Ehre.
18 Die ihre Seele/sich selbst erniedrigen und ihre Begierde entfernen,
empfangen Segen vom Herrn.

Seite XIII

1 Die Weisheit suchen, nach dem Herrn fragen,
werden ewiger Wonnen gewürdigt werden.
2 Die es lieben, zu erkennen den Weg des Herrn,
werden sich sättigen an Freuden vor dem Angesicht des Herrn.
3 Der Beginn der Furcht ist die Erkenntnis des Herrn,
und der Anfang der Weisheit ist die Furcht des Herrn.
4 Wer seine Seele/sich selbst verachtet um der Ehre seines Schöpfers
ist geehrt in den Augen des Herrn. [willen,
5 Wer seinen Willen hintanstellt gegenüber dem Willen seines Schöpfers,
seinen Trieb demütigt und seinen Stolz zerschlägt,
6 Um die Weisheit zu befragen und (sie) zu tun,
wird gewiß des ewigen Lebens gewürdigt werden.
7 Denn die Weisheit wurde um des Menschen willen erschaffen,
und sie ist ein Werkzeug der Gerechtigkeit.
8 Glaube ist ein Teil der Gerechtigkeit,
und durch Weisheit ist er in ihr.
9 Nicht, um ihnen zu helfen, und nicht, um sie zu lieben,
sondern um der Ehre derer willen, die den Herrn ehren.
10 Jeder, der solches tut, wird nicht wanken in Ewigkeit,
und seine Seele labt sich am Fetten.
11 Weise sammeln Erkenntnis,
aber Narren hassen Erkenntnis.
12 Jeder, der Gutes sucht, wird es finden,
aber jeden, der auf Böses aus ist, den wird es treffen.
13 Ein Weiser ist (gottes)fürchtig und meidet das Böse,
aber der Abscheu der Narren ist es, das Böse zu meiden.
14 Wer Zurechtweisungen beachtet, ist geehrt,
aber wer Zurechtweisungen haßt, muß sterben.
15 Die Zucht der Weisen ist die Furcht des Herrn,
die Zucht der Toren ist Torheit.
16 Die Gabe Gottes für die Guten ist die Weisheit,
aber als Freude für die Sünder hat er die Geschäfte der Welt gege-
17 Wer Weisheit bewahrt, wird Gutes finden, [ben.
und hat er Erkenntnis gefunden, hat er Hoffnung.
18 Wer in den Streit zieht, wird zuschanden,
aber dem Streit fernzubleiben, wird geehrt.

Seite XIV

1 Der Weise öffnet seinen Mund in Weisheit,
aber der Tor öffnet (selbst) im Unglück nicht seinen Mund.
2 Erhaben, auf daß sie Bestand habe, ist die Arbeit seiner Seele;
aber danach gegenüber anderen zu murren ist nicht gut.
3 Auch wenn seine Werke keinen Bestand haben,
so enthüllt er doch das Geheimnis anderer nicht.
4 Das Denken der Weisen ist Wahrheit und Recht,
aber das Denken der Toren ist Gewalttat und Trug.
5 Das Denken der Gerechten ist Weisheit,
aber das Denken der Toren ist Narrheit.
6 Das Denken der Weisen kreist um ihr Ende,
aber das Denken der Toren um ihren Bauch.
7 Das Denken der Gerechten kommt von ihrem Schöpfer,
aber das Denken der Gottlosen kreist um ihre Begierde.
8 Die Seele erdenkt Zorn
und Begierde nach Hohem und Niedrigem.
9 Das Lobenswerte an der Seele stammt von Erkenntnis und Weisheit,
aber das Häßliche an der Seele von Begierde und Zorn.
10 Die Ehre der Seele stammt von der Erkenntnis der Einsicht,
aber die Verachtung der Seele ist ihre Torheit.
11 Ehre für die Demütigen ist die Langmut,
aber als Schande gilt sie den Zornigen und Stolzen.
12 Zorn und Begierde sind die Werkzeuge des Toren,
aber Weisheit und Demut sind der Weg des Herrn.
13 Schlemmer und Trunkenbold erben Schande,
aber die ihre Begierde demütigen, werden geehrt.
14 Schmach und Scham sind Erbteile des Toren,
aber Pracht und Hoheit gehören den Besitzern von Weisheit.
15 Wer den Zorn beschwichtigt und die Begierde wegwirft,
wird nicht zuschanden (im Hinblick auf) die zwei Welten.
16 Der Einsichtige hat kein Gefallen an der Torheit,
und der Narr will keine Einsicht.
17 Das Gefallen des Narren sind Essen und Trinken,
er gleicht dem Vieh, das davon/schweigen muß.
18 Wie die Begierde seines Triebs den Narren zum Lachen bringt,
so stammt das Lachen des Einsichtigen von seiner Weisheit.

Seite XV

1 Das Denken der Toren kreist um ihren Leib,
das Denken der Weisen geht aus von ihrer Weisheit.
2 Weise erkennen aus ihrem Lebensodem heraus,
und auch ihre Seele ist ein Glied ihres Selbst.
3 Toren sind nicht willens, die Weisheit zu erkennen;
denn die Einsicht des Menschen besitzen sie nicht.
4 Toren lieben die Begierde,
aber Weise zerschlagen die Begierde.
5 Toren glauben dem Augenschein
und sind uneinsichtig, wie das Vieh.
6 Weise sind einsichtig durch das Auge der Weisheit,
aber Narren wandeln in der Finsternis.
7 Toren sind Knechte ihres Bauches
und folgen ihren Augen.
8 Ein Abscheu für den Herrn sind Torheit und Hochmut
und Unmut und Begierde und Freude an Fremdem,
9 Die Genüsse der Welt und die Sucht nach Gewinn
und die Lüge und die Arglist des Herzens.
10 An diesen (Dingen) hat kein Gefallen, der die Buße annimmt,
wohl aber an den Demütigen, (ihnen) zu geben, was sie wollen.
11 Und diese (Dinge) sind nur die Erzeugnisse von Menschen,
aber nicht die Lenkung ihres Schöpfers.
12 [Wer] die Seele [fernhält] von der Begierde der Welt,
wird sich an Bächen von Honig und Dickmilch laben.
13 Wohl dem Weisen und dem Rechtschaffenen im Glauben;
denn durch beide findet man Gnade.
14 Niemand wird weise genannt vor dem Herrn,
es sei denn auf Grund des Tuns seiner Weisheit.
15 Der Name des Täters kommt von seiner Tat,
und der Name des Weisen von seiner Gerechtigkeit.
16 Erkenntnis ohne Tun ist (ebenso wenig) lobenswert
wie ‚ein Tor‘ ohne Zucht.
17 Und Tun ohne Erkenntnis hat keinen Bestand;
denn (nur) durch sie ist alles möglich.
18 Durch Erkenntnis wird den Gerechten geholfen,
und durch Gerechtigkeit werden die Weisen gerettet.
19 Die Weisheit des Menschen kommt von der Menge ‚ihrer Untersu-
aber die Torheit des Menschen kommt von seiner Faulheit. [chung‘,

Seite XVI

1 Weisheit ist für den Toren schwerer als Sand;
er kann sie nicht (er)tragen.
2 Das Herz der Narren sind ihre Augen,
aber das Auge der Weisen sind ihre Herzen.
3 Die Begierde der Weisen sind Einsicht und Rat,
aber die Begierde der Narren sind Essen und Trinken.
4 Wer Weisheit verachtet, liebt Begierde,
aber wer Weisheit sucht, haßt Gewinn.
5 Die Liebe der Narren sind Essen und Trinken,
und Beischlaf ist ihre Beschäftigung mit den Eitelkeiten der Welt.
6 Der Abscheu der Toren sind die Demütigen,
und sie spotten gegen jeden, der seinen Geist demütigt.
7 Die Freude der Toren ist in ihrer Begierde,
sie können nicht schlafen, sie hätten denn (etwas) gefunden.
8 Den Toren genügt diese Welt,
und sie haben kein Gefallen an der kommenden Welt.
9 Nicht kann ein Tor der Weisheit gedenken
und nicht auf den Weg des Herrn hören.
10 Denn er kehrt zurück zu seinem Gespei,
solange er noch kein(e) Scham(gefühl) besitzt.
11 Sein Herz folgt seinem Gewinn,
und den, der i[hn] gemacht hat, wirft er hinter seinen Rücken.
12 Die Worte der Weisen sind der Abscheu der Toren,
und sie sind nicht willens, die Zucht [zu hören.]
13 Die Weisheit erleuchtet ihren Besitzer,
und die Seele ihres Besitzers hüpft (vor Freude).
14 Die Gedanken der Weisen sind Rat und Erkenntnis,
die Gedanken der Toren sind Begierde und Zorn.
15 Stolz und Begierde bringen ihre Besitzer zu Fall,
aber Weisheit und Demut bedeuten die Herrschaft (?) ihrer Besitzer.
16 Das Ende des Stolzes ist Erniedrigung,
und das Ende der Erniedrigung ist Hochmut.
17 Die Begierde nach dem Hier und das Verlangen nach Übertretung –
ihr Ende ist Scham und Schande.
18 Die ihren Trieb demütigen, werden nicht zuschanden,
wenn sie es um des Allmächtigen willen geschafft haben.

Seite XVII

1 [. . .] der/n/s Herr/n der Heerscharen
und nicht [. . .] in Ewigkeit.
2 [. . .]en den Weg der Weisheit
und [. . . die Begierde der Welt?].
3 [. . .]en ihre Begierde
und verlassen den Weg des Herrn.
4 [Weise/Gerechte trö]sten mit dem ihnen zugewiesenen Brot,
aber Toren erwerben (Reichtum) durch Unrecht.
5 [Die Gerechten] sind Knechte des Herrn,
aber die Gottlosen sind Knechte ihres Bauches.
6 [Ein Abscheu für den Herrn] ist der Weg des Gottlosen,
aber den Weg der Gerechten liebt er.
7 [Besser ist die Unruhe dessen, der . . . und?] sich um das Gesetz müht,
als die Ruhe der Narren und Übeltäter (?).
8 [. . .] mit (?) der ihnen zugewiesenen Nahrung
und zu sinnen über das Gesetz des Herrn.
9 [Besser ein Armer], der den Herrn fürchtet,
als ein reicher Mann, der keine Weisheit besitzt.
10 [Besser wenig] (in der Furcht) des Herrn,
und besser ein Armer als ein Mann der Lüge.
11 [Es ist besser, zu sinnen] (über das Gesetz) des Herrn,
als die Mühe, reich zu werden.
12 [Besser wer] seine Seele/sich selbst [rettet]
als wer Seelen/Leben rettet.
13 [Besser ein Gerech]ter, der andere gerecht macht,
als ein Gottloser, der andere gottlos macht.
14 Es ist [bes]ser, seinen Schöpfer zu ehren,
als seine Seele/sich selbst zu ehren.
15 Es ist [bes]ser, das Gesetz des Herrn zu ehren,
als leibliche Verwandte zu ehren.
16 Es ist [bes]ser, den zu ehren, der den Herrn fürchtet,
als die Ehre seines Hauses zu ehren.
17 [Wer] seinen Besitz [ver]mehrt, aber seine Weisheit vermindert,
wie kann der ungestraft bleiben vor dem Herrn?
18 [Wer] seinen Besitz [ver]mehrt, aber Wohltaten erweist,
wenn er (es) tut, hat er Hoffnung.

Seite XVIII

1 (Wer Besitz vermehrt, aber) an Zucht (festhält),
wenn er (es) tu[t, hat er Hoffnung.]
2 [Wer] Besitz ver[mehrt, ...]
vielleicht be[steht dann (für ihn) Hoffnung.]
3 Wer Besitz vermehrt und sich abmüht, reich zu werden,
bleibt nicht ungestra[ft vor dem Herrn.]
4 Wer Weisheit vermehrt und sich müht um das Gesetz,
dessen Gerechtigkeit be[steht in Ewigkeit.]
5 Lebende müssen sterben und Könige erniedrigt werden
und Reiche in Niedrigkeit [sitzen.]
6 Die da satt waren, müssen um Brot dienen,
und die Helde[n – ihr Bogen ist zerbrochen.]
7 Man kann Weisheit nicht verlieren,
und Gerechtigkeit von [ihrem] Be[sit]zer [...]
8 Denn die Gerechtigkeit geht vor ihrem Besitzer einher,
und die Weisheit [...]
9 Der Mensch muß sich um seine Seele kümmern
und [einsehen...]
10 Und die Erkenntnis dieser (Dinge) wird er durch Weisheit einsehen;
wenn es keine Weisheit gibt, [...]
11 Deshalb ist er verpflichtet, Weisheit zu suchen
und nach ihr zu forschen wie nach Sch[ätzen.]
12 Wer Geld liebt, kümmert sich nicht um seine Seele,
und wer schnell reich werden will, [bleibt nicht ungestraft.]
13 Wer Besitztümer vermehrt, kennt nicht seinen Schöpfer,
aber wer Weisheit mehrt, [...]
14 Die Gedanken der Welt vermindern die Erkenntnis,
aber die Menge der Weisheit verach[tet? ...]
15 Wenig hat er sich beschäftigt, sich aber mit dem Gesetz beschäftigt,
er wird sich als seh[r] weise erzeigen.
16 Von jedem Menschen lerne Erkenntnis;
man braucht nicht zu verdorren (?) zur Zeit der Be[drängnis.]
17 Der Ertrag des Leibes ist Essen und Trinken,
aber der Ertrag der Seele ist Erkenntnis und [Weisheit].
18 Das Erzeugnis des Leibes rettet seinen Besitzer nicht,
die Erzeugnisse der Seele helfen [ihrem Besitzer.]

III. Text

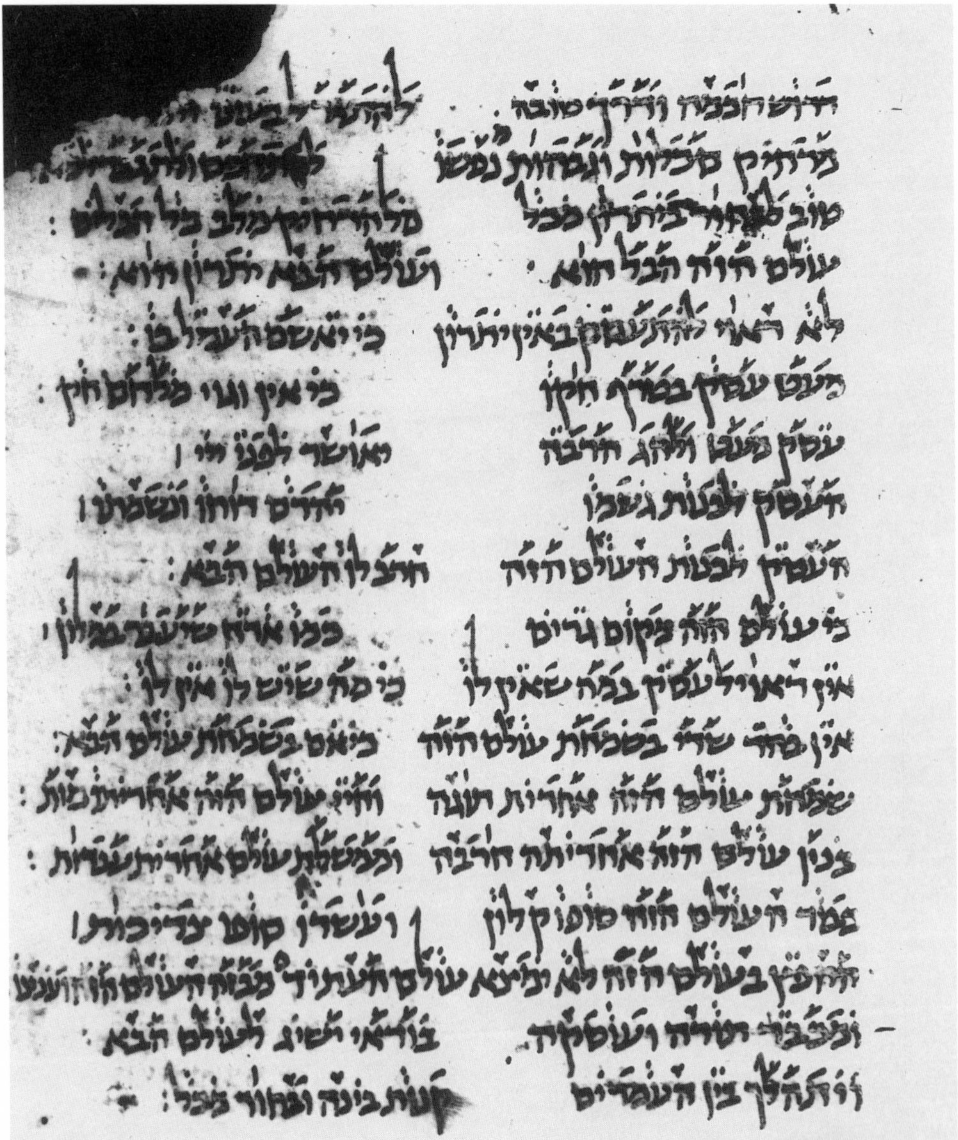

Seite I

1 derôsh ḥåkhma(h) we-däräkh ṭôva(h)
le-hitgaddal be-‘ênê yyy [. . .?:]
2 marḥîq sakhlût we-gavhût mi-nafshô
le-hitḥakkam we-l-itgabbar li-m’[o]d[:]
3 ṭôv le-vaḥûr be-yitrôn mi-kol
mi-le-harḥîq mi-lev kol havalîm:
4 ‘ôlam ha-zä(h) häväl hû’
we-‘ôlam ha-ba’ yitrôn hû’:
5 lo’ ra’ûy le-hit‘asseq be-’ên yitrôn
kî yä’sham hä-‘amel bô:
6 me‘aṭ ‘asoq be-ṭäraf ḥuqqô
kî ’yn wgwy mi-läḥäm ḥoq:
7 ‘esäq me‘aṭ we-lahag harbe(h)
ye’ûshshar lifnê yyy:
8 hä-‘aseq li-vnôt gishmô
yaharos rûḥô we-nishmatô:
9 hä-‘aseq li-vnôt ha-‘ôlam ha-zä(h)
ḥarav lô ha-‘ôlam ha-ba’:
10 kî ‘ôlam ha-zä(h) meqôm gerîm
kemô ’oreaḥ shä-ya‘avor ba-malôn:
11 ’ên ra’ûy le-‘asseq be-ma(h) shä-’ên lô
kî ma(h) shä-yesh lô ’ên lô:
12 ’ên boḥer shadday be-śimḥat ‘ôlam ha-zä(h)
kî ’im be-śimḥat ‘ôlam ha-ba’:
13 śimḥat ‘ôlam ha-zä(h) ’aḥarît tûga(h)
we-ḥayyê ‘ôlam ha-zä(h) ’aḥarîtô mawät:
14 binyan ‘ôlam ha-zä(h) ’aḥarîtah ḥårba(h)
û-mämshälät ‘ôlam ’aḥarît ‘avdût:
15 kevôd ha-‘ôlam ha-zä(h) sôfô qalôn
we-‘åshrô sôfô ṣerîkhût:
16 hä-ḥafeṣ ba-‘ôlam ha-zä(h)
lo’ yimṣa’ ‘ôlam hä-‘atîd
mevazzä(h) ha-‘ôlam ha-zä(h) we-‘inyanô –
17 -û-mekhabbed tôra(h) we-‘ôseqah
be-wadda’y yaśśîg la-‘ôlam ha-ba’:
18 we-yithallakh bên ha-‘omedîm
qenôt bîna(h) û-vaḥûr mi-kol:

Sammlung Antonin Nr. 1108, fol. 1b

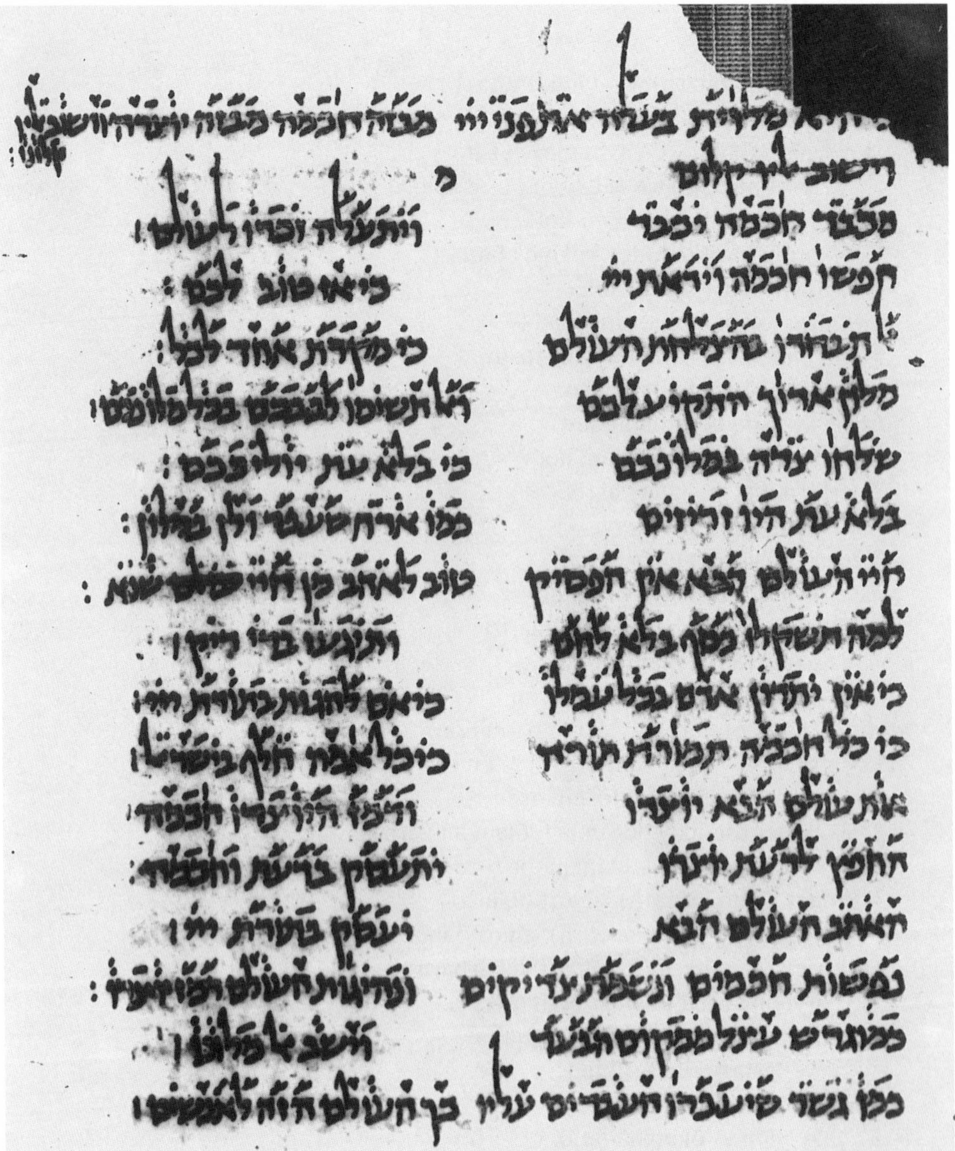

Seite II

1 [kî hî]' melûyyat ba'alah 'et penê yyy
mevazzä(h) ḥåkhma(h) mevazzä(h) yôṣerah
we-yashôv 'ela(y)w qelônô:
2 {wyshwb 'lyw qlwnw m }
3 mekhabbed ḥåkhma(h) yikkaved
we-yit'allä(h) zikhrô le-'ôlam:
4 ḥappeśû ḥåkhma(h) we-yir'at yyy
kî 'az ṭôv lakhäm:
5 'al tivḥarû ve-haṣlaḥat ha-'ôlam
kî maqrat 'äḥad la-kol:
6 melôn 'arûkh hitqîa' lakhäm
we-'al taśîmû levavkhäm be-khol melônekhäm:
7 shilḥû ṣêda(h) bi-mlônekhäm
kî ve-lo' 'et yôlîkhekhäm:
8 be-lo' 'et häyû zerîzîm
kemô 'oreaḥ shä-'avar we-lan ba-malôn:
9 ḥayyê ha-'ôlam ha-ba' 'ên häfsêq
ṭôv lä-'ähav min ḥayyê {'wlm} shone':
10 lamma(h) tishqelû khäsäf be-lo' läḥäm
we-tîge'û bedî rîq:
11 kî 'ên yitrôn 'adam be-khol 'amalô
kî 'im la-hagôt be-tôrat yyy:
12 kî khol ḥåkhma(h) temûrat tôra(h)
kî khol 'umma(h) ḥeläf be-yiśra'el:
13 'ôt 'ôlam ha-ba' yôṣerô
we-rämäz ha-yôṣerô ḥåkhma(h):
14 hä-ḥafeṣ la-da'at yôṣerô
yit'assaq be-da'at we-ḥåkhma(h):
15 ha-'ohev ha-'ôlam ha-ba'
yä'äsaq be-tôrat yyy:
16 nafshôt ḥakhamîm we-nishmat ṣaddîqîm
û-nehîgût ha-'ôlam rämäz yôṣerô:
17 kemô garash 'aṣel mi-meqôm ha-ba'ar
we-yashov 'äl melônô:
18 kemô gesher shä-yä'ävarû ha-'overîm 'ala(y)w
kakh ha-'ôlam ha-zä(h) la-'anashîm:

Sammlung Antonin Nr. 1108, fol. 2a

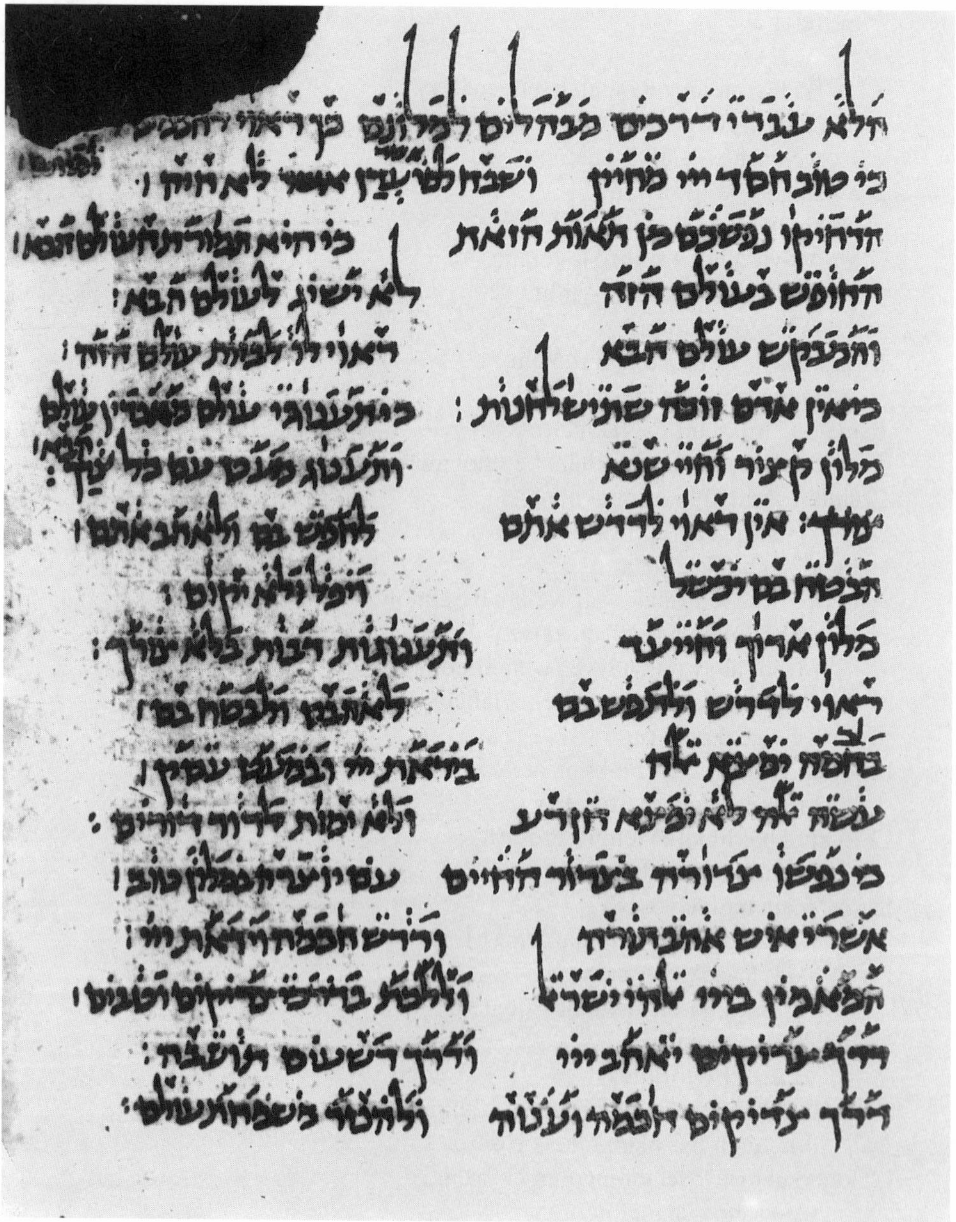

Seite III

1 ha-lo' 'overê derakhîm mevahalîm li-mlônam
kakh ra'ûy l[a-]ḥ[a]kh[a]mîm l[e-vahel] li-mlôn[a]m:
2 kî ṭôv ḥäsäd yyy me-ḥayyîn
û-shevaḥ le-fî 'shr 'adän {'shr} lo' haya(h):
3 harḥîqû nafshekhäm min ta'awat ha-zo't
kî hî' temûrat ha-'ôlam ha-ba':
4 ha-ḥôfeś ba-'ôlam ha-zä(h)
lo' yaśśîg la-'ôlam ha-ba':
5 we-ha-mevaqqesh 'ôlam ha-ba'
ra'ûy lô le-vazzôt 'ôlam ha-zä(h):
6 kî 'ên 'adam zôkhä(h) shetê shulḥanôt:
kî ta'anûgê 'ôlam ma'av[i]dîn 'ôlam ha-ba':
7 melôn qaṣîr we-ḥayyê shane'
we-ta'anûg me'aṭ 'im kol ṣoräkh:
8 {ṣwrkh:} 'ên ra'ûy li-drosh 'otam
le-ḥappeś bam we-lä-'ähav 'otam:
9 ha-boṭeaḥ bam yikkashel
we-yippol we-lo' yaqûm:
10 melôn 'arûkh we-ḥayyê 'ad
we-ta'anûgôt rabbôt be-lo' ṣôräkh:
11 ra'ûy li-drosh we-li-tpoś bam
le-'ohavam we-li-vṭaḥ bam:
12 be-ḥåkhma(h) yimmaṣe' 'ellä(h)
be-yir'at yyy û-vi-m'aṭ 'esäq:
13 'ośe(h) 'ellä(h) lo' yimṣa' ḥen ra'
we-lo' yamût le-dôr dôrîm:
14 kî nafshô ṣerûra(h) bi-ṣrôr ha-ḥayyîm
'im yôṣerah bi-mlôn ṭôv:
15 'ashrê 'îsh 'ohev tôra(h)
we-doresh ḥåkhma(h) we-yir'at yyy:
16 ha-ma'amîn be-yyy 'älohê yiśra'el
we-la-läkhät be-darkhê ṣaddîqîm we-ṭovîm:
17 däräkh ṣaddîqîm yä'ähav yyy
we-däräkh resha'îm tô'eva(h):
18 däräkh ṣaddîqîm ḥåkhma(h) wa-'anawa(h)
û-le-hinnazar mi-śimḥat 'ôlam:

Sammlung Antonin Nr. 1108, fol. 2b

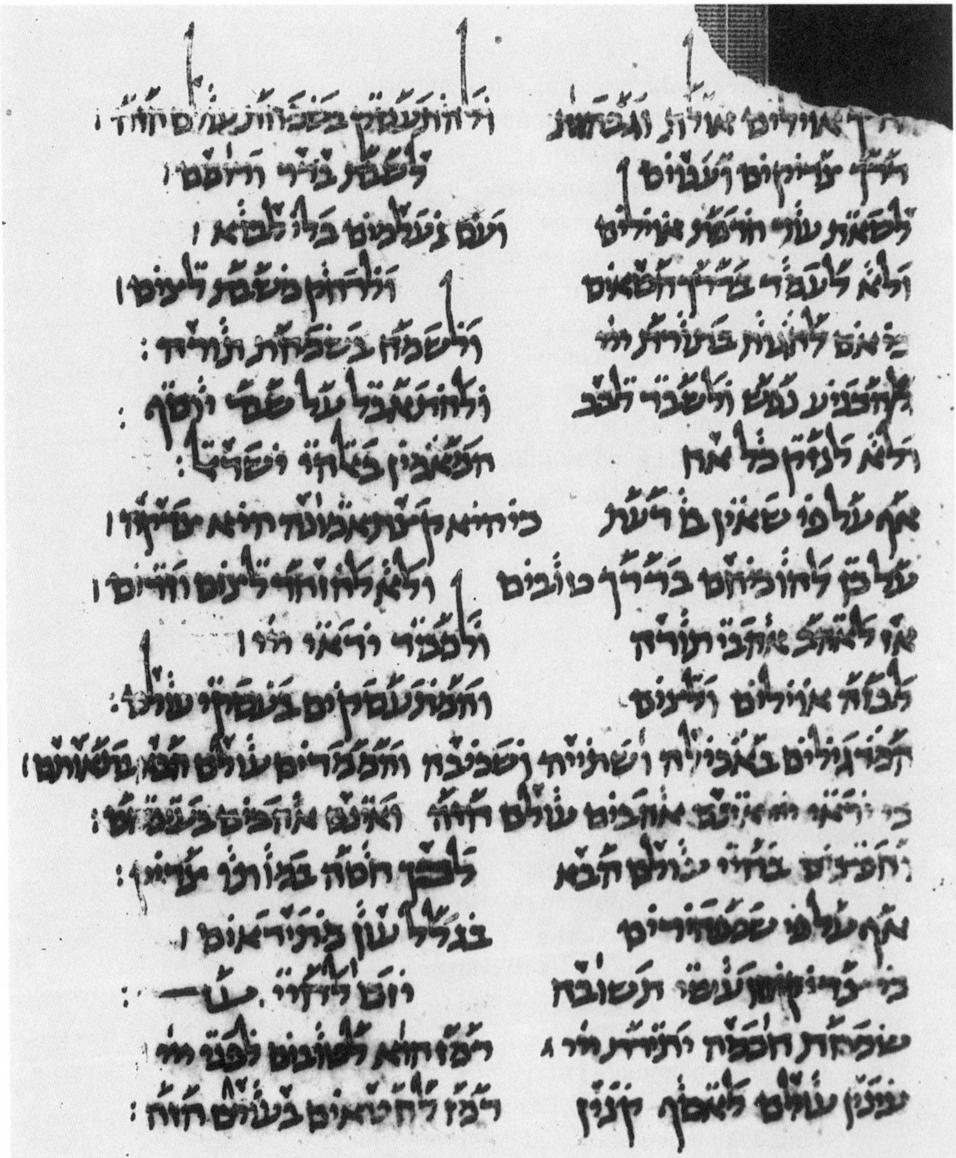

Seite IV

1 d[ä]r[ä]kh ’[ä]wîlîm ’iwwälät we-gavhût
û-le-hit‘asseq be-śimḥat ‘ôlam ha-zä(h):
2 däräkh ṣaddîqîm wa-‘anawîm
la-shävät badad we-dûmam:
3 la-śe’t ‘ôd ḥärpat ’äwîlîm
we-‘im nä‘älamîm belî la-vô’:
4 we-lo’ la-‘amod be-däräkh ḥaṭṭa’îm
we-li-rḥoq mi-shävät leṣîm:
5 kî ’im la-hagôt be-tôrat yyy
we-li-śmaḥ be-śimḥat tôra(h):
6 le-hakhnîa‘ näfäsh û-le-shabber levav
û-le-hit’abbel ‘al shävär yôsef:
7 we-lo’ le-nazzeq kol ’aḥ
ha-ma’amîn be-’lohê yiśra’el:
8 ’af ‘al pî shä-’ên bô da‘at
kî hî’ qeṣat ’ämûna(h) hî’ ṣedaqa(h):
9 ‘al ken le-hôkhîḥam be-däräkh ṭôvîm
we-lo’ le-hizzahar leṣîm we-zedîm:
10 ’az lä-’ähav ’ohavê tôra(h)
û-le-khabbed yir’ê yyy:
11 le-vazzä(h) ’äwîlîm we-leṣîm
we-ha-mit‘asseqîm be-‘isqê ‘ôlam:
12 ha-margîlîm ba-’akhîla(h) û-shetiyya(h) û-shekhîva(h)
we-ha-mamrîm ‘ôlam ha-ba’ be-ta’awatam:
13 kî yir’ê yyy ’ênam ’ohavîm ‘ôlam ha-zä(h)
we-’ênam ’ohavîm be-‘ênêhäm:
14 wa-ḥafeṣîm be-ḥayyê ‘ôlam ha-ba’
le-khakh ḥosä(h) be-môtô ṣaddîq:
15 ’af ‘al pî shä-mafḥîdîm
bi-glal ‘awôn mityare’îm:
16 kî ṣaddîqîm we-‘ośê teshûva(h)
yizkû le-ḥayyê ‘ad:
17 śimḥat ḥåkhma(h) yetêrat yyy
rämäz hû’ la-ṭôvîm lifnê yyy:
18 ‘înyan ‘ôlam lä-’äsof qinyan
rämäz la-ḥaṭṭa’îm ba-‘ôlam ha-zä(h):

Schechter Geniza Collection fol. 6a

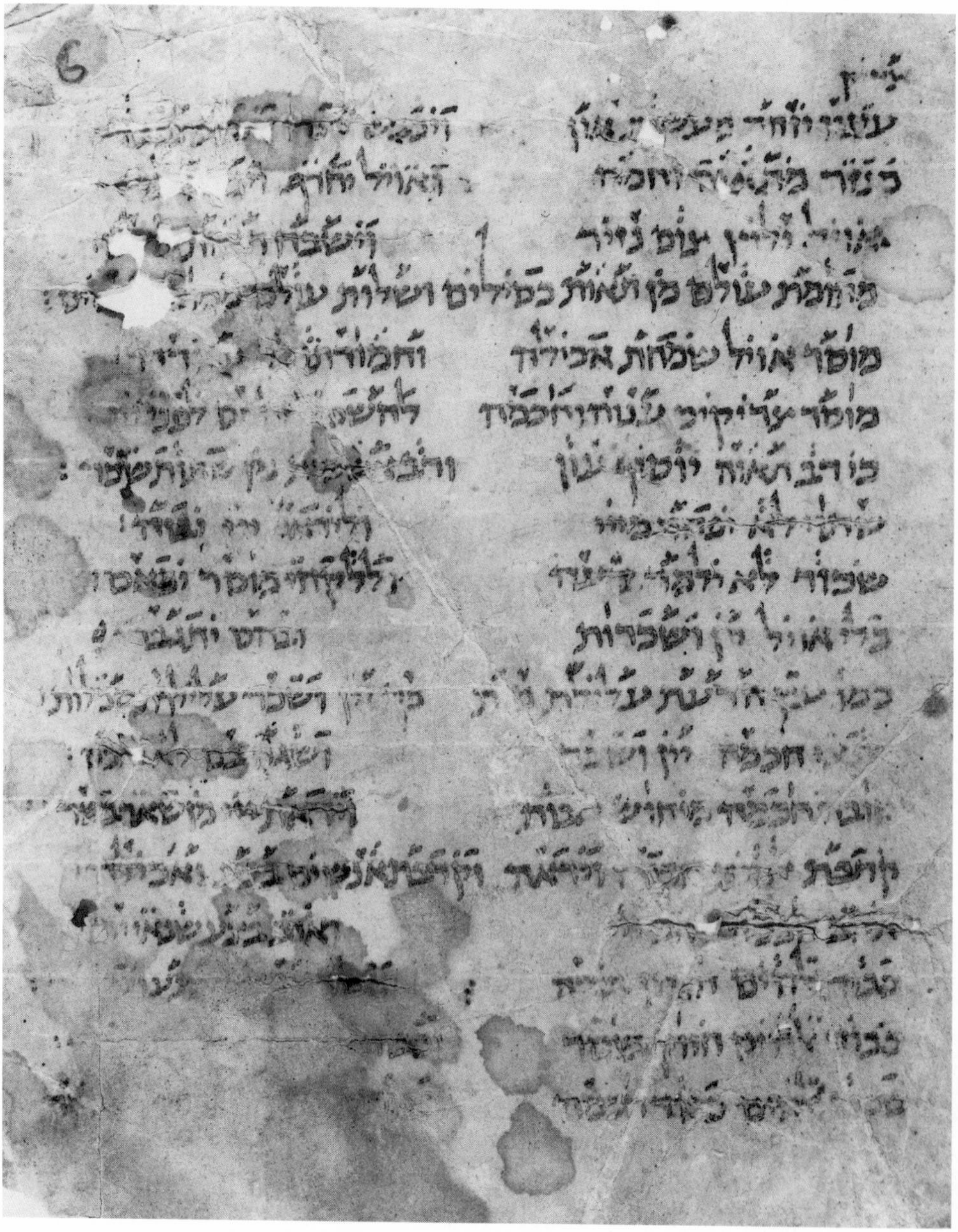

Seite V

1 ṣaddîq ‘êna(y)w yizzahar m[e]-‘aśôt ’awän
we-yikhbosh yiṣrô [. . .:]
2 k-innazer mi-ta’awa(h) we-ḥema(h)
wä-’äwîl yeḥaref w-îga[ddef:]
3 ’äwîl yalîṣ ṣôm nazîr
w-îshabbaḥ ta’awat ‘ôlam:
4 mehûmat ‘ôlam min ta’awat kesîlîm
we-shalwat ‘ôlam mi-mûs[ar ḥakh]amîm:
5 mûsar ’äwîl śimḥat ’akhîla(h)
wa-ḥamûdatô ’äl ‘avîra(h):
6 mûsar ṣaddîqîm ‘anawa(h) we-ḥåkhma(h)
le-hashpîl rûḥam lifnê yyy:
7 kî rov ta’awa(h) yôsîf ‘awon
we-rov ’ashamôt min shetôt shekhar:
8 shatûy lo’ yifḥad mi-yyy
û-le-yir’ê yyy yivzä(h):
9 shikkôr lo’ yilmad de‘a(h)
û-le-loqeḥê mûsar yim’as:
10 kelî ’äwîl yayin we-shakhrût
û-vahäm yitgabbar:
11 kemô ‘eṣ ha-da‘at ‘alîlat mawät
kakh yayin we-shekhar ‘alîlût sakhlût:
12 śône’ê ḥåkhma(h) yayin we-shekhar
we-shogä(h) bam lo’ yikkôn:
13 ṭôva(h) ḥåkhma(h) mi-yiḥûś ’avôt
we-yir’at yyy min she’er beśar:
14 qirvat ’älohîm ḥåkhma(h) we-yir’a(h)
we-qirvat ’anashîm bäṣa‘ wa-’akhîla(h):
15 ’ohev ḥåkhma(h) ’ohev yyy
we-’ohev bäṣa‘ śone’ yyy:
16 kevôd ’älohîm hägyôn tôra(h)
û-khevôd ’anashîm bäṣa‘ wa-’akhîla(h):
17 kevôd ’älohîm ḥizzûq mûsar
û-khevôd [’anashîm . . .]:
18 kevôd ’älohîm kevôd ḥåkhma(h)
û-khevôd [’anashîm . . .] a(h):

Schechter Geniza Collection fol. 6b

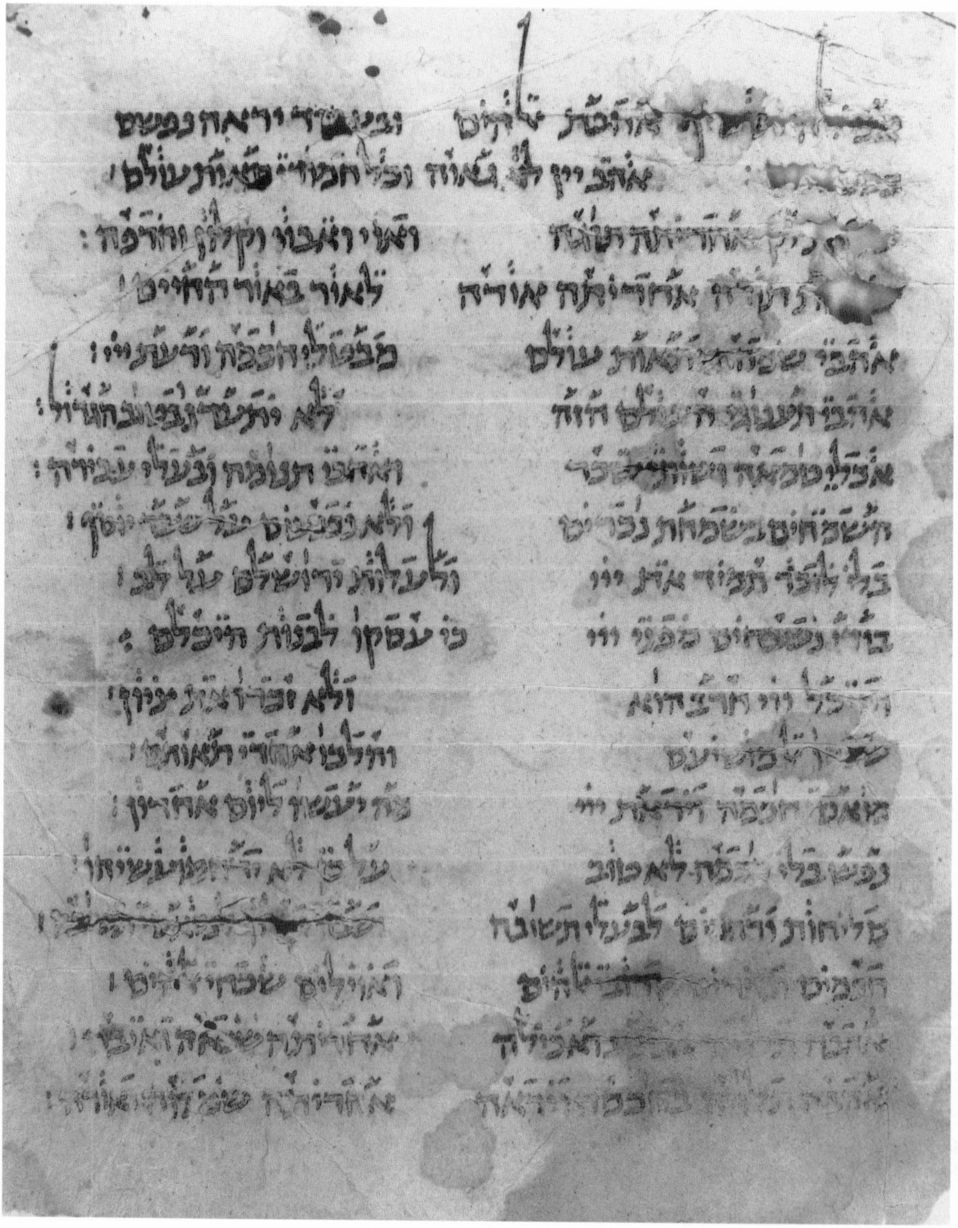

Seite VI

1 ’akhîla(h) tôsîf ’ahavat ’älohîm
wb‘bwr yr’h npshm
2 {npshm: ?} ’ohev yyn l{o’}ô ga’awa(h)
we-khol ḥimmûdê ta’awat ‘ôlam:
3 śi[mḥ]at yayin ’aḥarîtah tûga(h)
we-’ôy wa-’avôy we-qalôn we-ḥärpa(h):
4 ś[imḥa]t tôra(h) ’aḥarîtah ’ôra(h)
le-’ôr be-’ôr ha-ḥayyîm:
5 ’ohavê śimḥa(h) we-ta’awat ‘ôlam
mevaṭṭelê ḥåkhma(h) we-da‘at yyy:
6 ’ohavê ta‘anûgê ha-‘ôlam ha-zä(h)
lo’ yit‘addanu be-ṭûv ha-gadôl:
7 ’okhelê ṭum’a(h) we-shôtê shekhar
we-’ohavê tenûma(h) û-va‘alê ‘avîra(h):
8 ha-śemeḥîm be-śimḥat nåkhrîm
we-lo’ nikhna‘îm ‘al shävär yôsef:
9 belî li-zkor tamîd ’et yyy
we-la-‘alôt yerûshala(y)im ‘al lev:
10 be-wadday nishkaḥîm mi-penê yyy
kî ‘aseqû li-vnôt hêkhalam:
11 we-hêkhal yyy ḥarav hû’
we-lo’ zakherû ’et ṣiyyôn:
12 shakheḥû ’el môshî‘am
we-halekhû ’aḥarê ta’awatam:
13 mô’asê ḥåkhma(h) we-yir’at yyy
ma(h) ya‘aśû le-yôm ’aḥarôn:
14 näfäsh belî ḥåkhma(h) lo’ ṭôv
‘al ken lo’ yeraḥamô ‘ośêhû:
15 selîḥôt we-raḥamîm le-va‘alê teshûva(h)
we-shävär we-qalôn le-mô’asê teshûva(h):
16 ḥakhamîm û-nezîrîm qerôvê ’älohîm
wä-’äwîlîm shokhaḥê ’älohîm:
17 ’ahava(h) telûya(h) ve-väṣa‘ wa-’akhîla(h)
’aḥarîtah śin’a(h) we-’êva(h):
18 ’ahava(h) telûya(h) ve-ḥåkhma(h) we-yir’a(h)
’aḥarîtah śimḥa(h) we-’ôra(h):

Schechter Geniza Collection fol. 7a

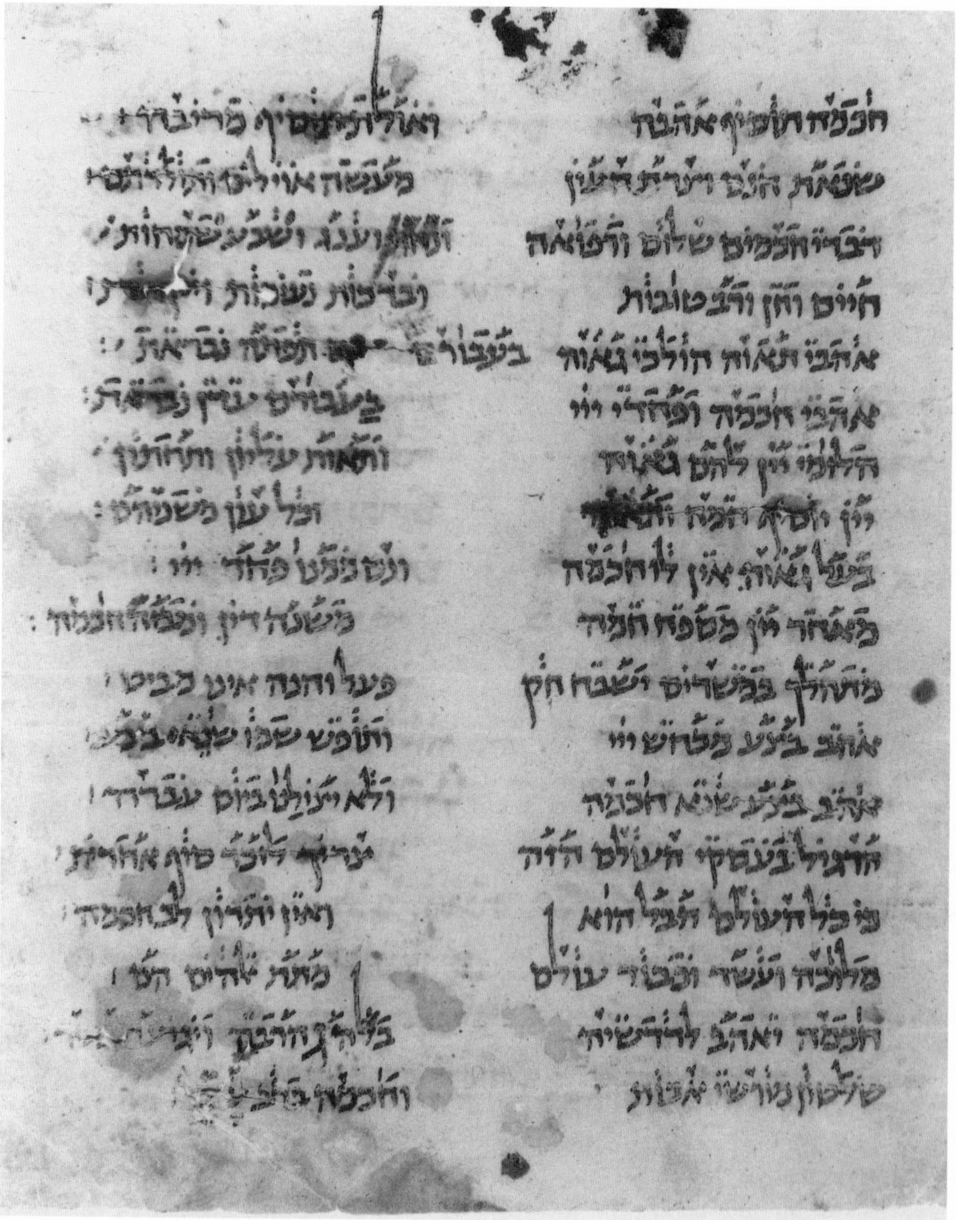

Seite VII

1 ḥåkhma(h) tôsîf ’ahava(h)
we-’iwwälät tôsîf merîva(h):
2 śin’at ḥinnam we-ṣarat ha-‘ayin
ma‘aśe(h) ’äwîlîm we-tôledotam:
3 divrê ḥakhamîm shalôm û-refû’a(h)
we-naḥat we-‘onäg we-śova‘ śemaḥôt:
4 ḥayyîm we-ḥen we-rav ṭûvôt
û-verakhôt ne‘îmôt w-îqarôt:
5 ’ohavê ta’awa(h) hôlekhê ga’awa(h)
ba-‘avûram {???rm} toftä(h) nivre’t:
6 ’ohavê ḥåkhma(h) û-faḥadê yyy
ba-‘avûram ‘edän nivre’t:
7 halûmê yayin lahäm ga’awa(h)
we-ta’awat ‘älyôn we-taḥtôn:
8 yayin yôsîf ḥema(h) we-ta’awa(h)
we-khol ‘awon mi-shenêhäm:
9 ba‘al ga’awa(h) ’ên lô ḥåkhma(h)
we-nas mimmännû paḥad yyy:
10 me’aḥer yayin mesappeaḥ ḥema(h)
meshannä(h) dîn û-mevazzä(h) ḥåkhma(h):
11 mithallekh be-mesharîm yeshabbeaḥ ḥoq
p‘l whnh ’ynw mbyṭ:
12 ’ohev bäṣa‘ mekhaḥesh yyy
we-tôfeś shemô śone’ väṣa‘:
13 ’ohev bäṣa‘ śone’ ḥåkhma(h)
we-lo’ yaṣṣîlännû be-yôm ‘ävra(h):
14 ha-ragîl be-‘isqê ha-‘ôlam ha-zä(h)
ṣarîkh le-zekhär sôf ’aḥarît:
15 kî khol ha-‘ôlam häväl hû’
we-’ên yitrôn lb ḥkmh:
16 melûkha(h) we-‘oshär û-khevôd ‘ôlam
mattat ’älohîm hem:
17 ḥåkhma(h) yä’ähav le-doreshä(y)ha
be-lahag harbe(h) w-îgî‘at baśar:
18 shilṭôn môrashê ’avôt
we-ḥåkhma(h) be-rov ‘amal:

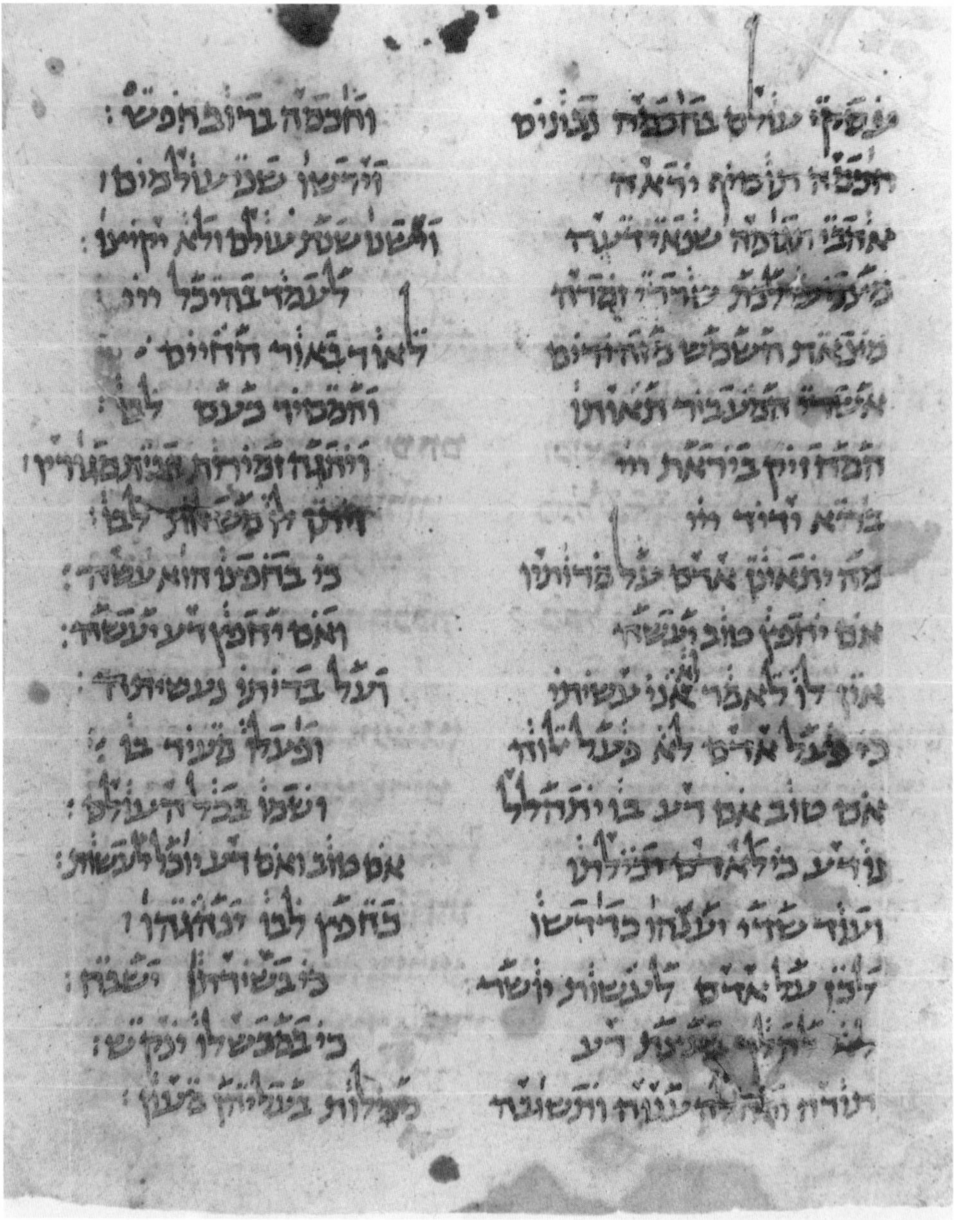

Seite VIII

1 ‘isqê ‘ôlam be-ḥåkhma(h) nekhônîm
we-ḥåkhma(h) be-rôv ḥippeś:
2 ḥåkhma(h) tôsîf yir’a(h)
we-yareshû shenê ‘ôlamîm:
3 ’ohavê tenûma(h) śone’ê de‘a(h)
we-yashenû shenat ‘ôlam we-lo’ yaqîṣû:
4 maṣnî‘ê läkhät śorerê zimra(h)
la-‘amod be-hêkhal yyy:
5 mi-ṣe’t ha-shämäsh mazhîrîm
le-’ôr be-’ôr ha-ḥayyîm:
6 ’ashrê ha-ma‘avîr ta’awatô
we-ha-mesîr ka‘as libbô:
7 ha-maḥazîq be-yir’at yyy
we-yähgä(h) zemîrôt be-vêt megûra(y)w:
8 bore’ yadîd yyy
we-yitten lô mish’alôt libbô:
9 ma(h) yit’ônen ’adam ‘al middôta(y)w
kî ve-ḥäfṣô hû’ ‘ośä(h):
10 ’im yäḥpoṣ ṭôv ya‘aśä(h)
we-’im yäḥpoṣ ra‘ ya‘aśä(h):
11 ’ên lô le’mor lo’ ’anî ‘aśîtî
we-‘al berîtî n‘śyth:
12 kî fo‘al ’adam lo’ fo‘al ’älôah
û-få‘ålô me‘îd bô:
13 ’im ṭôv ’im ra‘ bô yithallal
û-shemô be-khol ha-‘ôlam:
14 nôda‘ kî le-’adam yekhêlatô
’im ṭôv we-’im ra‘ yûkhal la-‘aśôt:
15 we-‘ôd shadday ya‘anehû ke-dårshô
ke-ḥefäṣ libbô yenahagehû:
16 le-khen ‘al ’adam la-‘aśôt yôshär
kî ve-shîratô yeshabbeaḥ:
17 lo’ la-halokh ba-‘aṣat ra‘
kî ve-mikhshalô yinnaqesh:
18 tôda(h) û-tehilla(h) ‘anawa(h) û-teshûva(h)
maṣṣîlôt ba‘alêhän me-‘awon:

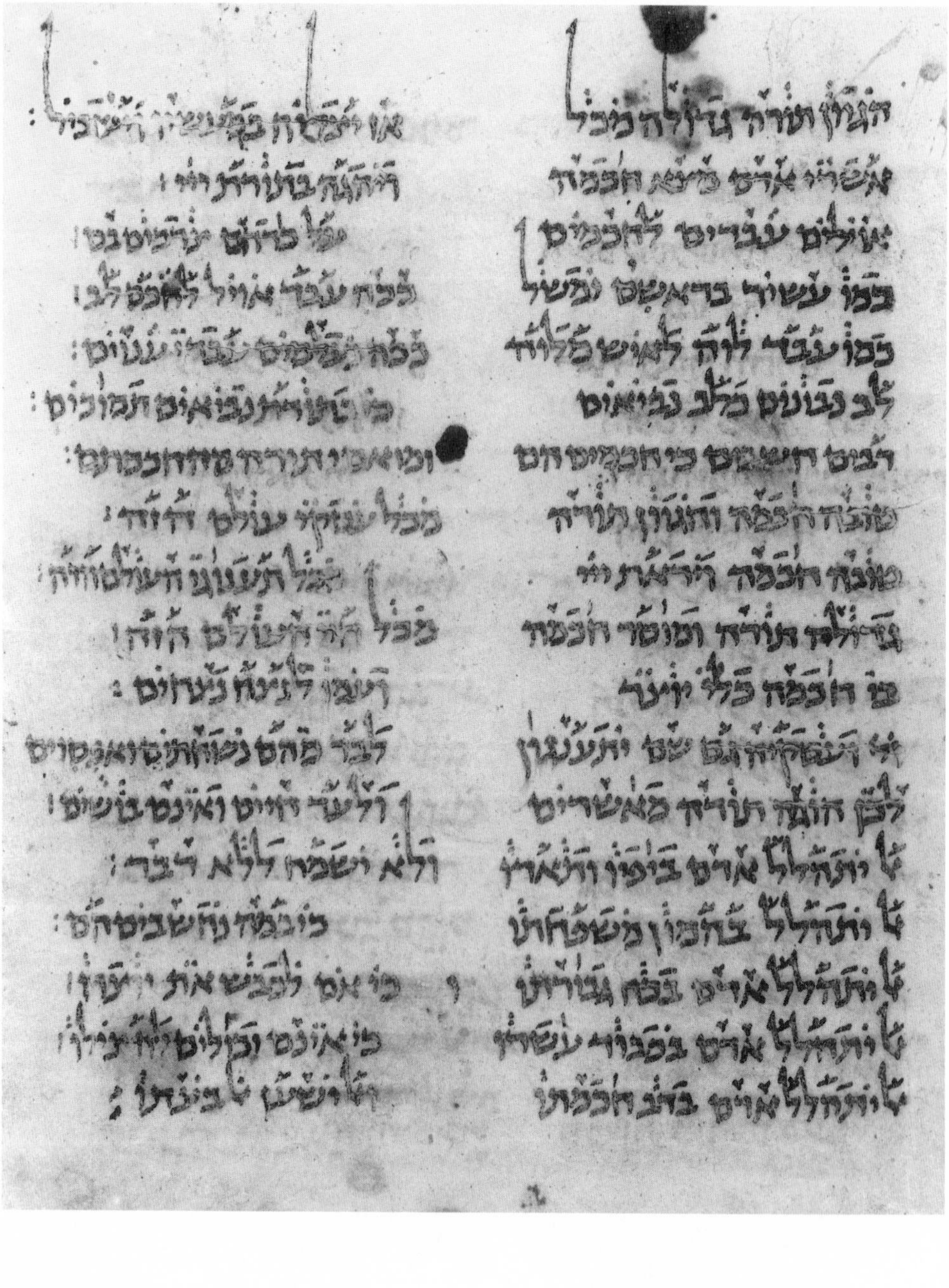

Seite IX

1 hägyôn tôra(h) gedôla(h) mi-kol
’az yaṣlîaḥ be-ma‘aśa(y)w we-yaśkîl:
2 ’ashrê ’adam maṣa’ ḥåkhma(h)
we-yähgä(h) be-tôrat yyy:
3 ’äwîlîm ‘avadîm la-ḥakhamîm
‘al kårḥam ṣorekhîm bam:
4 kemô ‘ashîr b-r’shîm yimshol
kakha(h) ‘äväd ’äwîl la-ḥakham lev:
5 kemô ‘äväd lowä(h) le-’îsh malwä(h)
kakha(h) nä‘älamîm ‘avdê ‘anawîm:
6 lev nevônîm ke-lev nevî’îm
kî ve-tôrat nevî’îm temûkhîm:
7 rabym ḥshbym ky ḥkmym hm
w-mw’sy twrh mh ḥkmtm:
8 ṭôva(h) ḥåkhma(h) we-hägyôn tôra(h)
mi-kol ‘isqê ‘ôlam ha-zä(h):
9 ṭôva(h) ḥåkhma(h) we-yir’at yyy
mi-kol ta‘anûgê ha-‘ôlam ha-zä(h):
10 gedôla(h) tôra(h) û-mûsar ḥåkhma(h)
mi-kol ḥayyê ha-‘ôlam ha-zä(h):
11 kî ḥåkhma(h) khelî yôṣer
we-‘immô le-näṣaḥ neṣahîm:
12 {wd ?} we-‘oseqä(y)ha gam sham yit‘annagûn
levad mehäm nishḥatîm w-’pswym:
13 lakhen hôgä(h) tôra(h) me’ushsharîm
we-la-‘ad ḥayîm we-’ênam bôshîm:
14 ’al yithallal ’adam be-yåfyô we-to’arô
we-lo’ yiśmaḥ le-lo’ davar:
15 ’al yithallal ba-hamôn mishpaḥtô
kî va-mä(h) näḥshavîm hem:
16 ’al yithallal ’adam be-khoaḥ gevûratô
(w) kî ’im li-khbosh ’et yôṣerô:
17 ’al yithallal ’adam bi-khvôd ‘åshrô
kî ’ênam yekhôlîm le-haṣṣîlô:
18 ’al yithallal ’adam be-rov ḥåkhmatô
we-’al yishsha‘en ’äl bînatô:

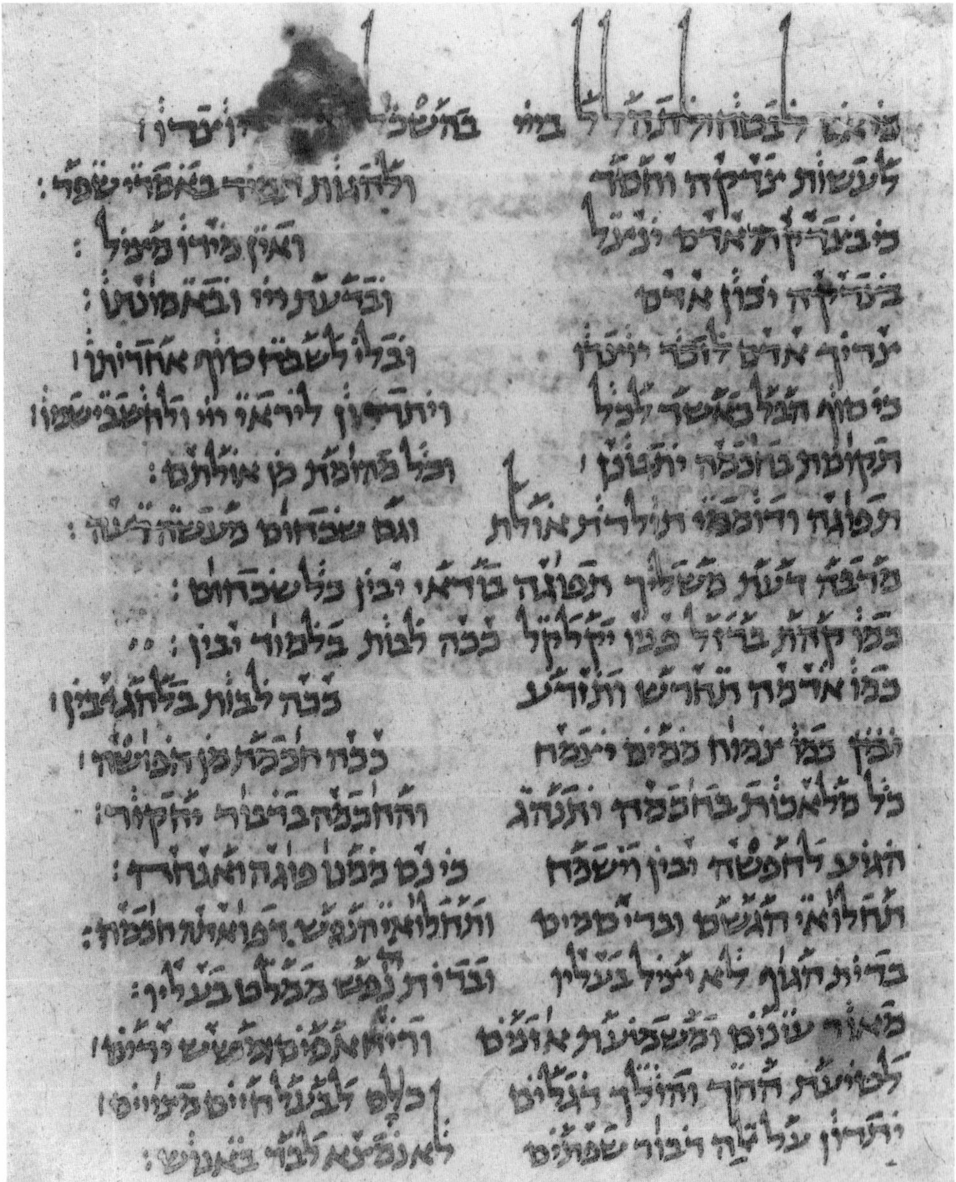

Seite X

1 kî ’im li-vṭoaḥ we-l-ithallal b-yyy
be-haśkel [we-yadoa‘ ’e]t yôṣerô:
2 la-‘aśôt ṣedaqa(h) wa-ḥäsäd
we-la-hagôt tamîd be- ’imrê shefär:
3 kî vi-ṣdaqa(h) ’adam yinnaṣel
we-’ên mi-yadô maṣṣîl:
4 bi-ṣdaqa(h) yikkôn ’adam
û-ve-da‘at yyy û-vä-’ämûnatô:
5 ṣarîkh ’adam li-zkor yôṣerô
û-velî le-shabbeaḥ sôf ’aḥarîtô:
6 kî sôf häväl ka-’ashär la-kol
we-yitrôn le-yir’e yyy û-le-ḥoshevê shemô:
7 teqûm[a]t be-ḥåkhma(h) yitbônan
we-khol mehûmat min ’iwwaltam:
8 tefûga(h) we-dômemê tôledot ’iwwälät
we-gam shikhḥûm ma‘aśe(h) re‘a(h):
9 marbä(h) da‘at mashlîkh tefûga(h)
be-wadda’y yavîn kol shikhḥûm:
10 kemô qahat barzäl pana(y)w yeqalqel
kakha(h) libbôt be-limmûd yavîn:
11 kemô ’adama(h) teḥarash we-tizzara‘
kakha(h) libbôt be-lahag yavîn:
12 {ybyn} kemô ṣimmûaḥ mi-mayim yiṣmaḥ
kakha(h) ḥåkhmat min ḥippûśah:
13 kol mal’akhôt be-ḥåkhma(h) yitnaheg
we-ha-ḥåkhma(h) be-dibbûr yaḥqôr:
14 higgîa‘ le-ḥappeśah yavîn we-yiśmaḥ
kî nas mimmännû fûga(h) wa-’anaḥa(h):
15 taḥalû’ê ha-gäshäm wbry’ smym
we-taḥalû’ê ha-näfäsh refû’atah ḥåkhma(h):
16 berît ha-gûf lo’ yaṣṣîl be‘ala(y)w
û-verît ha-näfäsh memalleṭ be’ala(y)w:
17 me’ôr ‘ênayim û-mashmî‘at ’åznayim
we-rêaḥ ’appayim û-mashshash yadayim:
18 leṭî‘at ha-ḥekh we-hôlekh raglayim
kûllam le-va‘al ḥayyîm meṣûyîm:
19 yitrôn ‘al ’ellä(h) dibbûr śefatayim
lo’ nimṣa’ levad bä-’änôsh:

Schechter Geniza Collection fol. 9a

Seite XI

1 we-ha-'immer mar'ä(h) d[ä]r[ä]kh ḥayyîm
lo' ve-'êllû ḥamishsha(h) she'arîm:
2 kî ḥamishsha(h) she'arîm nimṣa'îm be-va'alê ḥayyîm
û-ve-kûllam lo' nimṣa' däräkh ḥåkhma(h):
3 dibbûr ḥåkhma(h) be-lev 'adam ḥen
we-lo' min darkhê ḥamishsha(h) she'arîm:
4 ḥåkhma(h) hî' le-'adam bi-lvad
'af 'al pî shä-ḥamishsha(h) mesharetä(y)ha:
5 ḥamishsha(h) she'arîm be-lo' maḥashävät de'a(h)
nimshal ka-behemôt nidmû:
6 kî hishshah 'älôah ḥåkhma(h)
we-lo' ḥalaq lah ba-bîna(h):
7 melammed 'adam da'at we-ḥåkhma(h)
le-khakh paqad le-'adam be-yôm dîn:
8 le-'adam natan ḥåkhma(h)
û-mehäm tava' bi-ṣdaqa(h):
9 'ên yakhôl 'adam le'mor lo' yada'tî
kî da'at nivre't be-'adam:
10 we-'im yaḥpoṣ yûkhal la-da'at
kî meṣûya(h) hî' ha-ḥåkhma(h):
11 we-'im 'adam 'ênô mevîn
mî yûkhal li-mṣô' ḥåkhma(h):
12 'im bi-khlal ha-ḥåkhma(h) mî yûkhal
'aval bi-qṣatah yûkhal le-havîn:
13 kol me'ûma(h) nimṣa'îm
'aval be-ḥippûś nôda'îm:
14 'el 'äḥad be-ḥåkhma(h) nôda'
'ênô maṣûy ki-yad maḥanôt:
15 ḥåkhma(h) hî' ḥayyîm le-va'alah
û-khevôd wa-'oz le-maḥazîqah:
16 tôḥälät ṣaddîqîm 'ônäg we-śimḥa(h)
we-tiqwat 'äwîlîm ḥoshäkh û-de'aga(h):
17 ḥefäṣ yekhûla(h) natan be-'adam
la-'aśôt bên ṭôv le-ra':
18 'im yaḥpoṣ 'adam ṭôv we-lo' ra'
ya'anehû shadday ke-ḥefäṣ libbô:

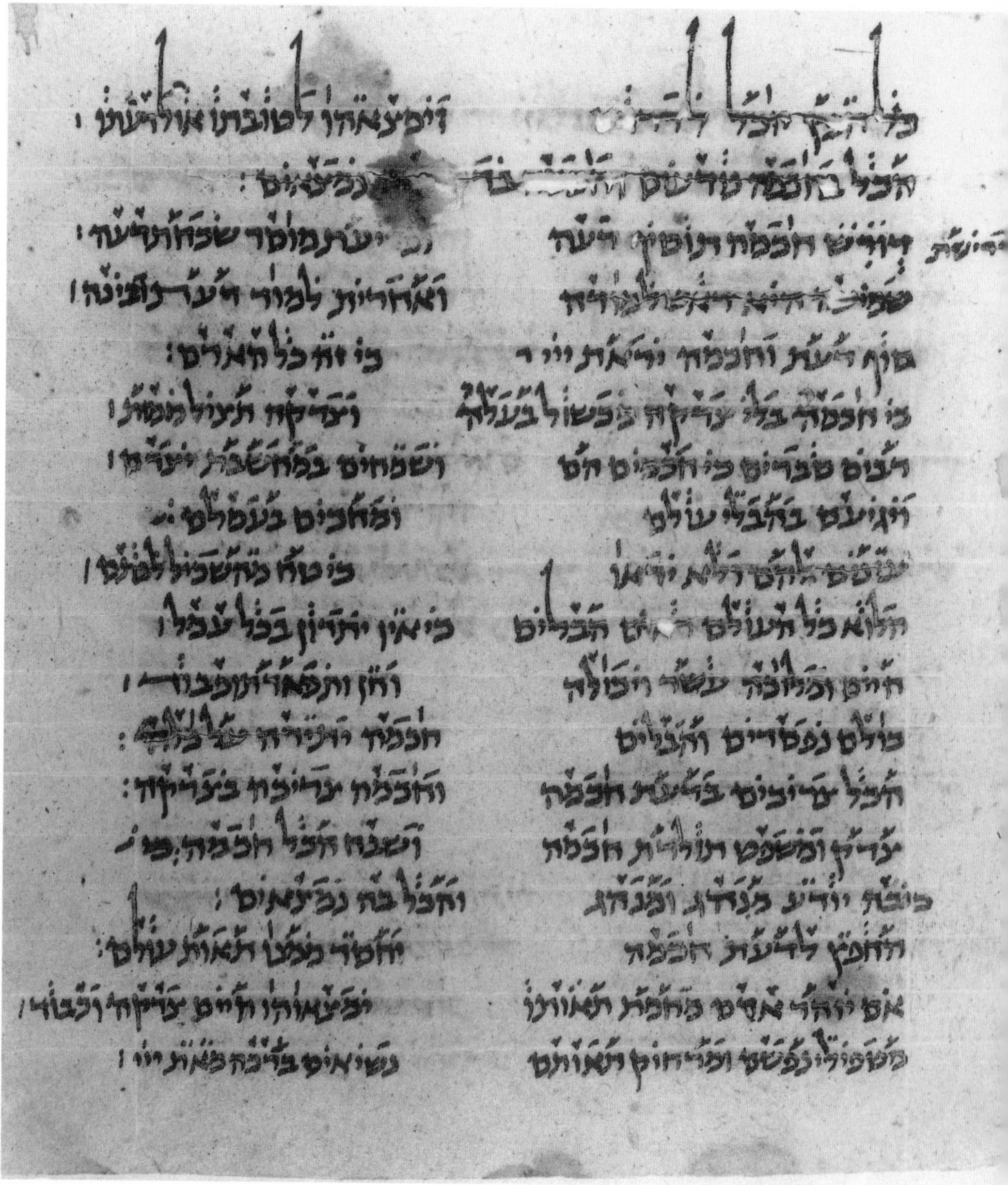

Seite XII

1 kol ḥefäṣ yûkhal li-drôsh
we-yimṣa’ehû le-ṭôvatô ’ô le-ra‘atô:
2 ha-kol be-ḥåkhma(h) nôda‘îm
we-ḥåkhma(h) bid[. . .]a(h) nimṣa’îm:
3 derîshat {dwrsh} ḥåkhma(h) tôsîf de‘a(h)
û-ferî‘at mûsar shikhḥat ra‘a(h):
4 shemî‘a(h) hî’ ro’sh limmûdah
we-’aḥarît limmûd da‘at û-vîna(h):
5 sôf da‘at we-ḥåkhma(h) yir’at yyy
kî zä(h) kol ha-’adam:
6 kî ḥåkhma(h) belî ṣedaqa(h) mikhshôl ba‘alah
û-ṣedaqa(h) taṣṣîl mi-mawät:
7 rabbîm soverîm kî ḥakhamîm hem
û-śemeḥîm be-maḥashävät yiṣram:
8 w-îgî‘am be-havlê ‘ôlam
û-meḥakkîm ba-‘amalam:
9 ‘ênayim lahäm we-lo’ yir’û
kî ṭaḥ me-haśkîl libbotam:
10 ha-lô’ khol ha-‘ôlam ro’îm havalîm
kî ’ên yitrôn be-khol ‘amal:
11 ḥayyîm û-melûkha(h) ‘oshär w-îkhula(h)
we-ḥen we-tif’ärät we-khavôd:
12 kûllam nifsadîm wa-havalîm
ḥåkhma(h) yetêra(h) ‘al kullah:
13 ha-kol ṣerîkhîm be-da‘at ḥåkhma(h)
we-ḥåkhma(h) ṣerîkha(h) bi-ṣdaqa(h):
14 ṣädäq û-mishpaṭ tôledat ḥåkhma(h)
û-shevaḥ ha-kol ḥåkhma(h): {ky:}
15 kî vah yôdea‘ minhag û-minhag
we-ha-kol bah nimṣa’îm:
16 ha-ḥofeṣ la-da‘at ḥåkhma(h)
yeḥasser mimmännû ta’awat ‘ôlam:
17 ’im yizzahar ’adam me-ḥamat ta’awatô
yimṣa’ûhû ḥayyîm ṣedaqa(h) we-khavôd:
18 mashpîlê nafsham û-marḥîq ta’awatam
neśî’îm barakha(h) me’et yyy:

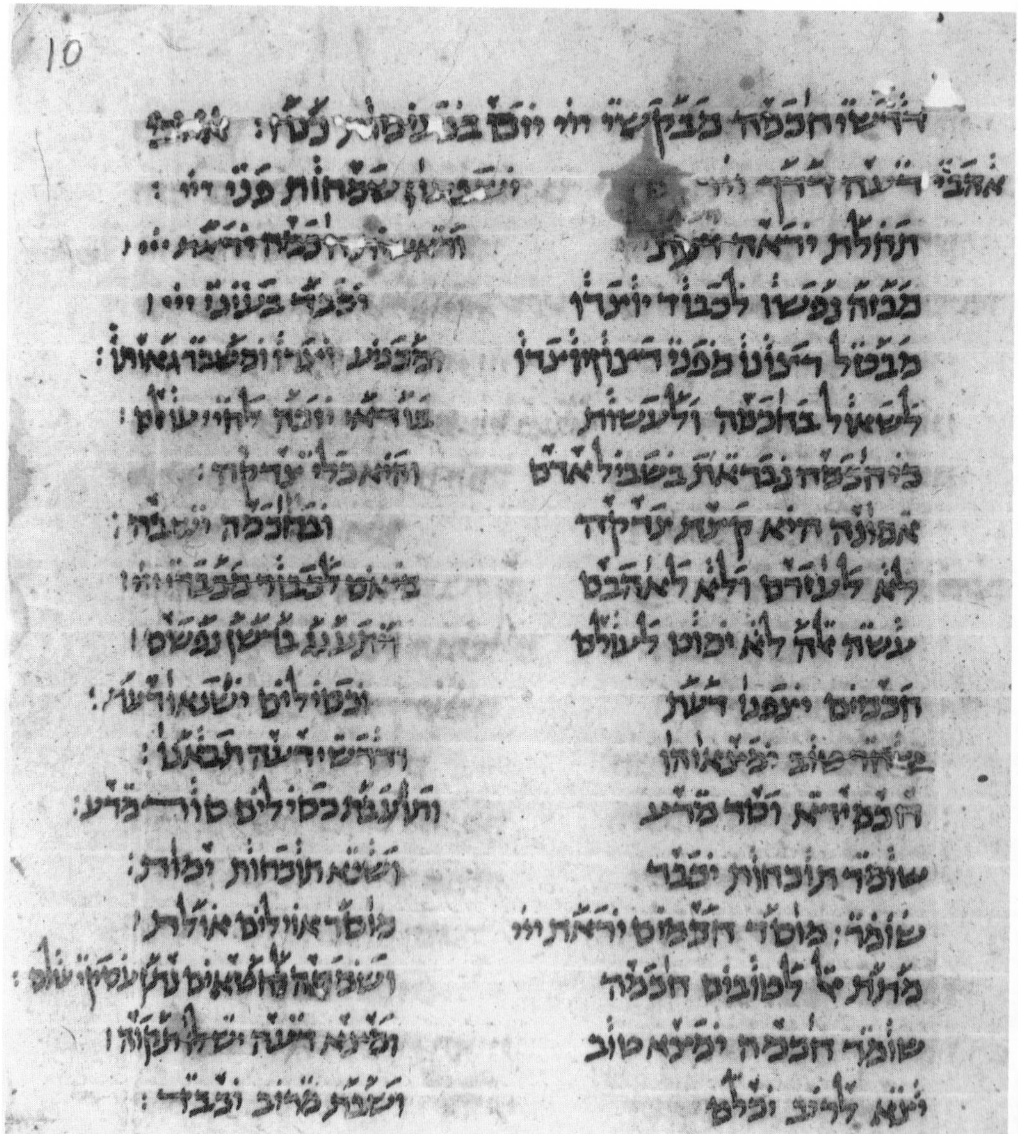

10

דורשי חכמה מבקשי יוי [illegible] :
אהבי דעת דרכי יוי [illegible] שמחות פני יוי :
תחלת יראה דעת והראשית חכמה יראת יוי ׀
מבזה נפשו לכבודי יוצרו ולכבודי [illegible] ׀
מבטל רצונו מפני רצון יוצרו המכניע יצרו ומשבר גאותו :
לשאול בחכמה ולעשות [illegible] לחיי עולם :
כי החכמה נבראת בשביל אדם והיא כלי יקרה :
אמונה היא קניית יקרה ובחכמה [illegible] :
לא לעשרם ולא לאהבם כי אם לכבוד מכבדיו ׀
עשה זה לא ימוטו לעולם [illegible] נפשם ׀
חכמים יצפנו דעת ומכסילים ישנאו דעת :
[illegible] ודורשי רעה תבואנו :
חכם ירא וסר מרע ותועבת כסילים סור מרע :
שומר תוכחות יכבד ושונא תוכחות [illegible] :
שומר : מוסר חכמים יראת יוי מוסר אוילים אולת ׀
[illegible] למבינים חכמה [illegible] :
שומר חכמה ימצא טוב [illegible] ׀
[illegible] :

Seite XIII

1 doreshê ḥåkhma(h) mevaqqeshê yyy
yizkaw (?) bi-n'îmôt näṣaḥ: {'hby}
2 'ohavê de'a(h) däräkh yyy
yiśbe'ûn śemaḥôt penê yyy:
3 teḥillat yir'a(h) da'at yyy
we-re'shît ḥåkhma(h) yir'at yyy:
4 mevazzä(h) nafshô li-khvôd yôṣerô
yikhbad be-'ênê yyy:
5 mevaṭṭel reṣônô mi-penê reṣôn yôṣerô
{w-} makhnîa' yiṣrô û-meshabber ga'awatô:
6 li-sh'ôl be-ḥåkhma(h) we-la'aśôt
be-wadda'y yizkä(h) le-ḥayyê 'ôlam:
7 kî ḥåkhma(h) nivre't bi-shvîl 'adam
we-hî' khelê ṣedaqa(h):
8 'ämûna(h) hî' qeṣat ṣedaqa(h)
û-ve-ḥåkhma(h) yesh bah:
9 lo' le-'åzram we-lo' le-'åhåvam
kî 'im li-khvôd mekhabbedê yyy:
10 'ośe(h) 'ellä(h) lo' yimmôṭ le-'ôlam
we-yit'annag ba-däshän nafsham:
11 ḥakhamîm yiṣpenû da'at
û-khesîlîm yiśne'û da'at:
12 shoḥer ṭôv yimṣa'ûhû
we-doreshê ra'a(h) tevo'ännû:
13 ḥakham yare' we-sar me-ra'
we-tô'avat kesîlîm sôr me-ra':
14 shômer tôkheḥôt yikhbad
we-śone' tôkheḥôt yamût:
15 {shômer} mûsar ḥakhamîm yir'at yyy
mûsar 'äwîlîm 'iwwälät:
16 mattat 'el la-ṭôvîm ḥåkhma(h)
we-śimḥa(h) la-ḥaṭṭa'îm natan 'isqê 'ôlam:
17 shômer ḥåkhma(h) yimṣa' ṭôv
û-maṣa' de'a(h) yesh lô tiqwa(h):
18 yoṣe' la-rîv yikkalem
we-shävät me-rîv yikkaved:

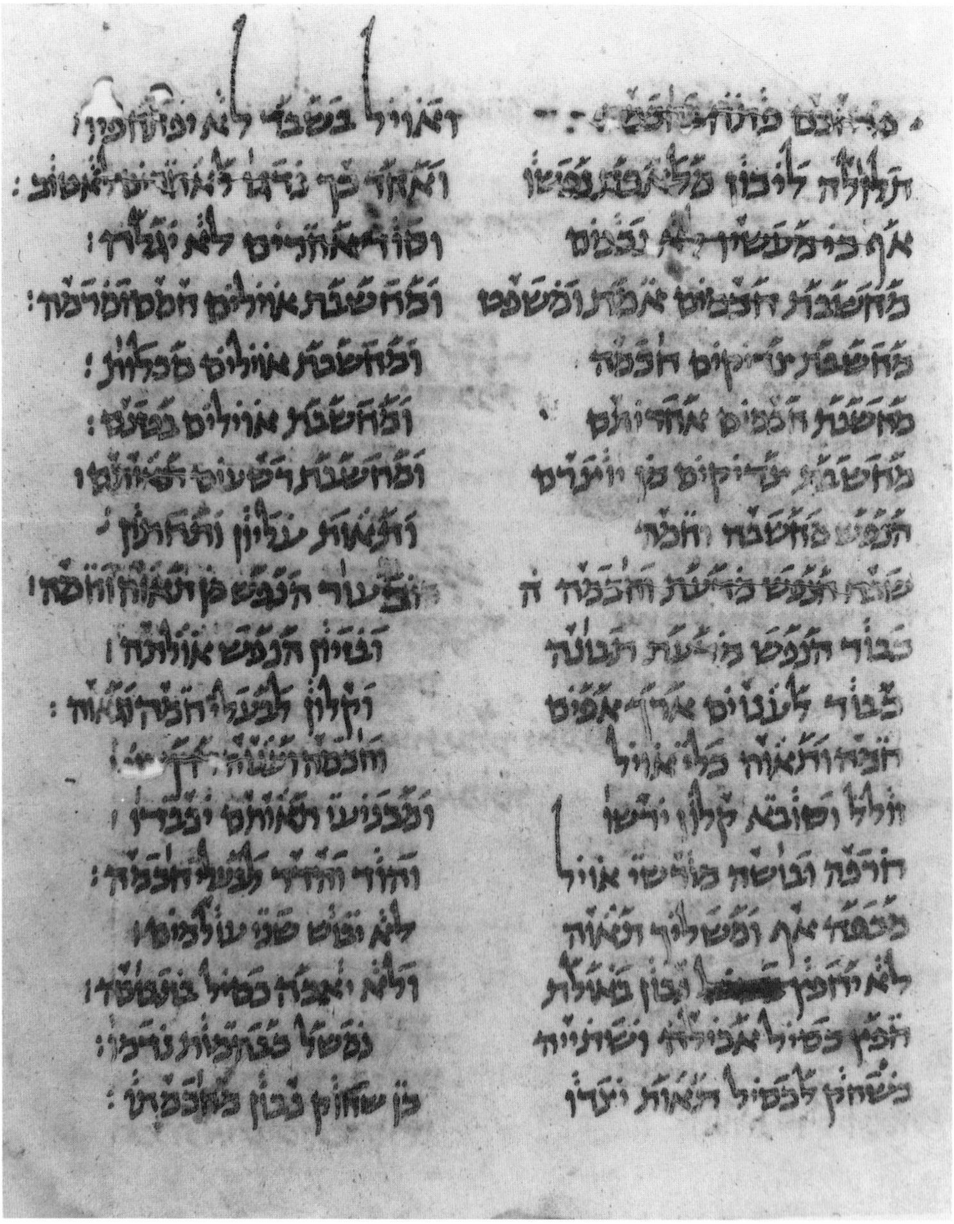

מראים פותח [illegible] ואויל בשבר לא יפותה
תהלה לרבון מלא פה נפשו ואחר כך נדרו לא יאחר
אף כי מעשיר [illegible] נכמס וסוד אחרים לא יגלה
מחשבות חכמים אמת ומשפט ומחשבת אוילים חמס ומרמה
מחשבת צדיקים חכמה ומחשבת אוילים סכלות
מחשבת חכמים אחריתם ומחשבת אוילים בפיהם
מחשבת צדיקים מן יושרם ומחשבת רשעים לתאותם
הנפש מחשבת וזוכר והתאות עליון ותחתון
שומר הנפש מדעת החכמה ה ושער הנפש מן התאוה וחמה
כבוד הנפש מדעת התבונה ובזיון הנפש אולתה
כבוד לענוים ארך אפים וקלון לבעלי חמה ותאוה
חרפה ותאוה כלי אויל וחכמה ושוחה [illegible]
זולל וסובא קלון ירשו ומכנועו ותאותם יכבדו
חרפה ובושה מורשי אויל והוד והדר לבעלי חכמה
מכסה אף ומשליך התאוה לא יבוש שני עולמו
לא יחזק [illegible] נבון במולדת ולא יאבה כסיל במוסר
הפך כסיל אכזריה ושחיתה נמשל כבהמות נדמו
משחק לכסיל התאות יעדו כן שחוק נבון בחכמתו

Seite XIV

1 pî ḥakham poteaḥ be-ḥåkhma(h)
wä-'äwîl be-shävär lo' yiftaḥ pîw:
2 telûla(h) le-yikkôn melä'khät nafshô
we-'aḥar kakh nidgû la-'aḥerîm lo' ṭôv:
3 'af kî ma'aśa(y)w lo' nekhonîm
we-sôd 'aḥerîm lo' yegallä(h):
4 maḥashävät ḥakhamîm 'ämät û-mishpaṭ
û-maḥashävät 'äwîlîm ḥamas û-mirma(h):
5 maḥashävät ṣaddîqîm ḥåkhma(h)
û-maḥashävät 'äwîlîm sakhlût:
6 maḥashävät ḥakhamîm 'aḥarîtam
û-maḥashävät 'äwîlîm biṭnam:
7 maḥashävät ṣaddîqîm min yôṣeram
û-maḥashävät resha'îm ta'awatam:
8 ha-näfäsh meḥashsheva(h) {w} ḥema(h)
we-ta'awat 'älyôn we-taḥtôn:
9 shevaḥ ha-näfäsh mi-da'at we-ḥåkhma(h) {h}
û-khe'ûr ha-näfäsh min ta'awa(h) we-ḥema(h):
10 kevôd ha-näfäsh mi-da'at tevûna(h)
û-vizyôn ha-näfäsh 'iwwaltah:
11 kavôd la-'anawîm 'äräkh 'appayim
we-qalôn le-va'alê ḥema(h) we-ga'awa(h):
12 ḥema(h) we-ta'awa(h) khelê 'äwîl
we-ḥåkhma(h) wa-'anawa(h) däräkh yyy:
13 zôlel we-sôve' qalôn yirashû
û-makhnî'ê ta'awatam yikkavedû:
14 ḥärpa(h) û-vûsha(h) môrashê 'äwîl
we-hôd we-hadar le-va'alê ḥåkhma(h):
15 makhpä(h) 'af û-mashlîkh ta'awa(h)
lo' yevôsh shenê 'ôlamîm:
16 lo' yaḥpoṣ {kesîl} navôn be-'iwwälät
we-lo' yo'vä(h) kesîl bi-tvûna(h):
17 ḥefäṣ kesîl 'akhîla(h) û-shetiyya(h)
nimshal ka-behemôt nidmû:
18 ki-śḥoq la-kesîl ta'awat yiṣrô
ken śeḥôq navôn me-ḥåkhmatô:

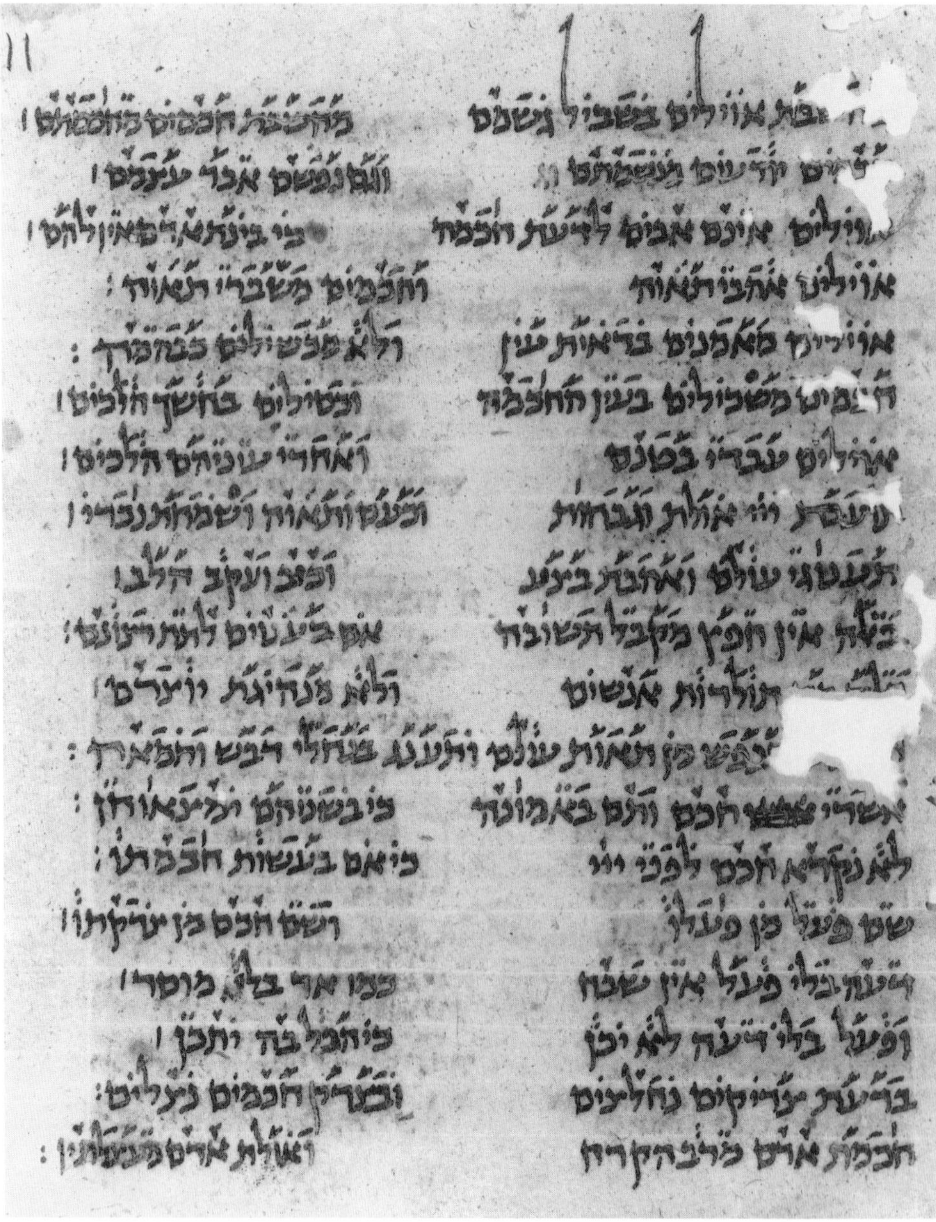

11

חובת אוילים בשביל גשמם | מחשבת חכמים בנשמתם

חכמים יודעים נשמתם | וגם נפשם אחר עיניהם

אוילים אינם אבים לדעת חכמה | כי בינתא דמא אוילתם

אוילים אהבו תאוה | וחכמים משברו תאוה

אוילים מאמינים בראות עין | ולא משכילים במחמד

חכמים משכילים בעין החכמה | והסכלים בחשך הולכים

אוילים עבדו בטנם | ואחרי עיניהם הולכים

עבודת יי אהלת ונבחרת | המנע מתאוה ושמרת נכריה

תענוגי עולם ואהבת בינה | וכזב ועקב הלבו

בלא אין חפץ מקבל תשובה | אם בינים לבת רצונם

תולדות אנשים | ולא מנהיגת יוצרם

פרש מן תאות עולם ותענג מחלי דבש והמאיר

אשרי איש חכם וגם באמונה | כי בשנותם ובריאותו

לא נקרא חכם לפני יי | כי אם במעשות חכמתו

שם פעל מן פעלו | ושם חכם מן ידיעתו

חכמה בלי פעל אין שבח | כמו ארי בלא מוסרו

ופעל בלי דעה לא יכון | כי התפלה יתכן

בדעת ירוקים נחליום | ובמרק חכמים נעלים

חכמת אדם מרפה קרח | ואולת אדם מעלתו

Seite XV

1 [ma]ḥashävät ’äwîlîm bi-shvîl gishmam
maḥashävät ḥakhamîm me-ḥåkhmatam:
2 ḥakhamîm yôde‘îm mi-nishmatam {wg}
we-gam nafsham ’evär ‘aṣmam:
3 [’ä]wîlîm ’ênam ’avîm la-da‘at ḥåkhma(h)
kî vînat ’adam ’ên lahäm:
4 ’äwîlîm ’ohavê ta’awa(h)
wa-ḥakhamîm meshabberê ta’awa(h):
5 ’äwîlîm me’ammenîm bi-r’iyyat ‘ayin
we-lo’ makhshîlîm ka-behema(h):
6 ḥakhamîm maśkîlîm be-‘ên ha-ḥåkhma(h)
û-khesîlîm ba-ḥoshäkh holekhîm:
7 ’äwîlîm ‘avdê viṭnam
we-’aḥarê ‘ênêhäm holekhîm:
8 tô‘avat yyy ’iwwälät we-gavhût
we-ka‘as we-ta’awa(h) we-śimḥat nåkhrî:
9 ta‘anûgê ‘ôlam we-’ahavat bäṣa‘
we-khazav we-‘aqov ha-lev:
10 be-’ellä(h) ’ên ḥefäṣ meqabbel teshûva(h)
’im ba-‘anawîm la-tet reṣônam:
11 we-’ellä(h) raq tôledôt ’anashîm
we-lo’ manhîgat yôṣeram:
12 [marḥîq] ha-näfäsh min ta’awat ‘ôlam
yit‘annag be-naḥalê devash we-ḥäm’a(h):
13 ’ashrê {’dm} ḥakham we-tam bä-’ämûna(h)
kî vi-shnêhäm yimmaṣe’û ḥen:
14 lo’ niqra’ ḥakham lifnê yyy
kî ’im ba-‘aśôt ḥåkhmatô:
15 shem po‘el min på‘ålô
we-shem ḥakham min ṣidqatô:
16 de‘a(h) velî fo‘al ’ên shevaḥ
kmw ’d/r bl’ mwsr:
17 û-fo‘al belî de‘a(h) lo’ yikkon
kî ha-kol bah yittakhen:
18 be-da‘at ṣaddîqîm näḥälaṣîm
û-ve-ṣädäq ḥakhamîm niṣṣalîm:
19 ḥåkhmat ’adam me-rov hqrḥ
we-’iwwälät ’adam me-‘aṣluta(y)w:

Schechter Geniza Collection fol. 11b

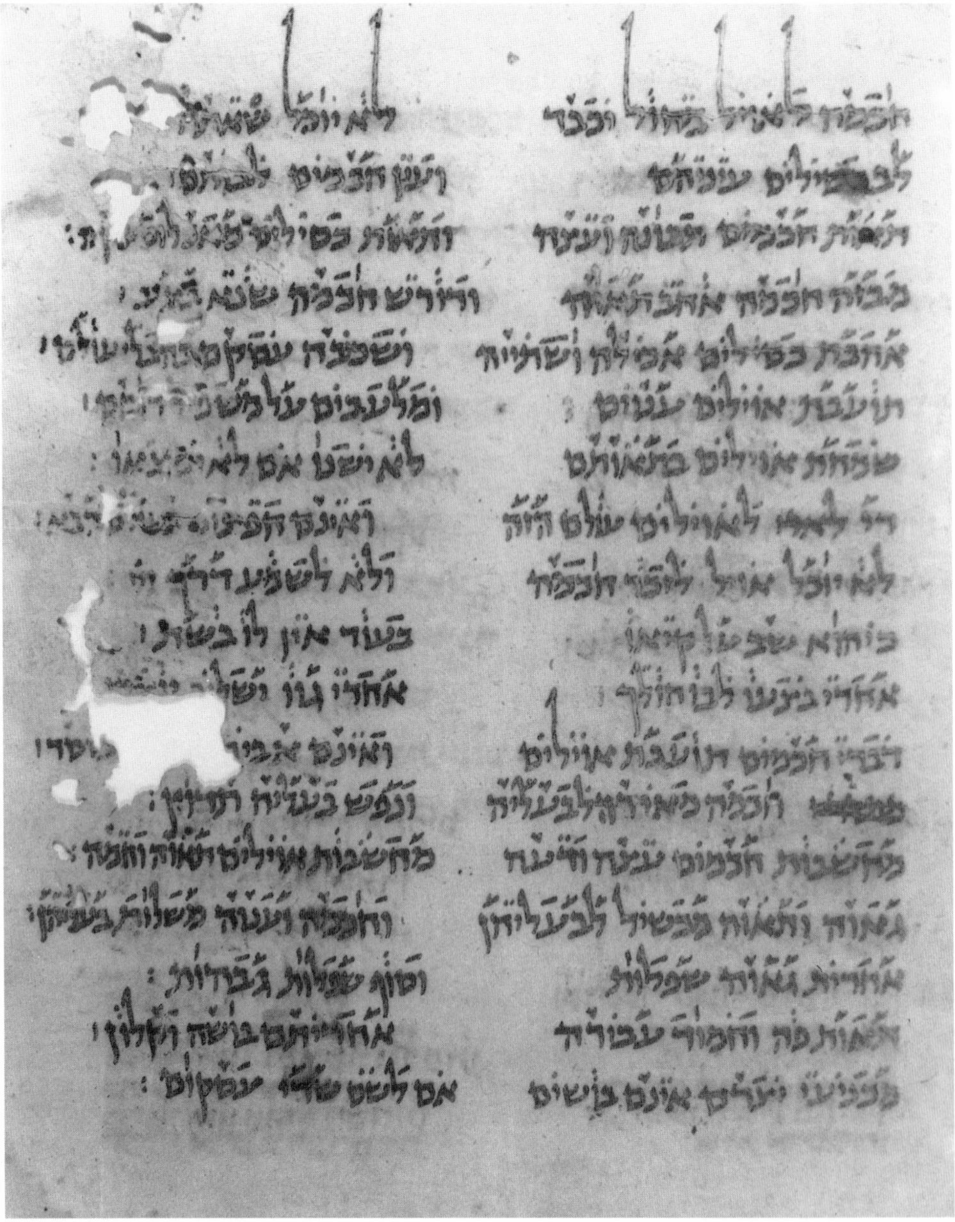

Seite XVI

1 ḥåkhma(h) lä-'äwîl me-ḥôl yikhbad
lo' yûkhal śe'etah[:]
2 lev kesîlîm 'ênêhäm
we-'ên ḥakhamîm libbôtam:
3 ta'awat ḥakhamîm tevûna(h) we-'eṣa(h)
we-ta'awat kesîlîm ma'akhal û-mashqa(h):
4 mevazzä(h) ḥåkhma(h) 'ohev ta'awa(h)
we-dôresh ḥåkhma(h) śone' vaṣa':
5 'ahavat kesîlîm 'akhîla(h) û-shetiyya(h)
û-shekhîva(h) 'isqam be-havlê 'ôlam:,
6 tô'avat 'äwîlîm 'anawîm
û-mela'avîm 'al mashpîl rûḥam:
7 śimḥat 'äwîlîm be-ta'awatam
lo' yishenû 'im lo' yimṣe'û:
8 day {l'ry} lä-'äwîlîm 'ôlam ha-zä(h)
we-'ênam ḥafeṣîm ba-'ôlam ha-ba':
9 lo' yûkhal 'äwîl li-zkor ḥåkhma(h)
we-lo' li-shmoa' däräkh yyy:
10 kî hû' shav 'al qê'ô
be-'ôd 'ên lô voshät:
11 'aḥarê viṣ'ô libbô hôlekh
'aḥarê gawwô yashlîkh 'óśêh[û:]
12 divrê ḥakhamîm tô'avat 'äwîlîm
we-'ênam 'avîm [li-shmoa'] mûsar:
13 {mwsr} ḥåkhma(h) me'îra(h) li-v'alä(y)ha
we-näfäsh be'alä(y)ha tadûṣ:
14 maḥshevôt ḥakhamîm 'eṣa(h) we-de'a(h)
maḥshevôt 'äwîlîm ta'awa(h) we-ḥema(h):
15 ga'awa(h) we-ta'awa(h) makhshîl la-va'alêhän
we-ḥåkhma(h) wa-'anawa(h) mashlût ba'alêhän:
16 'aḥarît ga'awa(h) shaflût
we-sôf shaflût gavhût:
17 ta'awat poh we-ḥimmûd 'avîra(h)
'aḥarîtam bûsha(h) we-qalôn:
18 makhnî'ê yiṣram 'ênam bôshîm
'im le-shem shadday 'asaqûm:

Schechter Geniza Collection fol. 12a

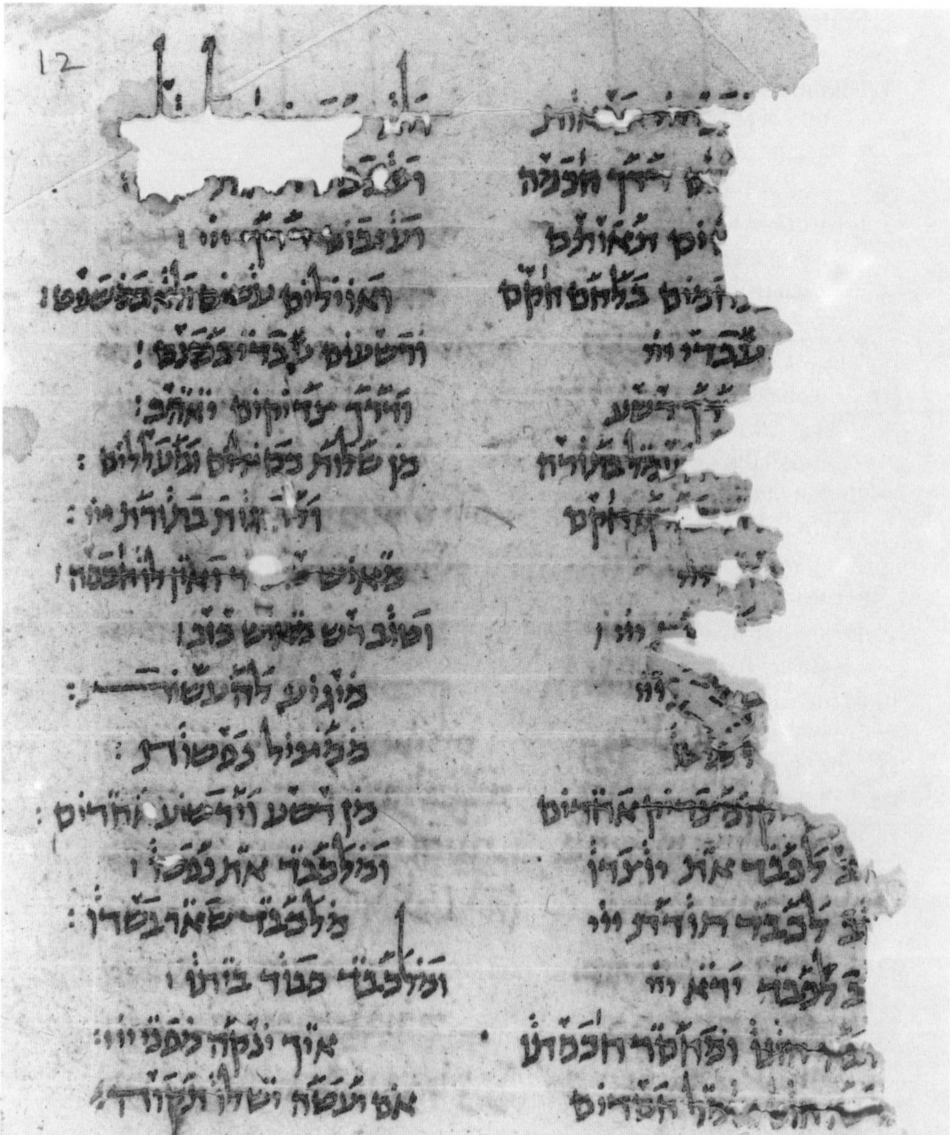

Seite XVII

1 [. . .] yyy (ṣ)eva'ôt
we-lo' [. . .] le-[']ôlam:
2 [. . .]îm däräkh ḥåkhma(h)
we-'o[. . . ta'a]w[a]t ['ôlam?]:
3 [. . .]îm ta'awatam
we-'ozevîm däräkh yyy:
4 [ḥakhamîm/ṣaddîqîm mena]ḥamîm be-läḥäm ḥuqqam
wä-'äwîlîm 'ośîm we-lo' ve-mishpaṭ:
5 [ṣaddîqîm] 'avdê yyy
û-resha'îm 'avdê viṭnam:
6 [tô'avat yyy] däräkh rasha'
we-däräkh ṣaddîqîm yä'ähav:
7 [ṭôv mehûmat . . . we- ?]'amel ba-tôra(h)
min shalwat kesîlîm û-ma'alalîm:
8 [. . .] be(?)-ṭäräf ḥuqqam
we-la-hagôt be-tôrat yyy:
9 [ṭôv ra(')sh] yare['] yyy
me-'îsh 'ash[î]r we-'ên lô ḥåkhma(h):
10 [ṭôv me'aṭ] (be-yir'at) yyy {w}
we-ṭôv rash me-'îsh kazav:
11 [ṭôv la-hagôt] (be-tôrat) yyy
mi-yagîa' le-ha'ashîr:
12 [ṭov maṣṣîl] n[a]fshô
mi-maṣṣîl nefashôt:
13 [ṭov ṣadd]îq û-maṣdîq 'aḥerîm
min rasha' we-yarshîa' 'aḥerîm:
14 [ṭô]v le-khabbed 'et yôṣerô
û-mi-le-khabbbed 'et nafshô:
15 [ṭ]ôv le-khabbed tôrat yyy
mi-le-khabbed she'er beśarô:
16 [ṭ]ôv le-khabbed yere' yyy
û-mi-le-khabbed kevôd bêtô:
17 [ma]rbä(h) hônô û-meḥasser ḥåkhmatô
'êkh yinnaqä(h) mi-penê yyy:
18 [ma]rbä(h) hônô we-gômel ḥasadîm
'im ya'aśä(h) yesh lô tiqwa(h):

Schechter Geniza Collection fol. 12b

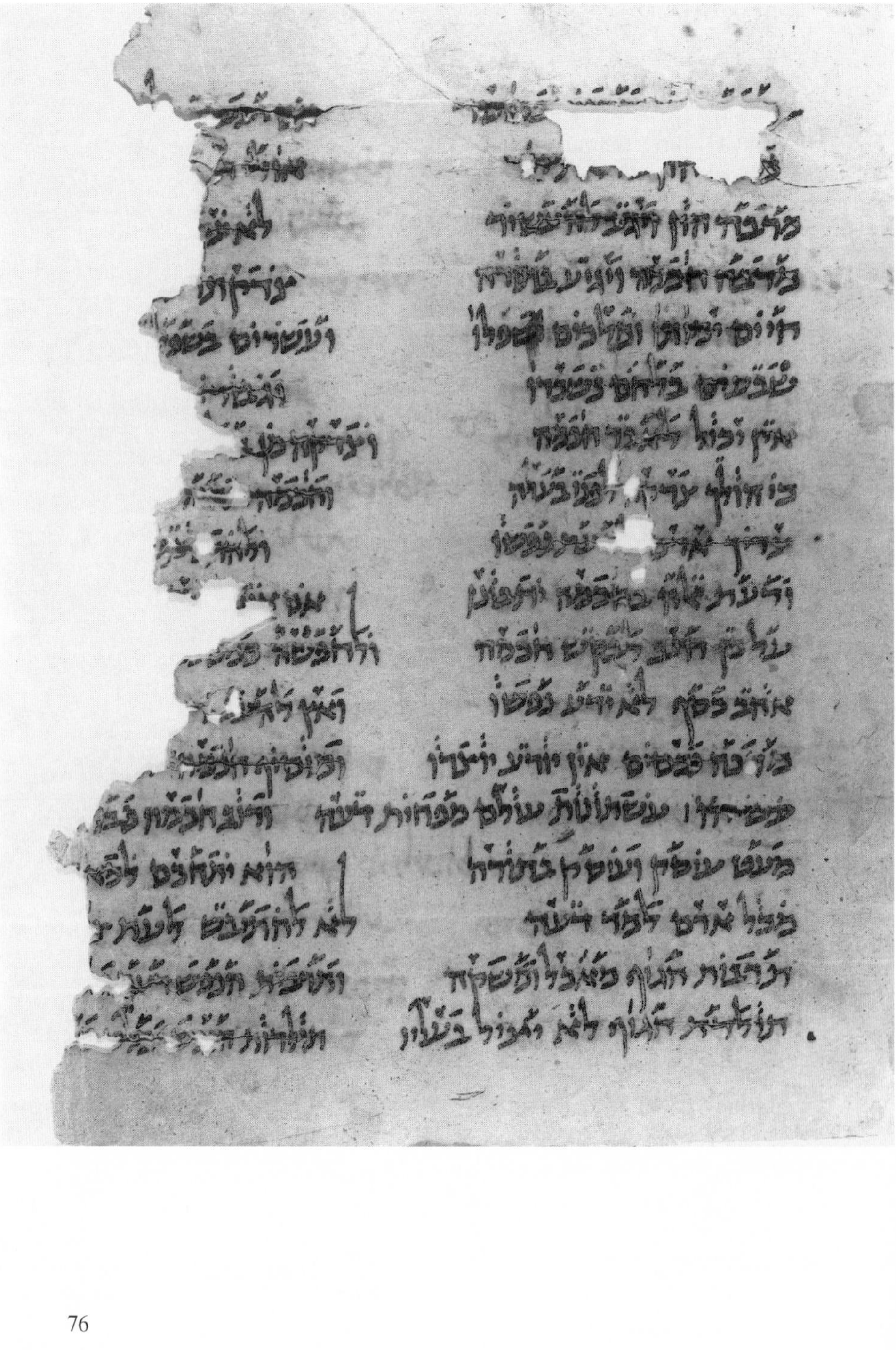

Seite XVIII

1 [m]a[rb]ä[h h]ô[n] û-[m]a[ḥ]a[z]î[q] be-mûsar
’im ya‘aśä[h yesh] l[ô tiqwa(h):]
2 ma[rbä(h)] hôn [...]
’ûlay y[esh (lô) tiqwa(h):]
3 marbä(h) hôn we-yagea‘ le-ha‘ashîr
lo’ yinnaq[ä(h) mi-penê yyy:]
4 marbä(h) ḥåkhma(h) we-yagêa‘ ba-tôra(h)
ṣidqatô ‘[omädät la-‘ad:]
5 ḥayyîm yamûtû û-melakhîm yishpalû
wa-‘ashirîm be-shäfäl [y]e[shevu:]
6 śeve‘îm ba-läḥäm niśkarû
we-gibbôrî[m ḥatta(h) qashtam?:]
7 ’ên yakhôl le-’abbed ḥåkhma(h)
û-ṣedaqa(h) min ba[‘]al[ah ...:]
8 kî hôlekh ṣedaqa(h) lifnê va‘alah
we-ḥåkhma(h) [...:]
9 ṣarîkh ’adam la-da‘at nafshô
û-le-hit[bônen ...:]
10 we-da‘at ’ellä(h) be-ḥåkhma(h) yitbônan
’im ’ên [ḥåkh]ma[(h)...:]
11 ‘al ken ḥayyav le-vaqqesh ḥåkhma(h)
û-le-ḥappeśah ka-maṭ[mônîm:]
12 ’ohev käsäf lo’ yeda‘ nafshô
we-’aṣ le-ha‘ashîr [lo’ yinnaqä(h):]
13 marbä(h) nekhasîm ’ên yôdea‘ yôṣerô
û-môsîf ḥåkhma(h) [...:]
14 {‘shtw ?} ‘äshtônôt ‘ôlam mafḥît de‘a(h)
we-rôv ḥåkhma(h) meva[zzä(h)?...:]
15 me‘aṭ ‘îssaq we-‘îssaq ba-tôra(h)
hû’ yitḥakkam li-m’o[d:]
16 mi-kol ’adam lemad de‘a(h)
lo’ le-hityabbesh le-‘et ṣ[uqa(h):]
17 tarbît ha-gûf ma’akhal u-mashqa(h)
we-tarbît ha-näfäsh da‘at we-[ḥåkhma(h):]
18 tôledat ha-gûf lo’ yaṣṣîl be‘ala(y)w
tôledôt ha-näfäsh yemalleṭ [be‘ala(y)w:]

IV. Philologischer Kommentar

Seite I

1 *derôsh ḥåkhma(h) we-däräkh ṭôva(h)*
le-hitgaddal be-'ênê yyy [...?:]
Suche Weisheit und guten Weg,
um dich als groß zu erweisen in den Augen des Herrn[1] [...?][2]

Text:
Lies *le-hitgaddal* statt *le-hitgaddel* (BERGER). – Von der Ergänzung *we-'adam* (BERGER) findet sich in der Handschrift keine Spur; sie müßte also zumindest, wie bei HARKAVY, in eckige Klammern gesetzt werden. Abgesehen davon erscheint es höchst zweifelhaft, ob die Verbindung *be-'ênê yyy we-'adam* in der Bedeutung „in den Augen des Herrn und der Menschen" sprachlich überhaupt möglich ist. In Prv 3,4 heißt es bezeichnenderweise *be-'ênê 'älohîm we-'adam* „in den Augen Gottes und der Menschen".

Parallelen:
Zum Motiv des Suchens der Weisheit vgl. III 15; VII 17; XII 3; XIII 1; XVI 4 sowie Sir 6,27; 51,14. – mAv 2,12 *'ê zô hî' däräkh ṭôva(h) shä-yidbaq bah ha-'adam* „Welches ist ein guter Weg, den der Mensch befolgen soll?"

2 *marḥîq sakhlût we-gavhût mi-nafshô*
le-hitḥakkam we-l-itgabbar li-m'[o]d[:]
Wer Dummheit und Hochmut aus/von seiner Seele entfernt,
wird sich wahrscheinlich als weise und seh[r] stark erweisen.

Text:
Lies *sakhlût* statt *sikhlût* (BERGER), vgl. V 11. – Das *mi-* von *mi-nafshô* steht über der Zeile. – Lies *le-hitḥakkam* statt *le-hitḥakkem* (BERGER). – Lies *we-l-itgabbar* statt *we-l-itgabber* (BERGER). Die Form *le-itgabbar* ist durch Elision des He aus *le-hitgabbar* entstanden; vgl. X 1.

Parallele:
XVIII 15 *hû' yitḥakkam li-m'o[d:]* „Er wird sich als seh[r] weise erzeigen".

3 *ṭôv le-vaḥûr be-yitrôn mi-kol*
mi-le-harḥîq mi-lev kol havalîm:
Es ist besser, den Gewinn aus allem zu erwählen,
als alle Eitelkeiten aus/von dem Herzen zu entfernen.[3]

Text:
Lies *li-vḥôr* (BERGER). – Die auf HARKAVY zurückgehende Emendation *û-le-harḥîq* (vgl. BERGER) ist erwägenswert. Man muß dann übersetzen: „Es ist gut... und... zu entfernen." – Lies *havalîm* statt *havalim* (BERGER).

---

1 BERGER gibt die Gottesbezeichnungen in der Regel unterschiedslos mit „Gott" wieder.
2 BERGER ergänzt: „und der Menschen"; s. *Text.*
3 Zur Übersetzung (BERGERS) „Gut ist es, zu wählen ... und zu entfernen". s. *Text.*

4 *'ôlam ha-zä(h) häväl hû'*
we-'ôlam ha-ba' yitrôn hû':
Diese Welt ist eitel,
aber die kommende Welt ist Gewinn.

Parallele:
VII 15 *kî khol ha-'ôlam häväl hû'* „Denn die ganze Welt ist eitel".

5 *lo' ra'ûy le-hit'asseq be-'ên yitrôn*
kî yä'sham hä-'amel bô:
Es ist unangemessen, sich mit etwas zu beschäftigen, was kein Gewinn ist;
denn es vergeht sich, wer sich darum müht.

Text:
le-hit'asseq ist aus *le-hit'aśśeq* korrigiert.

Parallele:
I 11 *'ên ra'ûy le-'asseq be-ma(h) shä-'ên lô* „Es ist nicht angemessen, sich mit dem zu beschäftigen, was einem nicht gehört".

6 *me'aṭ 'asoq be-ṭäräf ḥuqqô*
kî 'yn wgwy mi-läḥäm ḥoq:
Sich wenig beschäftigen mit der einem zugewiesenen Nahrung[4];
denn es gibt keinen ,Kummer'[5] wegen zugewiesenen Brots.

Text:
Am rechten Rand steht ein stilisiertes Samekh; vgl. VIII 11; XV 16.19. – Wegen *be-ṭäräf ḥuqqô* kann es sich bei *'asoq* gegen Berger nur um einen infinitivus constructus, nicht aber um einen Imperativ 2. m. sg. handeln. – Berger konjiziert *nogah*. Dem Konsonantenbestand entspricht weit eher *yagôn*. Ansonsten zeigt diese und die übrigen unvokalisierten Stellen der Handschrift, daß schon der Vokalisator den ihm vorliegenden Konsonantentext nicht überall verstanden hat.

Parallelen:
XVII 8 *[...] be(?)-ṭäräf ḥuqqam* „[...] mit (?) der ihnen zugewiesenen Nahrung"; Prv 30,8 *haṭrîfenî läḥäm ḥuqqî* „Nähre mich mit dem mir zugewiesenen Brot".

7 *'esäq me'aṭ we-lahag harbe(h)*
ye'ûshshar lifnê yyy:
Wenig Geschäft und viel Studieren
wird glücklich gepriesen vor dem Herrn.

Text:
Lies *ye'ûshshar* mit Qameṣ statt Pataḥ (Berger).

Parallele:
Qoh 12,12 *we-lahag harbe(h)* „und viel Studieren".

---

4 Zur Übersetzung Bergers „Wenig beschäftige dich mit der zugewiesenen Nahrung" s. *Text*.

5 Zur Übersetzung Bergers „Denn es gibt keinen Glanz" s. *Text*.

8 *hä-'aseq li-vnôt gishmô*
yaharos rûḥô we-nishmatô:
Wer sich damit beschäftigt, seinen Leib zu bauen,
reißt seinen Geist und seine Seele ein.

Text:
Lies *hä-'aseq* statt *ha-'oseq* (Berger), vgl. I 9.

Parallele:
Zum Gegensatzpaar „bauen"/„einreißen" vgl. Prv 14,1.

9 *hä-'aseq li-vnôt ha-'ôlam ha-zä(h)*
ḥarav lô ha-'ôlam ha-ba':
Wer sich damit beschäftigt, diese Welt zu bauen,
dem ist die kommende Welt zur Ruine geworden.

Text:
Lies *hä-'aseq* statt *ha-'oseq* (Berger), vgl. I 8.

10 *kî 'ôlam ha-zä(h) meqôm gerîm*[6]
kemô 'oreaḥ shä-ya'avor ba-malôn:
Denn diese Welt ist ein Ort von Fremdlingen,
wie ein Gast, der zum Nachtlager hinübergeht.

Text:
Lies *ba-malôn* statt *be-malôn* (Berger).

Parallelen:
Baḥya b. Joseph b. Paquda, *sefär ḥôvôt ha-levavôt* VIII 3, Jerusalem 1965/66, S. 262 *'atta(h) ba-'ôlam ha-zä(h) kî 'im ger* „Du bist in dieser Welt nichts anderes als ein Fremdling". – II 8b *kemô 'oreaḥ shä-'avar we-lan ba-malôn* „Wie ein Gast, der hinübergegangen ist und im Nachtlager übernachtet hat".

11 *'ên ra'ûy le-'asseq be-ma(h) shä-'ên lô*
kî ma(h) shä-yesh lô 'ên lô:
Es ist nicht angemessen, sich mit dem zu beschäftigen, was einem [nicht gehört;
denn was man hat, das gehört einem nicht.

Parallele:
I 5 *lo' ra'ûy le-hit'asseq be-'ên yitrôn* „Es ist unangemessen, sich mit etwas zu beschäftigen, was kein Gewinn ist".

12 *'ên boḥer shadday be-śimḥat 'ôlam ha-zä(h)*
kî 'im be-śimḥat 'ôlam ha-ba':
Der Allmächtige erwählt nicht die Freude dieser Welt,
sondern die Freude der kommenden Welt.

6 S. dazu oben S. 17. S. ferner I. B. Singer, The Estate, 1987, S. 286: „This world is nothing more than an inn – we are all guests."

13 *śimḥat ʿôlam ha-zä(h) ʾaḥarît tûga(h)*
we-ḥayyê ʿôlam ha-zä(h) ʾaḥarîtô mawät:
Die Freude dieser Welt – das Ende ist Kummer,
und das Leben dieser Welt – sein Ende ist Tod.

Text:
Lies *ʾaḥarît statt ʾaḥrît* (BERGER). – Lies *ʾaḥarîtô* statt *ʾaḥritô* (BERGER).

Parallelen:
VI 3a *ś[imḥ]at yayin ʾaḥarîtah tûga(h)* „Fr[eu]de am Wein – ihr Ende ist Kummer"; Prv 14,13 *we-ʾaḥarît ha-śimḥa(h) tûga(h)*[7] „Und das Ende der Freude ist Kummer". – Sepher Jeṣirah IV 3 *temûrat ḥayyîm mawät* „Das Gegenteil des Lebens ist der Tod."

14 *binyan ʿôlam ha-zä(h) ʾaḥarîtah ḥårba(h)*
û-mämshälät ʿôlam ʾaḥarît ʿavdût:
Das Gebäude dieser Welt – ihr Ende ist Ruine,
und die Herrschaft der Welt – das Ende[8] ist Knechtschaft.

Text:
Lies *ʾaḥarîtah* statt *ʾaḥrîtah* (BERGER), vgl. VI 3.4 – Lies *ʾaḥarît* statt *ʾaḥrîtah* (BERGER).

Parallele:
Sepher Jeṣirah IV 3 *temûrat mämshala(h) ʿavdût* „Das Gegenteil der Herrschaft ist die Knechtschaft".

15 *kevôd ha-ʿôlam ha-zä(h) sôfô qalôn*
we-ʿåshrô sôfô ṣerîkhût:[9]
Die Ehre dieser Welt – ihr Ende ist Schande,
und ihr Reichtum – sein Ende ist Bedürftigkeit.

Parallele:
Sepher Jeṣirah IV 3 *temûrat ʿôshär ʿônî* „Das Gegenteil des Reichtums ist die Armut".

16 *hä-ḥafeṣ ba-ʿôlam ha-zä(h)*
loʾ yimṣaʾ ʿôlam hä-ʿatîd
Wer Gefallen hat an dieser Welt,
wird die zukünftige Welt nicht finden.

Text:
Das über der Zeile stehende stilisierte Samekh zeigt als Abkürzung von *sôf* „Ende" den Schluß des Distichons an[10], vgl. V 10.

---

7 Zu dieser Emendation vgl. BHS und BHK z.St.

8 Zur Übersetzung BERGERS „ihr Ende" s. *Text*.

9 Zu I 13–15 s. oben S. 8.

10 Vgl. P. E. KAHLE, Die masoretische Überlieferung des hebräischen Bibeltextes, in: H. BAUER/P. LEANDER, Historische Grammatik der hebräischen Sprache, 1922 (Nachdruck Hildesheim 1965), S. 71–172, hier: S. 147 § 9a'.

mevazzä(h) ha-'ôlam ha-zä(h) we-'inyanô –
17 *-û-mekhabbed tôra(h) we-'ôseqah*
Wer diese Welt und ihr Anliegen verachtet,
aber das Gesetz ehrt und sich mit ihm beschäftigt,
oder: und den, der sich mit ihm beschäftigt,

Text:
Lies *mevazzä(h)* statt *ha-mevazzä(h)* (BERGER). Zu dem angeblichen He s. zu I 16b. – Die „Gedankenstriche" nach *we-'inyanô* und vor *û-mekhabbed* sollen wohl darauf aufmerksam machen, daß die beiden Stichen, obwohl sie auf verschiedenen Zeilen geschrieben sind, ein Paar bilden.

be-wadda'y yaśśîg la-'ôlam ha-ba':
18 *we-yithallakh bên ha-'omedîm*
Der wird gewiß die kommende Welt erlangen
und unter den Stehenden wandeln.

Text:
Lies we-yithallakh statt *we-yithallekh* (BERGER).
Parallelen:
III 4 *lo' yaśśîg la-'ôlam ha-ba'* „Er wird die kommende Welt nicht erlangen". – Sach 3,7 *mahlekhîm bên ha-'omedîm ha-'ellä(h)* „Zugang zwischen den hier Stehenden"; Baḥya b. Joseph b. Paquda, *sefär ḥôvôt ha-levavôt* IV 4, a. a. O., S. 158 *û-mi-penê shä-haya(h) yehôshua' ben yehôṣadaq be-'ôlam ha-mal'akhîm, 'amar lô we-natattî lekha mahlekhîm bên ha-'omedîm ha-'ellä(h)* „Und weil Josua, der Sohn Josadaks, in der Welt der Engel war, sprach er zu ihm: 'Und ich gebe dir Zugang zwischen den hier Stehenden' (Sach 3,7)"[11]. S. ferner MHG zu Gn 5,24 (S. 132) *kol ha-ṣaddîqîm hen 'ôlîn û-meshammeshîn ba-marôm, shä-nä'ämar we-natattî lekha mahlekhîm bên ha-'omedîm ha-'ellä(h)* „Alle Gerechten fahren auf und dienen (Gott) in der Höhe; denn es ist gesagt: 'Und ich gebe dir Zugang zwischen den hier Stehenden' (Sach 3,7)".

qenôt bîna(h) û-vaḥûr mi-kol:

Seite II

1 *[kî hî]' melûyyat ba'alah 'et penê yyy*
Einsicht zu erwerben ist erstrebenswerter als alles;[12]
denn sie ist, begleitet von ihrem Besitzer, vor dem Angesicht des Herrn.
oder: begleitet ihren Besitzer vor das Angesicht des Herrn.

Text:
Lies *baḥûr* oder *nivḥar,* vgl. Prv. 16,16 – Zur Ergänzung *kî hî* vgl. III 3b. – Lies vielleicht *melawwêt*[13]. Die Bedeutung von jüdisch-aramäisch *malwîta',* auf das sich BERGER

11 S. ferner a. a. O., S. 156 und 268.
12 Zur Übersetzung BERGERS „zu erwerben Einsicht und aus allem zu wählen" s. *Text.*
13 Zu dieser Bildung vgl. M. H. SEGAL, A Grammar of Mishnaic Hebrew, 1927 (Nachdruck Oxford 1970), S. 59 § 118.

(S. 111) für seine allen Regeln der hebräischen Grammatik widersprechende Konjektur *meluwwît* beruft, ist nicht „der, der begleitet", sondern „(Grab)geleit". – *'et* ist aus *'äl* korrigiert.

Parallele:
Prv 16,16 *qenôt bîna(h) nivḥar mi-käsäf* „Einsicht zu erwerben ist erstrebenswerter als Silber".

mevazzä(h) ḥåkhma(h) mevazzä(h) yôṣerah
we-yashôv 'ela(y)w qelônô:[14]
Wer die Weisheit verachtet, verachtet ihren Schöpfer,
so daß seine Schande auf ihn zurückfällt.

Text:
Lies *we-yashôv* statt *we-yashûv* (Berger), vgl. II 17b. – *qelônô:* steht unter der Zeile. Zur Konstruktion vgl. Ps 54,7 K; Prv 12,14 K, wo allerdings statt *'äl* jeweils *le* verwendet ist.

Parallele:
1 S 2,30 *û-vozay yeqallû* „Und die mich (scil. Gott) verachten, werden zuschanden werden".

2 {*wyshwb 'lyw qlwnw m*}

Text:
{*wyshwb 'lyw qlwnw m*} beruht auf der Wiederholung von II 1c und der Vorwegnahme des ersten Konsonanten von II 3a.

3 *mekhabbed ḥåkhma(h) yikkaved*
we-yit'allä(h) zikhrô le-'ôlam:
Wer die Weisheit ehrt, wird geehrt,
und sein Gedächtnis wird erhoben in Ewigkeit.

Parallele:
1 S 2,30 *kî mekhabbeday 'akhabbed* „Sondern die mich (scil. Gott) ehren, will ich ehren"; vgl. XIII 9. – Die Wendung *yit'allä(h) zikhrô* wird sonst anscheinend ausschließlich in bezug auf Gott verwendet; vgl. z. B. ShemR 41,1 *ha-qadôsh barûkh hû' yishtabbaḥ shemô we-yit'allä(h) zikhrô* „der Heilige, er sei gepriesen, sein Name werde gelobt und sein Gedächtnis werde erhoben".

4 *ḥappeśû ḥåkhma(h) we-yir'at yyy*
kî 'az ṭôv lakhäm:
Erforscht die Weisheit und die Furcht des Herrn;
denn dann geht es euch gut.

Parallele:
Jer 22,15 *'az ṭôv lô* „Da ging es ihm gut".

---

14 Die vorstehende stichische Gliederung der Zeilen I 16-II 1 ist bereits in einem bei A. E. Harkavy, *ḥadashîm gam yeshanîm* II 7, 1902/03, S. 383f. abgedruckten Brief E. Halewi Gabrielovs vorgeschlagen worden. Berger, der den „kurzen Anhang von Elijah Halevi Gabrielow" auf S. 52 ausdrücklich erwähnt, hat diesen für das Verständnis des Textes grundlegenden Hinweis leider nicht beachtet.

5 *'al tivḥarû ve-haṣlaḥat ha-'ôlam*
kî maqrat 'äḥad la-kol:
Erwählt nicht den Erfolg der Welt;
denn dasselbe Geschick haben alle.

Text:
Möglicherweise steht *maqrat* für *maqrah** , das tiberischem *miqrä(h)* entspricht; vgl. III 3 und die *Vorbemerkung* zu S. X.

Zitat:
Qoh 9,3 *kî miqrä(h)* (sic) *'äḥad la-kol* „Denn dasselbe Geschick haben alle".

6 *melôn 'arûkh hitqîa' lakhäm*
we-'al taśîmû levavkhäm be-khol melônekhäm:
Ein langes Nachtlager hat er (scil. Gott) für euch aufgeschlagen,
so richtet euer Herz nicht auf euer ganzes Nachtlager.

Text:
Man könnte versucht sein, in II 6a und III 10a mit Berger *malôn* statt *melôn* zu lesen; vgl. aber *melôn qaṣîr* III 7a und *bi-mlôn ṭôv* III 14b. – Lies *'arûkh* statt *'arôkh* (Berger), vgl. III 10a. – Lies *be-khol* statt *be-khål* – (Berger), vgl. II 11f; III 7; IV 7; VI 2; VII 8.15; VIII 13; IX 8–10; X 9.13; XI 13; XII 1.5.10; XVIII 16.

7 *shilḥû ṣêda(h) bi-mlônekhäm*
kî ve-lo' 'et yôlîkhekhäm:[15]
Schickt Wegzehrung in euer Nachtlager;
denn vor der Zeit wird er (scil. Gott) euch hinwegführen.

Parallelen:
Ps 78,25 *ṣêda(h) shalaḥ lahäm la-śova'* „Wegzehrung schickte er ihnen in Fülle"; Baḥya b. Joseph b. Paquda, *sefär ḥôvôt ha-levavôt* VII 7, a. a. O., S. 221 = *tôkheḥa(h)*, a. a. O., S. 314 *nafshî, hakhînî ṣêda(h) la-rôv be-'ôd ba-ḥayyîm ḥayyatekh* „Meine Seele, bereite Wegzehrung vor in Menge, solange du selbst noch am Leben bist"; ebd. VIII 3, S. 247 *'anaḥnû ḥayyavîm li-hyôt nekhônîm la-mô'ed û-le-hizdammen la-däräkh ha-reḥôqa(h) 'äl ha-'ôlam ha-'aḥer 'ashär 'ên lanû mivraḥ mimmännû we-lo' manôs mi-pana(y)w, we-la-ḥashôv ba-ṣêda(h) û-ve-ma(h) shä-nifga' bô bôre'enû be-yom ha-ḥäshbôn ha-gadôl* „Wir sind verpflichtet, gerüstet zu sein für die Begegnung und uns bereitzumachen für den weiten Weg in die andere Welt, von der es für uns keine Zuflucht und vor der es kein Entrinnen gibt, und an die Wegzehrung zu denken und daran, womit wir unserem Schöpfer am Tag der großen Abrechnung gegenübertreten können". Ebd. VI 3, S. 196 ist ausdrücklich von *ṣêda(h) mi-ma'aśîm ṭôvîm* „einer Wegzehrung aus guten Werken" die Rede. – Qoh 7,17 *lamma(h) tamût be-lo' 'ittäkha* „Warum willst du vor der Zeit sterben?"; Qoh 12,5 *kî holekh ha-'adam 'äl bêt 'ôlamô* „Denn der Mensch geht hinweg zu seinem ewigen Hause".

---

15 S. dazu oben S. 18.

8 *be-lo' 'et häyû zerîzîm*
kemô 'oreaḥ shä-'avar we-lan ba-malôn:
Vor der Zeit seid bereit,
wie ein Gast, der hinübergegangen ist und im Nachtlager übernachtet hat.

Parallelen:
I 10b *kemô 'oreaḥ shä-ya'avor ba-malôn* „Wie ein Gast, der zum Nachtlager hinübergeht"; Baḥya b. Joseph b. Paquda, *tôkheḥa(h)*, in: *sefär ḥôvôt ha-levavôt*, a. a. O., S. 314 *û-de'î na' û-re'î, kî gam 'alayikh ta'avor kôs, we-teṣe'î mi-melôn hadäräkh ke-raga'* „Und erkenne und siehe, ‚daß der Kelch auch zu dir kommen wird' (Thr 4,21) und du das Nachtlager am Wege in einem Augenblick verlassen mußt".

9 *ḥayyê ha-'ôlam ha-ba' 'ên häfsêq*
ṭôv lä-'ähav min ḥayyê {'wlm} shone':
Das Leben der kommenden Welt hat kein Aufhören;
besser ist es, (dieses) zu lieben als das sich ändernde Leben.

Text:
Lies *lä-'ähav* statt *lä-'ähov* (Berger), vgl. III 8; IV 10. – Der Fehler *ḥayyê {'wlm}* ist wohl durch IV 14par. veranlaßt. – Lies *shone'* statt *shonä(h)* (Berger). Dem *ḥayyê shone'* von II 9b entspricht das *we-ḥayyê shane'* von III 7a, welches Antonym von *ḥayyê 'ad* III 10a ist. Was die Bildungen *shone'* und *shane'* angeht, so handelt es sich wahrscheinlich um ein Partizip bzw. Verbaladjektiv von *shn'* „sich ändern" (Thr 4,1).

10 *lamma(h) tishqelû khäsäf be-lo' läḥäm*
we-tîge'û bedî rîq:
Warum wägt ihr Geld dar für das, was kein Brot ist,
und müht euch für nichts?

Text:
Die Konjektur *bedê* (Berger) ist im Hinblick auf Jer 51,58 erwägenswert.

Zitat:
Jes 55,2 *lamma(h) tishqelû khäsäf be-lô' läḥäm* „Warum wägt ihr Geld dar für das, was kein Brot ist?".

Parallele:
Jer 51,58 *we-yige'û 'ammîm bedê* (sic) *rîq* „Und Völker mühen sich für nichts".

11 *kî 'ên yitrôn 'adam be-khol 'amalô*
kî 'im la-hagôt be-tôrat yyy:
Denn es gibt keinen Gewinn für den Menschen bei all seiner Mühsal,
außer zu sinnen über das Gesetz des Herrn.

Text:
Lies *be-khol* statt *be-khål* (Berger) vgl. II 6.12; III 7; IV 7; VI 2; VII 8.15; VIII 13; IX 8–10; X 9.13; XI 13; XII 1.5.10; XVIII 16.

Parallelen:
Qoh 1,3 *ma(h)-yitrôn la-'adam be-khål 'amalô* „Was hat der Mensch für Gewinn bei all

seiner Mühsal?"; vgl. XII 10. – IV 5a *kî 'im la-hagôt be-tôrat yyy* „Sondern über das Gesetz des Herrn zu sinnen"; IX 13 *lakhen hôgä(h) tôra(h) me'ushsharîm* „Deshalb wohl jedem, der über das Gesetz sinnt"; XVII 11 *[ṭôv hôgä(h)] be-tôrat yyy* „[Besser einer, der] (über das Gesetz des Herrn) [sinnt]"; Jos 1,8 *we-hagîta bô yômam wa-layla(h)* „Und du sollst darüber sinnen Tag und Nacht"; Ps 1,2 *kî 'im betôrat yhwh ḥäfṣô û-ve-tôratô yähgä(h) yômam wa-layela(h)* „Sondern er hat Gefallen am Gesetz des Herrn und sinnt über sein Gesetz Tag und Nacht".

12 *kî khol ḥåkhma(h) temûrat tôra(h)*
kî khol 'umma(h) ḥeläf be-yiśra'el:
Denn alle Weisheit ist das Gegenstück des Gesetzes.
Denn jegliches Volk ist (nur) ein Ersatz für Israel.

Text:
Lies beide Male *khol* statt *khål* (Berger), vgl. II 6.11; III 7; IV 7; VI 2; VII 8.15; VIII 13; IX 8–10; X 9.13; XI 13; XII 1.5.10; XVIII 16.

Parallele:
Zur Sache vgl. Sir 24,23; Bar 4,1.

13 *'ôt 'ôlam ha-ba' yôṣerô*
we-rämäz ha-yôṣerô ḥåkhma(h):
Das Zeichen der kommenden Welt ist ihr Schöpfer,
und der Hinweis auf ihren Schöpfer ist die Weisheit.

Parallele:
II 16 *û-nehîgût ha-'ôlam rämäz yôṣerô* „Und die Lenkung der Welt (ist) der Hinweis auf ihren Schöpfer".

14 *hä-ḥafeṣ la-da'at yôṣerô*
yit'assaq be-da'at we-ḥåkhma(h):
Wer Gefallen daran hat, ihren Schöpfer[16] zu erkennen,
beschäftigt sich mit Erkenntnis und Weisheit.

Text:
Lies *yit'assaq* statt *yit'asseq* (Berger).

15 *ha-'ohev ha-'ôlam ha-ba'*
yä'äsaq be-tôrat yyy:
Wer die kommende Welt liebt,
beschäftigt sich mit dem Gesetz des Herrn.

Text:
Lies *yä'äsaq* statt *ya'asoq* (Berger).

---

16 Berger übersetzt formal richtig „seinen Schöpfer". Da aber in Z. 13 zweimal vom Schöpfer der kommenden Welt die Rede war und dies in Z. 16 wieder der Fall sein wird, ist auch für Z. 14 die Bedeutung „ihr Schöpfer" anzunehmen.

16 *nafshôt ḥakhamîm we-nishmat ṣaddîqîm*
û-nehîgût ha-ʿôlam rämäz yôṣerô:
Die Seelen der Weisen und der Lebensodem der Gerechten
und die Lenkung der Welt sind der Hinweis auf ihren Schöpfer.

Text:
Lies *û-nehîgût* statt *û-nehigût* (Berger).

Parallele:
II 13 *we-rämäz ha-yôṣerô ḥåkhma(h)* „Und der Hinweis auf ihren Schöpfer ist die Weisheit".

17 *kemô garash ʿaṣel mi-meqôm ha-baʿar*
we-yashov 'äl melônô:
Wie man einen Faulen vom Weideplatz vertreibt[17],
so daß er zu seinem Nachtlager zurückkehren muß, –

Text:
Lies *garash* statt *gorash* (Berger). – Lies *we-yashov* statt *we-yashuv* (Berger), vgl. II 1.

18 *kemô gesher shä-yäʿävarû ha-ʿoverîm ʿala(y)w*
kakh ha-ʿôlam ha-zä(h) la-'anashîm:[18]
Wie eine Brücke, über die man hinübergeht[19] –
so ist diese Welt für die Menschen.

Text:
Statt tiberisch *gäshär* lautet die Vokalisation der Handschrift *gesher*; vgl. X 2, wo statt tiberisch *shäfär*, i. p. *shafär*, vielmehr *shefär* vokalisiert ist. – Lies *shä-yaʿävarû* statt *shä-yaʿavrû* (Berger).

Parallelen:
Baḥya b. Joseph b. Paquda, *tôkheḥa(h)*, in: *sefär ḥôvôt ha-levavôt*, a. a. O., S. 31 *we-ha-ḥayyîm we-ha-mawät ... 'aḥûzîm bi-shtê qeṣôt gäshär raʿûaʿ, we-khol berû'ê tevel ʿôverîm ʿala(y)w. ha-ḥayyîm mevô'ô we-ha-mawät môṣa'ô* „Und das Leben und der Tod ... sind eingefaßt von den beiden Enden einer baufälligen Brücke, und alle Geschöpfe des Erdkreises gehen hinüber. Das Leben ist ihr Eingang und der Tod ihr Ausgang"; Jedaja b. Abraham Bedersi (ca. 1270–1340), *sefär beḥînat ʿôlam* VIII 1–5 (Berlin 1926/27), fol. 7b[20] *ha-ʿôlam yam zôʿef rav meṣûla(h) reḥav yadayim we-ha-zeman gäshär raʿûaʿ banûy ʿala(y)w. ro'shô 'aḥûz be-ḥavlê ha-haʿader ha-qôdem lehawwayatô. we-takhlîtô li-r'ôt be-noʿam matmîd le-'ôr be-'ôr penê mäläkh. roḥav ha-gäshär 'ammat 'îsh we-gam 'afesû ha-misgarôt. we-'atta(h) bän 'adam ʿal kårḥakha 'atta(h) ḥay ʿôver ʿala(y)w tamîd mi-yôm häyôtekha la-'îsh* „Die Welt ist ein wütendes Meer, voll von Untiefen, weit nach allen

17 Zur Übersetzung Bergers „Wie das Vertreiben eines Faulen vom Viehstall" s. *Text*.

18 S. dazu oben S. 18.

19 Zu dieser Übersetzung vgl. C. Brockelmann, Hebräische Syntax, 1956, S. 49 § 49a.

20 Den Hinweis auf diesen interessanten Text verdanke ich A. E. Harkavy, *ḥadashîm gam yeshanîm* II 7, 1902/03, S. 381, Anm. 17. – Im übrigen ist Jedaja b. Abraham Bedersi hier deutlich von Baḥya b. Joseph b. Paquda abhängig oder hat dieselbe Vorlage wie dieser verwendet.

Seiten, und die Zeit ist eine baufällige Brücke, die darüber gebaut ist. Ihr Anfang ist eingefaßt von den Banden des Nichtseins, das seinem (scil. des Menschen) Sein vorhergeht. Und sein Ende besteht darin, daß man beständige Wonne sieht, erleuchtet wird mit dem Licht vom Angesicht des Königs. Die Breite der Brücke beträgt (nur) eine Manneselle, und auch die Geländer fehlen. Aber du, Menschenkind, – wider deinen Willen bis du lebendig – gehst ständig über sie hinüber seit dem Tage, da du zum Manne wurdest". S. ferner ELIA LEVITA, Opusculum recens Hebraicum ..., cui titulum ... *Tishbî*, Isny 1541, S. 57f. *und* J. BUXTORF, Lexicon Hebraicum et Chaldaicum ... Accessit Lexicon Breve Rabbinico-Philosophicum, Basel 1639, S. 888 (ohne Quellenangabe): *„ha-'ôlam dômä(h) le-gäshär ra'ûa'* ‚Mundus similis est ponti confracto' bzw. ‚ruinoso'"[21].

Seite III

1 *ha-lo' 'overê derakhîm mevahalîm li-mlônam*
kakh ra'ûy l[a-]ḥ[a]kh[a]mîm l[e-vahel] li-mlôn[a]m:
Hasten Wanderer nicht zu ihrem Nachtlager?
So ist es Weisen angemessen, zu *ihrem* Nachtlager zu hasten[22].

Text:
Lies *mevahalîm* statt *mavhilîm* (BERGER). – Ergänze *l[e-vahel]* statt *le-havhîl* (BERGER), das im übrigen hätte in eckige Klammern gesetzt werden müssen. – *li-mlônam* steht unter der Zeile.

2 *kî ṭôv ḥäsäd yyy me-ḥayyîn*
û-shevaḥ le-fî 'shr 'adän {'shr} lo' haya(h):[23]
Denn die Gnade des Herrn ist besser als Leben
und lobenswert (selbst) im Vergleich mit dem, was noch nicht ins Sein getreten ist[24].

Text:
Die Form *ḥayyîn* findet sich auch Hi 24,22. – Lies *û-shevaḥ* mit Qameṣ statt *we-shävaḥ* (BERGER), vgl. XII,14b; XIV 9a; XV 16a. – Das erste *'shr* (sic) steht über der Zeile und dient zur Korrektur des an falscher Stelle in den Text geratenen zweiten. – *'adän* ist tiberisch vokalisiert; dabei ist das tiberische Pataḥ Äquivalent eines babylonischen Pataḥ/Segol.

Parallelen:
Ps 63,4 *kî ṭôv ḥasdekha me-ḥayyîm* „Denn deine Gnade ist besser als Leben". – Qoh 4,2f *we-shabbeaḥ 'anî 'ät ha-metîm shä-kevar metû min ha-ḥayyîm 'ashär hemma(h) ḥayyîm*

---

21 Die Metapher von der Welt als Brücke begegnet auch in einem in der islamischen Welt weit verbreiteten apokryphen Jesuswort (J. JEREMIAS, Unbekannte Jesusworte, 4. Aufl. 1965, S. 105–110), hat dort aber eine andere Bedeutung.

22 Die Übersetzung BERGERS „Eilen ... eilen" entspricht nicht den von ihm angenommenen Lesarten *mavhilîm* ... *le-havhîl* (s. *Text*); das Hif'il von *bhl* bedeutet „eilig fortschaffen".

23 S. dazu oben S. 3.

24 Die Übersetzung BERGERS („ein Lob, das alles übertrifft, das bisher da war") übersieht, daß *û-shevaḥ* praktisch ein Synonym zu *ṭôv* und ein Antonym zu *ke'ûr* (XIV 9) ist und daß es sich bei *'shr 'adän lo' hayah* um ein Zitat aus Qoh 4,3 handelt.

'adäna(h). we-ṭôv mi-shenêhäm 'et 'ashär 'adän lo' haya(h) „Und ich pries die Toten, die längst gestorben sind: (Glücklicher sind sie) als die Lebenden, die jetzt noch leben, und besser daran als sie beide, wer noch nicht ins Sein getreten ist.

3 *harḥîqû nafshekhäm min ta'awat ha-zo't*
kî hî' temûrat ha-'ôlam ha-ba':
Haltet eure Seele fern von der Begierde nach dergleichem;
oder: von dieser Begierde;
denn sie ist das Gegenteil der kommenden Welt.

Text:
Möglicherweise steht *ta'awat* für *ta'awa(h),* vgl. II 5 und die *Vorbemerkung* zu S. X.

Parallele:
XV 12a *[marḥîq] ha-näfäsh min ta'awat 'ôlam* „[Wer] die Seele [fernhält] von der Begierde der Welt".

4 *ha-ḥôfeś ba-'ôlam ha-zä(h)*
lo' yaśśîg la-'ôlam ha-ba':
Wer in dieser Welt forscht,
wird die kommende Welt nicht erlangen.

Parallele:
I 17 *be-wadda'y yaśśîg la-'ôlam ha-ba'* „Der wird gewiß die kommende Welt erlangen".

5 *we-ha-mevaqqesh 'ôlam ha-ba'*
ra'ûy lô le-vazzôt 'ôlam ha-zä(h):
Aber[25] wer die kommende Welt sucht,
für den ist es angemessen, diese Welt zu verachten.

6 *kî 'ên 'adam zôkhä(h) shetê shulḥanôt:*[26]
kî ta'anûgê 'ôlam ma'av[i]dîn 'ôlam ha-ba':
Denn der Mensch wird nicht zweier Tische gewürdigt.
Denn die Genüsse der Welt lassen (einen) die kommende Welt verlieren.

Text:
Lies vielleicht *me'abbedîn* statt *ma'av[i]dîn* (Berger). – *ha-ba'*: steht unter der Zeile.

Parallelen:
bBer 5b *lo' khol 'adam zôkhä(h) shetê shulḥanôt* „Nicht jeder Mensch wird zweier Tische gewürdigt"[27] – VI 6 *'ohavê ta'anûgê ha-'ôlam ha-zä(h) lo' yit'addanu be-ṭûv ha-gadôl* „Die die Genüsse dieser Welt lieben, leben nicht in Wonne durch die große Güte". DEZ 4.4 *shä-'ên 'adam zôkhä(h) li-shnê shulḥanôt* „Denn der Mensch wird nicht zweier Tische gewürdigt".

25 Berger läßt die Kopula fälschlich aus.

26 S. dazu oben S. 9.

27 Den Hinweis auf diesen Text verdanke ich A. E. Harkavy, REJ 45 (1902), S. 303, Anm. 1 = *ḥadashîm gam yeshanîm* II 7, 1902/03, S. 382, Anm. 6.

7 *melôn qaṣîr we-ḥayyê shane'*
we-ta'anûg me'aṭ 'im kol ṣoräkh:
Ein kurzes Nachtlager und ein sich änderndes Leben
und wenig Genuß mit allerlei Mangel –

Text:
Man könnte versucht sein, in III 7a mit Berger *malôn* statt *melôn* zu lesen; vgl. aber *melôn 'arûkh* II 6a und III 10a sowie *bi-mlôn ṭôv* III 14b. – Dem *ḥayyê shane'* von III 7a, das Antonym zu *ḥayyê 'ad* III 10a ist, entspricht das *we-ḥayyê shone'* von II 9b. Was die Bildungen *shane'* und *shone'* angeht, so handelt es sich wahrscheinlich um ein Partizip bzw. Verbaladjektiv von *shn'* „sich ändern" (Thr 4,1). Berger liest fälschlich *shonä(h)*. – Lies *kol* statt *kål* (Berger), vgl. II 6.11f; IV 7; VI 2; VII 8.15; VIII 13; IX 8-10; X 9.13; XI 13; XII 1.5.10; XVIII 16. – Das tiberische Pataḥ unter dem Resch von *ṣoräkh* steht für babylonisches Pataḥ/Segol.

8 {*ṣwrkh:*} *'ên ra'ûy li-drosh 'otam*
le-ḥappeś bam we-lä-'ähav 'otam:
Es ist nicht angemessen, sie zu suchen,
sie zu erforschen[28] und sie zu lieben.

Text:
{*ṣwrkh:*} beruht auf Dittographie des letzten Wortes von III 7b. – Lies *we-lä-'ähav* statt *we-lä-'ähov* (Berger), vgl. II 9; IV 10.

9 *ha-boṭeaḥ bam yikkashel*
we-yippol we-lo' yaqûm:
Wer auf sie vertraut, wird straucheln
und wird fallen und nicht (wieder) aufstehen.

10 *melôn 'arûkh we-ḥayyê 'ad*
we-ta'anûgôt rabbôt be-lo' ṣôräkh:
Ein langes Nachtlager und ewiges Leben
und viele Genüsse ohne Mangel –

Text:
Man könnte versucht sein, in III 10a und II 6a mit Berger *malôn* statt *melôn* zu lesen; vgl. aber *melôn qaṣîr* III 7a und *bi-mlôn ṭôv* III 14b. – Lies *'arûkh* statt *'arôkh* (Berger), vgl. II 6a.

---

28 Die Übersetzung Bergers „sie zu ergreifen" beruht auf der Verwechslung von *le-ḥappeś bam* mit *li-tpoś bam* III 11.

11 *ra'ûy li-drosh we-li-tpoś bam*
le-'ohavam we-li-vṭaḥ bam:
Es ist angemessen, sie zu suchen und zu ergreifen,
sie zu lieben und auf sie zu vertrauen.

Text:
Lies *le-'ohavam* statt *le-'åhåvam* (Berger). – Lies *we-li-vṭah* statt *we-li-vṭôaḥ* (Berger)

12 *be-ḥåkhma(h) yimmaṣe' 'ellä(h)*
be-yir'at yyy û-vi-m'aṭ 'esäq:
Durch Weisheit werden diese (Dinge) gefunden[29],
durch Furcht des Herrn und durch wenig Geschäft.

Text:
Das Kaf von *be-ḥåkhma(h)* ist über der Zeile nachgetragen. – Lies *yimmaṣe'* statt *yimṣa'* (Berger).

13 *'ośe(h) 'ellä(h) lo' yimṣa' ḥen ra'*
we-lo' yamût le-dôr dôrîm:
Wer solches tut, wird keine Ungnade[30] finden
und nicht sterben für und für.

Parallelen:
XIII 10a; Ps 15,5 *'ośe(h) 'ellä(h) lo' yimmôṭ le-'ôlam* „Jeder, der solches tut, wird nicht wanken in Ewigkeit". – *ḥen ra'* ist Antonym zu *ḥen ṭôv* „Gnade, Gunst" (Prv 22,1) und wird demnach „Ungnade, Mißgunst" bedeuten. – Zur Wendung *le-dôr dôrîm* vgl. Jes 51,8.

14 *kî nafshô ṣerûra(h) bi-ṣrôr ha-ḥayyîm*
'im yôṣerah bi-mlôn ṭôv:
Denn seine Seele ist eingebunden im Bündel des Lebens/der Lebendigen
bei ihrem Schöpfer in einem guten Nachtlager.

Text:
Man könnte versucht sein, in III 14b mit Berger *be-malôn* statt *bi-mlôn* zu lesen; vgl. aber *melôn 'arûkh* II 6a und III 10a sowie *bi-mlôn qaṣîr* III 7a.

Parallelen:
1S 25,29 *we-hayeta(h) näfäsh 'adonî ṣerûra(h) bi-ṣrôr ha-ḥayyîm 'et yhwh 'älohä(y)kha* „Und die Seele meines Herrn sei eingebunden im Bündel des Lebens/der Lebendigen bei dem Herrn, deinem Gott". Vgl. die davon abgeleitete, seit der Spätantike immer wieder auf jüdischen Grabsteinen begegnende Segensformel *tehî nafshô/ah ṣerûra(h) bi-ṣrôr ha-ḥayyîm* „Seine/ihre Seele sei eingebunden im Bündel des Lebens/der Lebendigen" und das damit zusammenhängende Ritual der sog. Seelengedächtnisfeier. S. Verf., Die Inschrift auf dem ältesten jüdischen Männergrabstein Frankfurts, Frankfurter Judaistische Beiträge 9 (1981), S. 163–169, hier: S. 166f.

---

29 Zur Übersetzung Bergers „wird man sie finden" s. *Text.*
30 Zur Übersetzung Bergers „schlechte Gnade" s. *Parallelen.*

15 *'ashrê 'îsh 'ohev tôra(h)*
we-doresh ḥåkhma(h) we-yir'at yyy:
Wohl dem Manne, der das Gesetz liebt
und die Weisheit sucht und die Furcht des Herrn,

Parallelen:
Von der „Liebe zum Gesetz" sprechen sonst anscheinend nur IV 10; Ps 119,97.113.163. – Zum Motiv des Suchens der Weisheit vgl. I 1; VII 17; XII 3; XIII 1; XVI 4 sowie Sir 6,27; 51,14.

16 *ha-ma'amîn be-yyy 'älohê yiśra'el*
we-la-läkhät be-darkhê ṣaddîqîm we-ṭovîm:
Der an den Herrn, den Gott Israels, glaubt,
indem er geht auf den Wegen der Gerechten und Guten.

Text:
Das im Deutschen kaum adäquat wiederzugebende explikative Waw findet sich auch in XVII 14 und 16.

Parallele:
IV 7b *ha-ma'amîn be-'lohê yiśra'el* „Der an den Gott Israels glaubt".

17 *däräkh ṣaddîqîm yä'ahav yyy*
we-däräkh resha'îm tô'eva(h):
Den Weg der Gerechten liebt der Herr,
aber der Weg der Gottlosen ist ein Abscheu.

Parallelen:
XVII 6 *[tô'avat yyy] däräkh rasha' we-däräkh ṣaddîqîm yä'ähav* „[Ein Abscheu für den Herrn] ist der Weg des Gottlosen, aber den Weg der Gerechten liebt er"; Ps 1,6 *kî yôdea' yhwh däräkh ṣaddîqîm we-däräkh resha'îm to'ved* „Denn der Herr kennt den Weg der Gerechten, aber der Weg der Gottlosen führt in die Irre"; Prv 15,9 *tô'avat yhwh däräkh rasha' û-meraddef ṣedaqa(h) yä'ähav* „Ein Abscheu für den Herrn ist der Weg der Gottlosen, aber wer der Gerechtigkeit nachjagt, den liebt er."

18 *däräkh ṣaddîqîm ḥåkhma(h) wa-'anawa(h)*
û-le-hinnazar mi-śimḥat 'ôlam:
Der Weg der Gerechten ist Weisheit und Demut
und sich der Freude der Welt zu enthalten.

Text:
Lies *û-le-hinnazar* statt *û-le-hinnazer* (Berger).

Parallele:
XIV 12b *we-ḥåkhma(h) wa-'anawa(h) däräkh yyy* „aber Weisheit und Demut sind der Weg des Herrn".

Seite IV

IV 1 *d[ä]r[ä]kh '[ä]wîlîm 'iwwälät we-gavhût*
û-le-hit'asseq be-śimḥat 'ôlam ha-zä(h):
Der Weg der Toren ist Torheit und Hochmut
und sich mit der Freude dieser Welt zu beschäftigen.

Parallele:
XIII 16b *we-śimḥa(h) la-ḥaṭṭa'îm natan 'isqê 'ôlam* „Aber als Freude für die Sünder hat er die Geschäfte der Welt gegeben".

2 *däräkh ṣaddîqîm wa-'anawîm*
la-shävät badad we-dûmam:
Der Weg der Gerechten und Demütigen ist es,
einsam und schweigend zu sitzen,

Parallele:
Thr 3,28 *yeshev badad we-yiddom* „Er sitzt einsam und schweigt".

3 *la-śe't 'ôd ḥärpat 'äwîlîm*
we-'im nä'älamîm belî la-vô':
Die Schmähung der Toren noch zu ertragen
und sich nicht zu den Heuchlern zu gesellen,

Text:
Lies *nä'älamîm* statt *na'alamîm* (Berger), vgl. IX 5.

Parallelen:
Jer 15,15 *da' śe'etî 'alä(y)kha ḥärpa(h)* „Wisse, daß ich um deinetwillen Schmähung ertrage". – Ps 26,4 *we-'im na'alamîm* (sic) *lo' 'avô'* „Und zu den Heuchlern geselle ich mich nicht".

4 *we-lo' la-'amod be-däräkh ḥaṭṭa'îm*
we-li-rḥoq mi-shävät leṣîm:
Und nicht den Weg der Sünder zu betreten
und sich fernzuhalten vom Sitzen der Spötter,

Parallele:
Ps 1,1 *û-ve-däräkh ḥaṭṭa'îm lo' 'amad û-ve-môshav leṣîm lo' yashav* „Und er hat nicht den Weg der Sünder betreten und sich nicht auf den Sitz der Spötter gesetzt".

5 *kî 'im la-hagôt be-tôrat yyy*[31]
we-li-śmaḥ be-śimḥat tôra(h):
Sondern über das Gesetz des Herrn zu sinnen
und sich zu freuen in der Freude des Gesetzes,

---

31 Zu III 15-IV 5a s. oben S. 6.

Text:
Lies *we-li-śmaḥ* statt *we-li-śmoaḥ* (Berger).
Parallelen:
II 11b *kî 'im la-hagôt be-tôrat yyy* „Außer über das Gesetz des Herrn zu sinnen"; IX 13 *lakhen hôgä(h) tôra(h) me'ushsharîm* „Deshalb wohl jedem, der über das Gesetz sinnt"; XVII 11 *[ṭôv hôgä(h)] be-tôrat yyy* „[Besser einer, der] (über das Gesetz des Herrn) [sinnt]"; Jos 1,8 *we-hagîta bô yômam wa-layla(h)* „Und du sollst darüber sinnen Tag und Nacht"; Ps 1,2 *kî 'im be-tôrat yhwh ḥäfṣô û-ve-tôratô yähgä(h) yômam wa-layela(h)* „Sondern er hat Gefallen am Gesetz des Herrn und sinnt über sein Gesetz Tag und Nacht".

6 *le-hakhnîa' näfäsh û-le-shabber levav*
û-le-hit'abbel 'al shävär yôsef:[32]
Die Seele zu demütigen und das Herz zu zerschlagen
und zu trauern um den Schaden Josephs,

Text:
Lies *û-le-shabber* statt *we-li-shbor* (Berger).
Parallelen:
Zur Wendung *le-shabber levav* vgl. Jes 61,1; Ps 34,19 *le-nishberê lev* „denen, die zerbrochenen Herzens sind". S. ferner Baḥya b. Joseph b. Paquda, *sefär ḥôvôt ha-levavôt* VI 2, a.a.O., S. 195 *we-ha-nikhna' hû' ha-niqra' be-sifrê ha-qôdäsh ... lev nishbar* „Und wer sich demütigt, ist derjenige, welcher in den heiligen Schriften ... ‚zerbrochenes Herz' genannt wird". – Am 6,6 *we-lo' näḥlû 'al shävär yôsef* „Und sie härmen sich nicht um den Schaden Josephs", vgl. VI 8.

7 *we-lo' le-nazzeq kol 'aḥ*
ha-ma'amîn be-'lohê yiśra'el:
Und keinen Bruder zu schädigen,
der an den Gott Israels glaubt,

Text:
Lies *kol* statt *kål* (Berger), vgl. II 6.11f; III 7; VI 2; VII 8.15; VIII 13; IX 8–10; X 9.13; XI 13; XII 1.5.10; XVIII 16.
Parallele:
III 16a *ha-ma'amîn be-yyy 'älohê yiśra'el* „Der an den Herrn, den Gott Israels, glaubt".

8 *'af 'al pî shä-'ên bô da'at*
kî hî' qeṣat 'ämûna(h) hî' ṣedaqa(h):
Auch wenn keine Erkenntnis in ihm ist;
denn sie ist ein Teil des Glaubens, d.h. der Gerechtigkeit[33].

---

32 S. dazu oben S. 4 und 16.
33 Die Übersetzung Bergers „Denn auch ein wenig Glaube ist Gerechtigkeit" läßt das erste *hî'* unberücksichtigt.

Text:
Lies *qeṣat* mit Qameṣ statt Pataḥ (BERGER).

Parallele:
XIII 8a *'ämûna(h) hî' qeṣat ṣedaqa(h)* „Glaube ist ein Teil der Gerechtigkeit".

9 *'al ken le-hôkhîḥam be-däräkh ṭôvîm*
we-lo' le-hizzahar leṣîm we-zedîm:
Deshalb sind sie zurechtzuweisen auf dem Weg der Guten;
nur daß die Spötter und Frechen[34] sich nicht warnen lassen!

Text:
Lies *le-hizzahar* statt *le-hizzaher* (BERGER). – Lies *we-zedîm*[35] statt *we-zarîm* (BERGER).

Parallelen:
Lv 19,17 *hôkheaḥ tôkhîaḥ 'ät 'amîtäkha* „Du sollst deinen Nächsten zurechtweisen"; Baḥya b. Joseph b. Paquda, *sefär ḥôvôt ha-levavôt* X 6, a.a.O., S.296 *we-'al ken ṣiwwa(h) ha-bôre' le-hôkhîaḥ 'et ha-meqaṣṣerîm, kemô shä-'amar hôkheaḥ tôkhîaḥ 'ät 'amîtäkha* „Und deshalb hat der Schöpfer befohlen, die Zurückgebliebenen zurechtzuweisen, wie er gesagt hat: ‚Du sollst deinen Nächsten zurechtweisen' (Lv 19,17)".

10 *'az lä-'ähav 'ohavê tôra(h)*
û-le-khabbed yir'ê yyy:
Sodann[36] zu lieben, die das Gesetz lieben,
und zu ehren, die den Herrn fürchten,

Text:
Lies *lä'ähav* statt *lä'ähov* (BERGER), vgl. II 9; III 8.

Parallele:
Von der „Liebe zum Gesetz" sprechen sonst anscheinend nur III 15; Ps 119, 97.113.163. – Ps 15,4 *we-'ät yir'ê yhwh yekhabbed* „Und die den Herrn fürchten, ehrt er".

11 *le-vazzä(h) 'äwîlîm we-leṣîm*
we-ha-mit'asseqîm be-'isqê 'ôlam:
Zu verachten die Toren und Spötter
und die sich beschäftigen mit den Geschäften der Welt,

Text:
Lies *le-vazze(h)* (BERGER).

---

34 Zur Übersetzung BERGERS „und Heiden" s. *Text.*

35 Zu dieser Lesart vgl. bereits A. E. HARKAVY, *ḥadashîm gam yeshanîm*, II 7, 1902/03, S.382, Anm. 9 gegen Ende.

36 Die Übersetzung BERGERS „Darum" geht offenbar zurück auf eine versehentliche Angleichung von IV 10 an IV 9.

12 *ha-margîlîm ba-'akhîla(h) û-shetiyya(h) û-shekhîva(h)*
we-ha-mamrîm 'ôlam ha-ba' be-ta'awatam:
Die sich gewöhnt haben an Essen und Trinken und Beischlaf
und die widerspenstig sind gegen die kommende Welt in ihrer Begierde[37].

Text:
Lies *ba-'akhîla(h)* statt *ba-'akhila(h)* (BERGER).
Parallele:
XVI 5 *'ahavat kesîlîm 'akhîla(h) û-shetiyya(h) û-shekhîva(h) 'isqam behavlê 'ôlam* „Die Liebe der Narren sind Essen und Trinken, und Beischlaf ist ihre Beschäftigung mit den Eitelkeiten der Welt".

13 *kî yir'ê yyy 'ênam 'ohavîm 'ôlam ha-zä(h)*
we-'ênam 'ohavîm be-'ênêhäm:
Denn die den Herrn fürchten, lieben nicht diese Welt,
und sie lieben nicht mit ihren Augen,

14 *wa-ḥafeṣîm be-ḥayyê 'ôlam ha-ba'*
le-khakh ḥosä(h) be-môtô ṣaddîq:
Aber sie haben Gefallen am Leben der kommenden Welt;
deshalb ist der Gerechte in seinem Tode getrost.

Text:
Lies *le-khakh* (vgl. XI 7) statt *la-khen* (BERGER).
Zitat:
Prv 14,32 *we-ḥosä(h) be-môtô ṣaddîq* „Aber der Gerechte ist in seinem Tode getrost".

15 *'af 'al pî shä-mafḥîdîm*
bi-glal 'awôn mityare'îm:
Auch wenn sie Scheu haben[38],
wegen der Sünde sich fürchten.

Text:
mafḥîdîm ist wohl ein sonst nicht belegtes inneres Hif'il, das hier anstelle des Jes 51,13; Prv 28,14 in derselben Bedeutung gebrauchten Pi'el verwendet wird.

---

37 Die Übersetzung BERGERS „eintauschen gegen ihre Begierden" beruht auf der Verwechslung von *mamrîm* „widerspenstig seiende" mit *memirîm* „eintauschende". Außerdem ist der Singular *be-ta'awatam* „in ihrer Begierde" fälschlich mit einem deutschen Plural wiedergegeben worden.

38 BERGER übersetzt formal richtig „Obwohl sie Furcht einjagen"; s. aber *Text*.

16 *kî ṣaddîqîm we-'ośê teshûva(h)*
yizkû le-ḥayyê 'ad:
Denn die Gerechten und die Buße tun,
werden des ewigen Lebens gewürdigt.

Parallele:
XIII 6b *be-wadda'y yizkä(h) le-ḥayyê 'ôlam* „Er wird gewiß des ewigen Lebens gewürdigt werden".

17 *śimḥat ḥåkhma(h) yetêrat yyy*
rämäz hû' la-ṭôvîm lifnê yyy:
Die Freude an der Weisheit ist das Vorzüglichste für den Herrn[39];
es ist ein Hinweis auf die Guten vor dem Herrn.

Text:
Lies *yetêrat* statt *we-tôrat* (Berger).

Parallelen:
XII 12b *ḥåkhma(h) yetêra(h) 'al kûllah* „Die Weisheit ist vorzüglicher als das alles". Vielleicht gehört hierher auch Prv 12,26 *yater me-re'ehû ṣaddîq* „Vorzüglicher als sein Gefährte ist der Gerechte".

18 *'înyan 'ôlam lä-'äsof qinyan*
rämäz la-ḥaṭṭa'îm ba-'ôl ha-zä(h):
Das Anliegen der Welt, Besitz zu sammeln,
ist ein Hinweis auf die Sünder[40] in dieser Welt.

Text:
Lies *la-ḥaṭṭa'îm* statt *la-ḥaṭa'îm* (Berger). Ein indirekter Beweis für die Richtigkeit der Lesart *la-ḥaṭṭa'îm* ist die Tatsache, daß *rämäz* auch in II 13.16 und IV 17 einen „Hinweis" auf Gott oder auf Personen, nicht aber auf Sachen meint.

Seite V

V 1 *ṣaddîq 'êna(y)w yizzahar m[e]-'aśôt 'awän*
we-yikhbosh yiṣrô [. . .:]
Ein Gerechter läßt sich warnen, Unheil zu tun,
oder: Wer gerechter Augen ist, läßt sich warnen, Unheil zu tun,
und er bezwingt seinen Trieb, [. . .?,]

Text:
ṣaddîq steht über der Zeile. Ob es *'êna(y)w* ersetzen (Berger) oder ergänzen soll, läßt sich nicht ausmachen. – Lies *yizzahar* statt *yizzaher* (Berger), vgl. XII 17.

Parallelen:
IX 16 *kî 'im li-khbosh 'et 'yiṣrô* „Sondern daß er seinen Trieb bezwingt"; mAv 4,1 *'ê zä(h) hû' gîbbôr kôvesh 'ät yiṣrô* „Welcher ist ein Held? Wer seinen Trieb bezwingt".

---

39 Zur Übersetzung Bergers „und der Torah Gottes" s. *Text*.

40 Die formal richtige Übersetzung Bergers „auf die Sünder" stimmt nicht mit der von ihm angenommenen Lesart *la-ḥaṭa'îm* „auf die Sünden" überein.

2 *k-innazer mi-ta'awa(h) we-ḥema(h)*
wä-'äwîl yeḥaref w-îga[ddef:]
Wie um sich zu enthalten von Begierde und Zorn;
aber ein Tor schmäht und läs[tert.]

Text:
k-innazer ist durch Elision des He aus *ke-hinnazer* entstanden[41]. – Lies *mit-ta'awa(h)* statt *mi-ta'awa(h)* (BERGER). – Zu der Ergänzung *yeḥaref w-îga[ddef] (vgl.* BERGER mit falscher Vokalisation) s. 2R 19,22 = Jes 37,23; Ps 44,17.

Parallele:
XVI 14 *maḥshevot 'äwîlîm ta'awa(h) we-ḥema(h)* „Die Gedanken der Toren sind Begierde und Zorn".

3 *'äwîl yalîṣ ṣôm nazîr*
w-îshabbaḥ ta'awat 'ôlam:
Ein Tor verspottet das Fasten des Nasiräers,
aber er preist die Begierde der Welt[42].

Text:
Lies *ta'awat 'ôlam* statt *ḥamûdôt ha-gôyim* (BERGER).

Parallele:
Prv 14,9 *'äwîlîm yalîṣ 'asham* „Die Toren spotten des Vergehens".

4 *mehûmat 'ôlam min ta'awat kesîlîm*
we-shalwat 'ôlam mi-mûs[ar ḥakh]amîm:
Die Unruhe der Welt kommt von der Begierde der Narren,
aber die Ruhe der Welt kommt von der Zu[cht der Weis]en[43].

Text:
Lies *mi-mûs[ar ḥakh]amîm* statt *mi-[mûsar ṭôvîm]:* (BERGER); das erste Mem von *[ḥakh]amîm* ist deutlich erkennbar.

Parallele:
XVI 15 *mûsar ḥakhamîm yir'at yyy mûsar 'äwîlîm 'iwwälät* „Die Zucht der Weisen ist die Furcht des Herrn, die Zucht der Toren ist Torheit".

5 *mûsar 'äwîl śimḥat 'akhîla(h)*
wa-ḥamûdatô 'äl 'avîra(h):
Die Zucht des Toren ist Freude am Essen,
und sein Begehren ist nach[44] Übertretung.

---

41 Vgl. H. BAUER/P. LEANDER, a. a. O., S. 228 § 25 z.

42 Zur Übersetzung BERGERS „die leckeren Speisen (Annehmlichkeiten) der Heiden" s. *Text*.

43 Zur Übersetzung BERGERS „der Guten" s. *Text*.

44 Zur Übersetzung BERGERS „alle" s. *Text*.

Text:
Lies *'äl* statt *[kål]* (BERGER). – Lies *'avîra(h)* statt *'avêra(h)* (BERGER), vgl. VI 7; XVI 17.
Parallele:
XVI 17a *ta'awat poh we-ḥimmûd 'avîra(h)* „Die Begierde nach dem Hier und das Verlangen nach Übertretung".

6 *mûsar ṣaddîqîm 'anawa(h) we-ḥåkhma(h)*
le-hashpîl rûḥam lifnê yyy:
Die Zucht der Gerechten ist Demut und Weisheit,
ihren Geist zu demütigen[45] vor dem Herrn.

Text:
Lies *le-hashpîl rûḥam* statt *le-hash[mîd ge'ûtam]* (BERGER).
Parallelen:
XVI 6b *û-mela'avîm 'al mashpîl rûḥam* „Und sie spotten gegen jeden, der seinen Geist erniedrigt". Zur Wendung *le-hashpîl rûḥam* vgl. Jes 57,15; Prv 16,19; 19,23 *shefal rûaḥ* „der demütigen Geistes ist". S. ferner PesR 34 (Friedmann 159a) *lakhen ḥakkû lî ne'um yhwh le-yôm qûmî le-'ad ba-'avêlîm shä-niṣṭa'arû 'immî 'al bêtî hä-ḥareb we-'al hêkhalî ha-shamem 'akhsha(y)w 'anî me'îd bahäm shä-nä'ämar 'ät dakka' û-shefal rûaḥ 'al tehî qôre' 'ät dakka' 'ella' 'ittî dakka' 'ellû 'avêlê ṣiyyôn shä-hishpîlû 'et rûḥam we-shame'û 'et ḥärpatam we-shateqû we-lo' häḥäzîqû ṭôva(h) le-'aṣmam* „,Darum wartet auf mich, ist der Spruch des Herrn, bis zu dem Tag, an dem ich als Zeuge[46] auftrete' (Zeph 3,8). (Das bezieht sich) auf die Trauernden, die sich mit mir grämen um mein Haus, das verwüstet, und meinen Tempel, der verödet ist. Jetzt bin ich Zeuge für sie, wie gesagt ist: ‚bei dem Zerschlagenen und dem, der demütigen Geistes ist' (Jes 57,15). Lies nicht ‚bei dem Zerschlagenen', sondern ‚bei mir ist der Zerschlagene'. Das sind die um Zion Trauernden[47], die ihren Geist demütigen und ihre Beschimpfung hören und schweigen und sich selbst nichts darauf zugute halten," sowie Baḥya b. Joseph b. Paquda, *sefär ḥôvôt ha-levavôt* VI 2, a.a.O., S. 195 *we-ha-nikhna' hû' ha-niqra' be-sifrê ha-qôdäsh ... shefal rûaḥ* „Und wer sich demütigt, ist derjenige, welcher in den heiligen Schriften ... ‚der demütigen Geistes ist' genannt wird".

7 *kî rov ta'awa(h) yôsîf 'awon*
we-rov 'ashamôt min shetôt shekhar:
Denn viel Begierde mehrt Sünde,
und viele Vergehen kommen[48] vom Biertrinken[49].

Text:
Lies *'ashamôt* statt *'awwa(h) mawät* (BERGER).

---

45 Zur Übersetzung BERGERS „ihren Stolz zu vernichten" s. *Text.*
46 So die Auslegung des Wortes im Midrasch.
47 Gemeint sind die *'avêlê ṣiyyôn* im technischen Sinne des Wortes. S. dazu oben S. 17.
48 Zur Übersetzung BERGERS „und viel Lust ist Tod" s. *Text.*
49 Zu dieser Übersetzung von hebräisch *shekhar* vgl. W. RÖLLIG, Das Bier im Alten Mesopotamien, 1970, S. 28f. und passim.

8 *shatûy lo' yifḥad mi-yyy*
û-le-yir'ê yyy yivzä(h):
Der Betrunkene scheut sich nicht vor dem Herrn,
und die den Herrn fürchten, verachtet er.

9 *shikkôr lo' yilmad de'a(h)*
û-le-loqeḥê mûsar yim'as:
Der Trunkene lernt keine Erkenntnis,
und die Zucht annehmen, verwirft er.

Text:
Lies *yim'as* mit Qameṣ statt Pataḥ (Berger).

10 *kelî 'äwîl yayin we-shakhrût*
û-vahäm yitgabbar:
Das Werkzeug des Toren sind Wein und Trunkenheit,
und unter ihrem Einfluß erweist er sich als stark.

Text:
Lies *we-shakhrût* statt *we-shikhrût* (Berger). – Statt des Sof Pasuq steht am Ende der Zeile ein stilisiertes Samekh, vgl. I 16.

Parallele:
XIV 12 *ḥema(h) we-ta'awa(h) khelê 'äwîl* „Zorn und Begierde sind die Werkzeuge des Toren".

11 *kemô 'eṣ ha-da'at 'alîlat mawät*
kakh yayin we-shekhar 'alîlût sakhlût:
Wie der Baum der Erkenntnis Veranlassung für den Tod war,
so sind Wein und Bier[50] Veranlassungen (?) für die Torheit.

Text:
Lies vielleicht *'alîlôt* (Berger). – Lies *sakhlût* statt *sikhlût* (Berger), vgl. I 2.

Parallelen:
Gn 2,17 *û-me-'eṣ ha-da'at ṭôv wa-ra' lo' to'khal mimmännû kî be-yôm 'akhålkha mimmännû môt tamût* „Aber vom Baum der Erkenntnis des Guten und des Bösen, von dem darfst du nicht essen; denn an dem Tage, da du davon issest, mußt du sterben". – Gn 9,21 *wa-yesht min-ha-yayin wa-yishkar wa-yitgal be-tôkh 'åhålo(h)* „Und er (scil. Noah) trank von dem Wein und wurde betrunken und lag entblößt im Innern seines Zeltes".

---

50 Im Hinblick auf Gn 9,21 könnte man hier ausnahmsweise einmal versucht sein, *shekhar* unspezifisch mit „Rauschtrank" (vgl. Berger) statt mit „Bier" zu übersetzen.

12 *śône'ê ḥåkhma(h) yayin we-shekhar*
we-shogä(h) bam lo' yikkôn:
Hasser der Weisheit sind Wein und Bier,
und wer durch sie ins Schwanken gerät[51], hat keinen Bestand.

Parallelen:
Jes 28,7 *we-gam 'ellä(h) ba-yayin shagû û-ba-shekhar ta'û* „Aber auch diese schwanken vom Wein und taumeln vom Bier"; Prv 20,1 *we-khål shogä(h) bô lo' yäḥkam* „Und jeder, der dadurch (scil. Wein und Bier) ins Schwanken gerät, wird nicht weise".

13 *ṭôva(h) ḥåkhma(h) mi-yiḥûś 'avôt*
we-yir'at yyy min she'er beśar:
Besser ist Weisheit als eine Genealogie[52] von Vorvätern,
und Furcht des Herrn als leibliche Verwandte.

Text:
Lies *mi-yiḥûś* statt *mi-yiḥûśê* (Berger). – Lies *minshe'er beśar* statt *mi-she'er baśar* (Berger). Der naheliegenden Versuchung, den Text zu korrigieren, wird man im Hinblick auf VI 6 *be-ṭûv ha-gadôl* widerstehen müssen.

Parallelen:
Zur Wendung *she'er beśar* vgl. XVII 15b sowie Lv 18,6; 25,49.

14 *qirvat 'älohîm ḥåkhma(h) we-yir'a(h)*
we-qirvat 'anashîm bäṣa' wa-'akhîla(h):
Nähe zu Gott sind Weisheit und Furcht,
aber Nähe zu Menschen sind Gewinn und Essen.

Parallelen:
VI 16a *ḥakhamîm û-nezîrîm qerôvê 'älohîm* „Weise und Nasiräer sind Gott nahe"; Ps 73,18 *wa-'anî qiravat 'älohîm lî ṭôv* „Aber für mich ist die Nähe zu Gott gut".

15 *'ohev ḥåkhma(h) 'ohev yyy*
we-'ohev bäṣa' śone' yyy:
Wer Weisheit liebt, liebt den Herrn,
aber wer Gewinn liebt, haßt den Herrn.

Text:
Lies *'ohev* statt *o'hev* (Berger).

Parallele:
VII 13a *'ohev bäṣa' śone' ḥåkhma(h)* „Wer Gewinn liebt, haßt die Weisheit".

---

51 Die Übersetzung Bergers „und wer sich in ihnen verfehlt" ist in Anbetracht von Jes 28,7; Prv 20,1 nicht konkret genug.

52 Zur Übersetzung Bergers „als Genealogien" s. *Text*.

16 *kevôd 'älohîm hägyôn tôra(h)*
û-khevôd 'anashîm bäṣa' wa-'akhîla(h):
Die Ehre Gottes ist Sinnen über das Gesetz,
und die Ehre von Menschen ist Gewinn und Essen[53].

Text:
Lies *wa-'akhîla(h)* statt *wa-['oshär]* (BERGER).

Parallelen:
Zur Verbindung *hägyôn tôra(h)* vgl. IX 1.8. – II 11b; IV 5a *kî 'im la-hagôt be-tôrat yyy* „Außer/sondern über das Gesetz des Herrn zu sinnen"; IX 13 *lakhen hôgä(h) tôra(h) me'ushsharîm* „Deshalb wohl jedem, der über das Gesetz sinnt"; XVII 11 *[ṭôv hôgä(h)] be-tôrat yyy* „[Besser einer, der] (über das Gesetz des Herrn) [sinnt]"; Jos 1,8 *we-hagîta bô yômam wa-layla(h)* „Und du sollst darüber sinnen Tag und Nacht"; Ps 1,2 *û-ve-tôratô yähgä(h) yômam wa-layela(h)* „Und sinnt über sein Gesetz Tag und Nacht".

17 *kevôd 'älohîm ḥizzûq mûsar*
û-khevôd ['anashîm . . .]:
Die Ehre Gottes ist Festhalten an der Zucht,
und die Ehre [von Menschen ist . . .].

18 *kevôd 'älohîm kevôd ḥåkhma(h)*
û-khevôd ['anashîm . . .] a(h):
Die Ehre Gottes ist die Ehre der Weisheit,
und die Ehre [von Menschen ist . . .].

Seite VI

VI 1 *'akhîla(h) tôsîf 'ahavat 'älohîm*
wb'bwr yr'h npshm
Essen beseitigt[54] die Liebe zu Gott,
und deswegen (?) fürchtet sich ihre Seele.

Text:
Lies *tôsîf*, vgl. VII 1, das hier allem Anschein nach als Analogiebildung zu *'osifkha* „ich werde dich beseitigen" (1S 16,5) zu verstehen ist. Die Lesungen BERGERS (*[nôde]f* und *nafe[ḥû m[. . .]*) lassen sich nicht verifizieren.

53 Die Übersetzung BERGERS „Habsucht und ... " steht im Widerspruch zu der von ihm vorgenommenen Ergänzung *bäsa' wa-['oshär]*; s. *Text*.

54 Zur Übersetzung BERGERS „vertreibt" s. *Text*.

2 *{npshm:?}*[55] *'ohev yyn l{o'}ô ga'awa(h)*
we-khol ḥimmûdê ta'awat 'ôlam:
Wer Wein liebt, hat Stolz
und alle Gelüste der Begierde der Welt.

Text:
{npshm?} beruht auf Dittographie des letzten Wortes von VI 1b. – *lô* ist aus *lo'* korrigiert: das zusätzliche *lw* am rechten Rand ist eine Art Qere. – Lies *we-khol* statt *we-khål* (BERGER), vgl. II 6.11 f; III 7; IV 7; VII 8.15; VIII 13; IX 8–10; X 9.13; XI 13; XII 1.5.10; XVIII 16.

Parallele:
VII 7a *halûmê yayin lahäm ga'awa(h)* „Die vom Wein taumeln, haben Stolz".

3 *ś[imḥ]at yayin 'aḥarîtah tûga(h)*
we-'ôy wa-'avôy we-qalôn we-ḥärpa(h):
Fr[eu]de am Wein – ihr Ende ist Kummer
und Wehe und Leid und Schande und Schmach.

Text:
Lies *'aḥarîtah* statt *'aḥrîtah* (BERGER), vgl. I 14; VI 4.

Parallelen:
I 13a *śimḥat 'ôlam ha-zä(h) 'aḥarît tûga(h)* „Die Freude dieser Welt – das Ende ist Kummer"; Prv 14,13 *we-'aḥarît ha-śimḥa(h) tûga(h)*[56] „Und das Ende der Freude ist Kummer". – Prv 23,29 *le-mî 'ôy le-mî 'avôy* „Wer hat Wehe, wer hat Leid?"

4 *śi[mḥa]t tôra(h) 'aḥarîtah 'ôra(h)*
le-'ôr be-'ôr ha-ḥayyîm:
Fr[eu]de am Gesetz – ihr Ende ist Glück,
daß man erleuchtet werde mit dem Licht der Lebendigen/des Lebens.

Text:
Lies *'aḥarîtah* statt *'aḥrîtah* (BERGER), vgl. I 14; VI 3. – Lies *le-'ôr* statt *la-'ôr* (BERGER), vgl. VIII 5b.

Zitat:
Hi 33,30 *le-'ôr be-'ôr ha-ḥayyîm* „Daß sie erleuchtet werden mit dem Licht der Lebendigen/des Lebens", vgl. VIII 5b; Jedaja b. Abraham Bedersi (ca. 1270–1340), *sefär beḥînat 'ôlam* VIII 3 *le-'ôr be-'ôr penê mäläkh* „daß man erleuchtet wird mit dem Licht vom Angesicht des Königs".

5 *'ohavê śimḥa(h) we-ta'awat 'ôlam*
mevaṭṭelê ḥåkhma(h) we-da'at yyy:
Die die Freude lieben und die Begierde der Welt,
machen zunichte die Weisheit und die Erkenntnis des Herrn.

Text:
Unter dem Lamed von *mevaṭṭelê* steht zusätzlich ein tiberisches Ṣere. – Lies *we-da'at* statt *wa-da'at* (BERGER).

---

55 Zur Übersetzung BERGERS „und wegen Furcht atmen ihre Seelen schwer [ ]" s. *Text.*

56 Zu dieser Emendation vgl. BHS und BHK z.St.

6 *'ohavê ta'anûgê ha-'ôlam ha-zä(h)*
lo' yit'addanu be-ṭûv ha-gadôl:
Die die Genüsse dieser Welt[57] lieben,
leben nicht in Wonne durch die große Güte.

Text:
Das Waw von *yit'addanu* (sic) ist über der Zeile nachgetragen. – Lies *be-ṭûv* statt *ba-ṭûv* (Berger). Der naheliegenden Versuchung, den Text zu korrigieren, wird man im Hinblick auf V 13 *she'er beśar* widerstehen müssen.

Parallelen:
III 6b *kî ta'anûgê 'ôlam ma'av[i]dîn 'ôlam ha-ba'* „Denn die Genüsse der Welt lassen (einen) die kommende Welt verlieren". – Neh 9,25 *wa-yit'addenû be-ṭûvekha ha-gadôl* „Und sie lebten in Wonne durch deine große Güte".

7 *'okhelê ṭum'a(h) we-shôtê shekhar*
we-'ohavê tenûma(h) û-va'alê 'avîra(h):
Die Unreines essen und Bier trinken
und Schlummer lieben und Sünder sind,

Text:
Das Ṣere von *'okhelê* ist mit dem entsprechenden tiberischen Vokalzeichen geschrieben. – Lies *'avîra(h)* statt *'avêra(h)* (Berger), vgl. V 5; XVI 17.

Parallelen:
Jdc 13,7 *'al tishtî yayin we-shekhar we-'al to'khelî kål ṭum'a(h)* „Wein und Bier sollst du nicht trinken und keinerlei Unreines essen", vgl. Jdc 13,14. – Zur Verbindung *'ohavê tenûma(h)* vgl. VIII 3a.

8 *ha-śemeḥîm be-śimḥat nåkhrîm*
we-lo' nikhna'îm 'al shävär yôsef:[58]
Die[59] sich freuen mit der Freude der Fremden
und sich nicht demütigen wegen des Schadens Josephs,

Text:
Lies *haś-śemeḥîm* (vgl. Am 6,13) statt *ha-śemeḥîm* (Berger).

Parallelen:
XV 8b *we-ka'as we-ta'awa(h) we-śimḥat nåkhrî* „Und Unmut und Begierde und Freude an Fremden". – Am 6,6 *we-lo' näḥlû 'al shävär yôsef* „Und sie härmen sich nicht um den Schaden Josephs", vgl. IV 6.

9 *belî li-zkor tamîd 'et yyy*
we-la-'alôt yerûshala(y)im 'al lev:
Ohne ständig des Herrn zu gedenken
und (ohne) daß Jerusalem (ihnen) in den Sinn kommt,
oder: sich auf Jerusalem zu besinnen,

---

57 Die Übersetzung Bergers „die Vergnügungen der Welt" läßt *ha-zäh* unberücksichtigt.
58 S. dazu oben S. 4 und 16.
59 Die Übersetzung Bergers „und die" hat keinen Anhalt am Text der Handschrift.

Text:
we-la-'alôt ist entweder als Qal oder als Hif'il aufzufassen. In letzterem Falle wäre es durch Elision des He aus *û-le-ha'alôt* entstanden[60]. – Lies *yerûshala(y)im* K statt *yerûsha-layim* Q (BERGER) – Lies *'et* statt *'ät* (BERGER), vgl. VI 11; IX 16; XVII 14.

10 *be-wadday nishkaḥîm mi-penê yyy*
kî 'aseqû li-vnôt hêkhalam:
Werden gewiß vergessen vor dem Herrn.
Denn sie haben sich damit beschäftigt, *ihren* Palast/Tempel zu bauen,

11 *we-hêkhal yyy ḥarav hû'*[61]
we-lo' zakherû 'et ṣiyyôn:[62]
Während der Tempel/Palast des Herrn verwüstet war,
und sie gedachten nicht des Zion.

Text:
Lies *we-hêkhal* mit Pataḥ statt Qameṣ (BERGER), vgl. VIII 4. – Lies *'et* statt *'ät* (BERGER), vgl. VI 9; IX 16; XVII 14. – Lies *ṣiyyôn* statt *ṣiyôn* (BERGER).

Parallelen:
Hag 1,4 *we-ha-bayit ha-zä(h) ḥarev* „Während dieses Haus verwüstet ist". (In Hag 2,15.18 wird der Jerusalemer Tempel als *hêkhal yhwh* „Tempel/Palast des Herrn" bezeichnet.) – Ps 137,1 *be-zåkhrenû 'et ṣiyyôn* „Als wir des Zion gedachten".

12 *shakheḥû 'el môshî'am*
we-halekhû 'aḥarê ta'awatam:
Sie vergaßen Gott, ihren Retter,
und folgten ihrer Begierde.

Zitat:
Ps 106,21 *shakheḥû 'el môshî'am* „Sie vergaßen Gott, ihren Retter".

13 *mô'asê ḥåkhma(h) we-yir'at yyy*
ma(h) ya'aśû le-yôm 'aḥarôn:
Die die Weisheit verwerfen und die Furcht des Herrn,
was können die tun für den künftigen Tag?

Parallelen:
Jes 10,3 *û-ma(h) ta'aśû le-yôm pequdda(h)* „Und was wollt ihr tun für den Tag der Heimsuchung?"; Prv 31,25 *wa-tiśḥaq le-yôm 'aḥarôn* „Und sie lacht des künftigen Tages".

---

60 Vgl. H. BAUER/P. LEANDER, a.a.O., S. 228 § 25 a'.
61 S. dazu oben S. 4.
62 S. dazu oben S. 4.

14 *näfäsh belî ḥåkhma(h) lo' ṭôv*
'al ken lo' yeraḥamô 'ośêhû:
Eine Seele ohne Weisheit ist nicht gut;
deshalb erbarmt sich seiner nicht, der ihn gemacht hat.

Parallele:
Jes 27,11 *lo' yeraḥamännû 'ośehû* „Nicht erbarmt sich seiner, der ihn gemacht hat".

15 *selîḥôt we-raḥamîm le-va'alê teshûva(h)*
we-shävär we-qalôn le-mô'asê teshûva(h):
Vergebung (eigentlich Pl.) und Erbarmen gelten den Büßern,
aber Schaden[63] und Schande denen, die die Buße verwerfen.

Text:
Lies *we-shävär* statt *we-shamma(h)* (Berger). – Lies *le-mô'asê* statt *le-mo'asê* (Berger).

16 *ḥakhamîm û-nezîrîm qerôvê 'älohîm*
wä-'äwîlîm shokhaḥê 'älohîm:
Weise und Nasiräer sind Gott nahe[64],
aber Toren vergessen Gott.

Text:
Lies *û-nezîrîm* statt *ḥasîdîm* (Berger). – Lies *qerôvê* statt *'ohavê* (Berger).

Parallele:
V 14a *qirvat 'älohîm ḥåkhma(h) we-yir'a(h)* „Nähe zu Gott sind Weisheit und Furcht".

17 *'ahava(h) telûya(h) ve-väṣa' wa-'akhîla(h)*
'aḥarîtah śin'a(h) we-'êva(h):
Liebe, die an Gewinn und Essen[65] hängt –
ihr Ende ist Haß und Feindschaft.

Text:
Lies *ve-väṣa'* statt *vi-shtiyya(h)* (Berger, S. 22).

Parallele:
mAv 5,16 *kål 'ahava(h) shä-hî' telûya(h) ve-davar baṭêl davar û-veṭêla(h) 'ahava(h) we-shä-'ênah telûya(h) ve-davar 'ênah beṭêla(h) le-'ôlam* „Jede Liebe, die an einer Sache hängt – hört die Sache auf, so hört die Liebe auf. Die aber nicht an einer Sache hängt, hört niemals auf".

---

63 Zur Übersetzung Bergers „aber Entsetzen" s. *Text*.

64 Zur Übersetzung Bergers „Die Weisen sind die Frommen, die Gott lieben" s. *Text*.

65 Die Übersetzung Bergers „an Habgier und Essen" steht im Widerspruch zu der von ihm auf S. 22 vertretenen Lesart *bi-shtiyya(h) wa-'akhîla(h)*, die mit „an Trinken und Essen" wiederzugeben wäre.

18 *'ahava(h) telûya(h) ve-ḥåkhma(h) we-yir'a(h)*
'aḥarîtah śimḥa(h) we-'ôra(h):
Liebe, die an Weisheit und Furcht hängt –
ihr Ende ist Freude und Glück.

Text:
Am rechten Rand steht *śmḥh*, nicht *śmḥw* oder śmḥt (Berger); vgl. 18b.

Parallele:
Est 8,16 *la-yehûdîm hayeta(h) 'ôra(h) we-śimḥa(h)* „Die Juden hatten Glück und Freude".

Seite VII

1 *ḥåkhma(h) tôsîf 'ahava(h)*
we-'iwwälät tôsîf merîva(h):
Weisheit mehrt Liebe,
aber Torheit mehrt Streit.

Parallele:
VIII 2 *ḥåkhma(h) tôsîf yir'a(h)* „Weisheit mehrt Furcht".

2 *śin'at ḥinnam we-ṣarat ha-'ayin*
ma'aśe(h) 'äwîlîm we-tôledotam:
Haß ohne Ursache und Neid[66]
sind das Werk von Toren und ihrer Erzeugnisse.

Text:
Lies *'äwîlîm* statt *'äwîlim* (Berger).

Parallelen:
Zur Wendung *śin'at ḥinnam* vgl. Ps 35,19; 69,5 *śône'ê ḥinnam* „die mich grundlos hassen".

3 *divrê ḥakhamîm shalôm û-refû'a(h)*
we-naḥat we-'onäg we-śova' śemaḥôt:
Die Worte der Weisen sind Friede und Heilung
und Ruhe und Wonne und Sättigung mit Freuden,

Text:
Das über den Sin/Schin-Grundzeichen von *we-śova'* und *śemaḥôt* stehende stilisierte Samekh hat dieselbe Funktion wie der diakritische Punkt über dem Sin in der tiberischen Vokalisation.

Parallelen:
Zur Verbindung *divrê ḥakhamîm* vgl. Prv 1,6; 22,17; Qoh 9,12; 12,11 – Ps 16,11 *śova' śemaḥôt 'et panä(y)kha* „Sättigung mit Freuden vor deinem Angesicht", vgl. XIII 2.

66 Die offenbar im Anschluß an J. Levy, a.a.O. III, S. 216a gewählte Übersetzung Bergers „und Engherzigkeit" ist mißverständlich; *ṣar 'ayin* bedeutet „mißgünstig, neidisch", also *ṣarat ha-'ayin* „Neid".

4 *ḥayyîm we-ḥen we-rav ṭûvôt*
û-verakhôt ne'îmôt w-îqarôt:
Leben und Gnade und viel große Güte
und liebliche und herrliche Segnungen.

Text:
Lies *we-ḥen we-rav ṭûvôt* statt *wa-ḥen we-rov ṭôvôt* (BERGER).

Parallele:
Jes 63,7 *we-rav ṭûv le-vêt yiśra'el* „Und große Güte für das Haus Israel".

5 *'ohavê ta'awa(h) hôlekhê ga'awa(h)*
ba-'avûram {???rm} toftä(h) nivre't:
Die Begierde lieben, in Hochmut[67] wandeln:
um ihretwillen wurde die Hölle erschaffen.

Text:
ba-'avûram ist anstelle des verschriebenen Wortes rechts von der Kolumne nachgetragen. – Lies *toftä(h)* statt *tofta(h)* (BERGER).

Parallelen:
Jes 30,33 *kî 'arûkh me-'ätmûl tåftä(h)* (sic) „Denn seit je ist ‚die Hölle' zubereitet"; bPes 54a (Bar)par. *shiv'a(h) devarîm nivre'û qôdäm shä-nivra' ha-'ôlam. we'ellû hen. tôra(h) û-teshûva(h) we-gan 'edän we-gêhinnam we-khisse' ha-kavôd û-vêt ha-miqdash û-shemô shäl mashîaḥ. ... gêhinnam di-khtîv kî 'arûkh me-'ätmûl tåftä(h)* „Sieben Dinge wurden erschaffen, ehe die Welt erschaffen wurde, und das sind folgende: die Torah und die Buße und das Paradies und die Hölle und der Thron der Herrlichkeit und das (himmlische) Heiligtum und der Name des Messias. ... Die Hölle, weil geschrieben steht: ‚Denn seit je ist die Hölle zubereitet' (Jes 30,33)".

6 *'ohavê ḥåkhma(h) û-faḥadê yyy*
ba-'avûram 'edän nivre't:
Die Weisheit lieben und sich vor dem Herrn scheuen:
um ihretwillen wurde das Paradies erschaffen.

Text:
Lies *û-faḥadê* statt *û-foḥadê* (BERGER); *paḥadê* ist anscheinend status constructus Pl. eines sonst nicht belegten Verbaladjektivs *paḥed.* – Unter dem Beth von *ba-'avûram* steht ein tiberisches Pataḥ.

Parallelen:
Gn 2,8 *wa-yiṭṭa' yhwh 'älohîm gan be-'edän mi-qädäm* „Und Gott der Herr pflanzte einen Garten in Eden gegen Osten"; bPes 54a (Bar)par. *shiv'a(h) devarîm nivre'û qôdäm shä-nivra' ha-'ôlam. we-'ellû hen. tôra(h) û-teshûva(h) we-gan 'edän we-gêhinnam we-khisse' ha-kavôd û-vêt ha-miqdash û-shemô shäl mashîaḥ. ... gan 'edän di-khtîv wa-yiṭṭa' yhwh 'älohîm gan be-'edän mi-qädäm* „Sieben Dinge wurden erschaffen, ehe die Welt erschaffen wurde, und das sind folgende: die Torah und die Buße und das Paradies und die Hölle und der Thron der Herrlichkeit und das (himmlische) Heiligtum und der Name des

67 Die Übersetzung BERGERS „und mit Hochmut" hat keinen Anhalt am Text der Handschrift und beruht wohl auf Angleichung an VII 6.

Messias. ... Das Paradies, weil geschrieben steht: ‚Und Gott der Herr pflanzte einen Garten in Eden von Anbeginn'"[68].

7 *halûmê yayin lahäm ga'awa(h)*
we-ta'awat 'älyôn we-taḥtôn:
Die vom Wein taumeln, haben Stolz
und Begierde nach Hohem und Niedrigem.

Parallelen:
VI 2a *'ohev yyn l{o'}ô ga'awa(h)* „Wer Wein liebt, hat Stolz"; Jes 28,1 *halûmê yayin* „Die vom Wein taumeln". – XIV 8b *we-ta'awat 'älyôn we-taḥtôn* „Und Begierde nach Hohem und Niedrigem".

8 *yayin yôsîf ḥema(h) we-ta'awa(h)*
we-khol 'awon mi-shenêhäm:
Wein mehrt Zorn und Begierde,
und alle Sünde kommt von den beiden.

Text:
Lies *we-khol* statt *we-khål* (Berger), vgl. II 6.11f; III 7; IV 7; VI 2; VII 15; VIII 13; IX 8–10; X 9.13; XI 13; XII 1.5.10; XVIII 16.

9 *ba'al ga'awa(h) 'ên lô ḥåkhma(h)*
we-nas mimmännû paḥad yyy:
Ein Stolzer besitzt keine Weisheit,
und die Scheu vor dem Herrn flieht vor ihm.

10 *me'aḥer yayin mesappeaḥ ḥema(h)*
meshannä(h) dîn û-mevazzä(h) ḥåkhma(h):
Wer bis spät beim Wein sitzt, mischt Zorn bei,
verdreht das Recht und verachtet die Weisheit.

Parallelen:
Prv 23,30 *la-me'aḥarîm 'al ha-yayin* „Die bis spät beim Wein sitzen"; Hab 2,15 *mesappeaḥ ḥamatekha* „Der du deinen Zorn beimischst". – Prv 31,5 *w-îshannä(h) dîn benê 'onî* „Und er verdreht das Recht der Elenden". – Zur Wendung *mevazzä(h) ḥåkhma(h)* vgl. II 2; XVI 4.

---

68 Vgl. die Parallelstellen in bNed 39b (Bar); MHG zu Gn 1,1 (S. 8); MMish zu Prv 8,9 (Buber S. 59); PRE 3; *Ḥuppat 'Eliyyahû* (OsM S. 164 b) usw. Zu diesem Traditionskomplex vgl. die zu wenig beachtete Arbeit von G. Schimanowski, Weisheit und Messias. Die jüdischen Voraussetzungen der urchristlichen Präexistenzchristologie, WUNT II, 17, 1985, S. 233–289.

11 *mithallekh be-mesharîm yeshabbeaḥ ḥoq*
p'l whnh 'ynw mbyṭ:
Geht er (scil. der Wein) glatt ein[69], preist er das Recht;
tut (es) einer, so schaut er nicht hin.

Text:
Lies *yeshabbeaḥ* statt *yeshabbaḥ* (BERGER), vgl. VIII 16.

Parallele:
Prv 23,31 *yithallekh be-mesharîm* „Er (scil. der Wein) geht glatt ein".

12 *'ohev bäṣa' mekhaḥesh yyy*
we-tôfeś shemô śone' väṣa':
Wer Gewinn liebt, verleugnet den Herrn,
aber wer an seinem Namen festhält, haßt Gewinn.

Text:
śone' (sic) mit tiberischem Ṣere ist aus *śone'ê* verbessert, so daß gleichsam K und Q einander gegenüberstehen.

Parallelen:
Prv 30,9 *pän 'äśba' we-khiḥashtî we-'amartî mî yhwh û-fän 'iwwaresh we-ganavtî we-tafaśtî shem 'älohay* „Ich könnte sonst in Sattheit (dich) verleugnen und sagen: Wer ist der Herr? Ich könnte sonst aus Armut stehlen und mich am Namen meines Gottes vergreifen". Offenbar hat der Verfasser von VII 12 den Sinn von *wetafaśtî shem 'älohay* ins Gute gewendet. – Prv 28,16 *śone'* (K *śn'y* [sic]) *väṣa' ya'arîkh yamîm* „Wer Gewinn haßt, lebt lange".

13 *'ohev bäṣa' śone' ḥåkhma(h)*
we-lo' yaṣṣîlännû be-yôm 'ävra(h):
Wer Gewinn liebt, haßt die Weisheit;
aber er hilft ihm nicht[70] am Tag des Zorns.

Text:
Das tiberische Pataḥ unter dem Lamed von *yaṣṣîlännû* steht für ein babylonisches Pataḥ/Segol.

Parallelen:
V 15b *we-'ohev bäṣa' śone' yyy* „Aber wer Gewinn liebt, haßt den Herrn". – Prv 11,4 *lo' yô'îl hôn be-yôm 'ävra(h)* „Besitz nützt nicht am Tag des Zorns".

---

69 BERGER übersetzt formal richtig „Wer in Aufrichtigkeit wandelt", berücksichtigt aber nicht, daß *mithallekh be-mesharîm* praktisch Zitat aus Prv 23,31 ist, wo sich diese Worte auf den Wein beziehen.

70 Die Übersetzung BERGERS „und wird nicht gerettet" läßt außer acht, daß in Anbetracht von Prv 11,4 nur das *hôn* synonyme *bäṣa'* Subjekt von *yaṣṣîlännû* sein kann. Abgesehen davon ist *yaṣṣîlännû* Aktiv (Hif'il) und nicht Passiv (Nif'al).

14 *ha-ragîl be-ʻisqê ha-ʻôlam ha-zä(h)*
ṣarîkh le-zekhär sôf ʼaḥarît:
Wer an die Geschäfte dieser Welt gewöhnt ist,
bedarf des Gedenkens[71] an das letzte Ende.

Text:
Lies *ha-ragîl* mit Qameṣ unter dem He (BERGER). – Lies *le-zekhär* statt *li-zkor* (BERGER).

15 *kî khol ha-ʻôlam häväl hûʼ*
we-ʼên yitrôn lb ḥkmh:
Denn die ganze Welt ist eitel,
und ‚außer' der Weisheit gibt es keinen Gewinn[72].

Text:
Lies *khol* statt *khål* (BERGER), vgl. II 6.11f; III 7; IV 7; VI 2; VII 8; VIII 13; IX 8–10; X 9.13; XI 13; XII 1.5.10; XVIII 16. – Lies *levad ḥåkhma(h)*[73].

Parallelen:
I 4a *ʻôlam ha-zä(h) häväl hûʼ* „Diese Welt ist eitel". – Qoh 2,13 *we-raʼîtî ʼanî shä-yesh yitrôn la-ḥåkhma(h) min ha-sikhlût* „Und ich sah, daß es einen Vorzug der Weisheit gegenüber der Narrheit gibt". – Zur Konstruktion vgl. X 19b *loʼ nimṣaʼ levad bä-ʼänôsh* „Es findet sich nur bei den Menschen".

16 *melûkha(h) we-ʻoshär û-khevôd ʻôlam*
mattat ʼälohîm hem:
Königtum und Reichtum und Ehre der Welt
sind eine Gabe Gottes.

Parallelen:
XII 11 *ḥayyîm û-melûkha(h) ʻoshär w-îkhula(h) we-ḥen we-tifʼärät we-khavôd* Leben und Königtum, Reichtum und Können und Gnade und Herrlichkeit und Ehre". – Prv 8,15 *bî melakhîm yimlokhû* „Durch mich (scil. die Weisheit) sind Könige König". – Prv 8,18 *ʻoshär we-khavôd ʼittî* „Reichtum und Ehre sind bei mir (scil. der Weisheit)". – Qoh 3,13; 5,18 *mattat ʼälohîm hîʼ* „Das ist eine Gabe Gottes".

17 *ḥåkhma(h) yäʼähav le-doreshä(y)ha*
be-lahag harbe(h) w-îgîʻat baśar:
Die Weisheit liebt, die sie suchen
mit viel Studieren und Ermüdung des Leibes.

Parallelen:
Prv 8,17 *ʼanî ʼohavay ʼehav û-meshaḥaray yimṣaʼunenî* „Ich (scil. die Weisheit) liebe, die mich lieben, und die nach mir verlangen, werden mich finden". – Qoh 12,12 *we-lahag harbe(h) yegiʻat baśar* „Und vieles Studieren bedeutet Ermüdung des Leibes". – Zum Motiv des Suchen der Weisheit vgl. I 1; III 15; XII 3; XIII 1; XVI 4 sowie Sir 6,27; 51,14.

71 Zur Übersetzung BERGERS „muß ... gedenken" s. *Text*.
72 Zur Übersetzung BERGERS „und nichts geht über ein weises Herz" s. *Text*.
73 So bereits L. BELLÉLI, a. a. O., S. 8, Anm. 1.

18 *shilṭôn môrashê 'avôt*
we-ḥåkhma(h) be-rov 'amal:
Herrschaft ist Erbe (eigentlich Pl.) von den Vätern her,
aber Weisheit (gewinnt man) durch eine Menge Mühsal.

Parallele:
VIII 1b *we-ḥåkhma(h) be-rôv ḥippeś* „Und die Weisheit durch eine Menge Forschung".

Seite VIII

1 *'isqê 'ôlam be-ḥåkhma(h) nekhônîm*
we-ḥåkhma(h) be-rôv ḥippeś:
Die Geschäfte der Welt haben Bestand durch Weisheit,
und die Weisheit durch eine Menge Forschung.

Text:
Lies *ḥippeś* statt *ḥappeś* (Berger); wie *'immer* XI 1 ist anscheinend auch *ḥippeś* nach Analogie von *dibber* Jer 5,13; 9,7 gebildet. Das über den Sin/Schin-Grundzeichen von *ḥippeś* stehende stilisierte Samekh hat dieselbe Funktion wie das diakritische Zeichen über dem Sin in der tiberischen Vokalisation.

Parallele:
VII 18b *we-ḥåkhma(h) be-rov 'amal* „Aber Weisheit (gewinnt man) durch eine Menge Mühsal".

2 *ḥåkhma(h) tôsîf yir'a(h)*
we-yareshû shenê 'ôlamîm:
Weisheit mehrt Furcht,
und man erbt die beiden Welten.

Parallelen:
VII 1 *ḥåkhma(h) tôsîf 'ahava(h)* „Weisheit mehrt Liebe". – XIV 15 *lo' yevôsh shenê 'ôlamîm* „Er wird nicht zuschanden (im Hinblick auf) die beiden Welten"; Baḥya b. Joseph b. Paquda, *sefär ḥôvôt ha-levavôt* X 7, a. a. O., S. 299 *we-hirwîḥû shenê 'ôlamîm* „Und sie gewannen die beiden Welten".

3 *'ohavê tenûma(h) śone'ê de'a(h)*
we-yashenû shenat 'ôlam we-lo' yaqîṣû:
Die den Schlummer lieben, hassen Erkenntnis;
und sie schlafen ein zum ewigen Schlaf, von dem sie nimmermehr aufwachen.

Text:
Lies *we-yashenû* statt *we-yishenû* (Berger).

Zitat:
Jer 51,39 *we-yashenû* (sic) *shenat 'ôlam we-lo' yaqîṣû* „Und sie schlafen ein zum ewigen Schlaf, von dem sie nimmermehr aufwachen".

Parallele:
Zur Verbindung *'ohavê tenûma(h)* vgl. VI 7b.

4 *maṣnîʻê läkhät śorerê zimra(h)*
la-ʻamod be-hêkhal yyy:
Die demütig wandeln, haben die Aufsicht über den Gesang,
indem sie im Tempel/Palast des Herrn stehen.

Text:
Lies *be-hêkhal* mit Pataḥ statt Qameṣ (Berger), vgl. VI 11.

Parallele:
Mi 6,8 *we-haṣneaʻ läkhät ʻim 'älohä(h)kha* „Und demütig wandeln mit deinem Gott".

5 *mi-ṣe't ha-shämäsh mazhîrîm*
le-'ôr be-'ôr ha-ḥayyîm:
Heller als die Sonne, wenn sie aufgeht[74], werden sie erstrahlen,
daß sie erleuchtet werden mit dem Licht der Lebendigen/des Lebens.

Text:
Lies *le-'ôr* statt *la-'ôr* (Berger), vgl. VI 4b

Zitat:
Hi 33,30 *le-'ôr be-'ôr ḥayyîm* „Daß sie erleuchtet werden mit dem Licht der Lebendigen/des Lebens", vgl. VI 4b.

Parallelen:
Jdc 5,31 *ke-ṣe't ha-shämäsh* „Wie die Sonne, wenn sie aufgeht". – Da 12,3 *we-ha-maśkilîm yazhirû ke-zohar ha-raqîaʻ* „Und die Verständigen werden strahlen wie der Glanz des Firmaments". S. ferner Baḥya b. Joseph b. Paquda, *sefär ḥôvôt ha-levavôt* IV 4, a. a. O., S. 158, wo Da 12,3 und Hi 33,30 unmittelbar nacheinander zitiert werden, und Jedaja b. Abraham Bedersi (ca. 1270–1340), *sefär beḥînat ʻôlam* VIII 3 *le-'ôr be-'ôr penê mäläkh* „daß man erleuchtet wird mit dem Licht vom Angesicht des Königs".

6 *'ashrê ha-maʻavîr ta'awatô*
we-ha-mesîr kaʻas libbô:
Wohl dem, der seine Begierde fernhält
und den Unmut seines Herzens beseitigt,

Parallele:
Qoh 11,10 *we-haser kaʻas mi-libbäkha we-haʻaver raʻa(h) mi-beśaräkha* „Und beseitige den Unmut aus deinem Herzen und halte das Übel fern von deinem Leibe".

7 *ha-maḥazîq be-yir'at yyy*
we-yähgä(h) zemîrôt be-vêt megûra(y)w:
Der festhält an der Furcht des Herrn
und auf Lieder sinnt im Haus, da er Fremdling ist.

Parallele:
Ps 119,54 *zemîrôt hayû lî ḥuqqä(y)kha be-vêt megûray* „Lieder waren mir deine Gebote im Hause, da ich Fremdling bin".

---

74 Die Übersetzung Bergers „Vom Aufgang der Sonne her" läßt außer acht, daß *mi-ṣe't ha-shämäsh* im Grunde genommen Zitat aus Jdc 5,31 ist.

8 *bore' yadîd yyy*
we-yitten lô mish'alôt libbô:
Der Herr erschafft den, der ihm lieb[75],
und gibt ihm, was sein Herz wünscht.

Text:
Lies *yadîd* statt *yedîd* (Berger).

Parallelen:
VIII 8 ist offenbar eine Anspielung auf 1R 3,4–15: Salomos (= Jedidjas [2S 12,25]) Opfer und Gebet in Gibeon. – 1R 3,5 *she'al ma(h) 'ättän lakh* „Wünsch (dir), was ich dir geben soll"; Ps 37,4 *we-yittän lekha mish'alot libbäkha* „Der gibt dir, was dein Herz wünscht".

9 *ma(h) yit'ônen 'adam 'al middôta(y)w*
kî ve-ḥäfṣô hû' 'ośä(h):[76]
Was klagt der Mensch über sein Schicksal[77]?
Denn er tut[78] nach seinem Gefallen.

Text:
Lies *'ośä(h)* statt *'aśa(h)* (Berger).

Parallelen:
Thr 3,39 *ma(h) yit'ônen 'adam ḥay* „Was klagt der Mensch, der da lebt?"; bQid 80b *ma(h) yit'ônen 'adam ḥay gävär 'al ḥaṭa'a(y)w ... we-'abba' Sha'ûl kî ketîv ha-hû' be-mitra'em 'al middôta(y)w ketîv we-hakhê qa-'amar ma(h) yitra'em 'adam 'al middôta(y)w we-khi gävär 'al ḥaṭa'a(y)w dayyô ḥayyîm shä-natattî lô* „‚Was klagt der Mensch, der da lebt? Ist er Herr über seine Sünden?' (Thr 3,39)[79] ... Und (was sagt) Abba Saul (Tann. um 150)? Jener Schriftvers ist geschrieben im Hinblick auf jemanden, der über sein Schicksal murrt, und er will folgendes sagen: Was murrt der Mensch über sein Schicksal[80]? Ist er etwa Herr über seine Sünden?! Es genüge ihm das Leben, das ich ihm gegeben habe!

10 *'im yäḥpoṣ ṭôv ya'aśä(h)*
we-'im yäḥpoṣ ra' ya'aśä(h):
Wenn es ihm gefällt, tut er Gutes,
und wenn es ihm gefällt, tut er Böses[81].

Text:
Lies jeweils *yäḥpoṣ* statt *yaḥpoṣ* (Berger).

75 Zur Übersetzung Bergers „Er schafft einen Freund Gottes" s. *Text*.

76 S. dazu oben S. 9.

77 Die Übersetzung Bergers „über seine (sc. Gottes) Handlungsweisen" läßt die Parallele in bQid 80b außer acht.

78 Zur Übersetzung Bergers „handelte" s. *Text*.

79 So die Auslegung des Verses im Midrasch.

80 Vgl. Raschi z.St. *'al qôrôta(y)w ha-qôrôt 'ôtô ... 'al ha-qôrôt ha-ba'ôt 'ala(y)w* „über seine Widerfahrnisse, die ihm widerfahren, ... über die Widerfahrnisse, die über ihn kommen".

81 Die Übersetzung Bergers „Wenn er das Gute will, tut er es, und wenn er das Böse will, tut er es" beruht auf der Verwechslung von *ḥpṣ* „wollen" und *ḥpṣ be* „Gefallen haben an, etwas wollen".

11 *'ên lô le'mor lo' 'anî 'aśîtî*
we-'al berîtî n'śyth:
Er darf nicht sagen: Ich habe (es) nicht getan,
und gegen meinen Bund[82] wurde es getan.

Text:
Am rechten Rand steht ein stilisiertes Samekh; vgl. I 6; XV 16.19. – *lo'* ist über der Zeile nachgetragen. – Die auf SCHECHTER zurückgehende, offenbar im Anschluß an IX 3b vorgenommene Konjektur BERGERS *'al kårḥî* (S. 24) ist interessant. Seltsamerweise wird sie von ihm selbst auf S. 290 wieder aufgegeben, und auf S. 27 und 290 übersetzt er ganz im Stil KUTSCHS „gegen meine Abmachung". – Lies *nä'äśta(h)* (BERGER).

Parallelen:
Zur Konstruktion vgl. Sir 39,21 *'yn l'mr lmh zh* „Man darf nicht sagen: Was soll dieses hier?" und 39,21.34 *'yn l'mr zh r' m-zh* „Man darf nicht sagen: Dies ist schlechter als das"

12 *kî fo'al 'adam lo' fo'al 'älôah*
û-få'ålô me'îd bô:
Denn das Tun des Menschen ist nicht das Tun Gottes,
und sein Tun zeugt gegen ihn.

Text:
Die Lesart der Handschrift ist babylonisch *we-fu'lô* = tiberisch *û-få'ålô* und nicht *û-fû'alô* (BERGER, S. 291).

13 *'im ṭôv 'im ra' bô yithallal*
û-shemô be-khol ha-'ôlam:
Ob gut, ob böse, er rühmt sich seiner,
und sein Name ist in aller Welt.

Text:
Lies *yithallal* mit Qameṣ statt *yithallel* (BERGER). – Lies *be-khol* statt *be-khål* (BERGER), vgl. II 11 f.; III 7; IV 7; VI 2; VII 8.15; IX 8–10; X 9.13; XI 13; XII 1.5.10; XVIII 16.

14 *nôda' kî le-'adam yekhêlatô*
'im ṭôv we-'im ra' yûkhal la-'aśôt:[83]
Es ist bekannt, daß der Mensch über sein Können verfügt;
ob gut oder ob böse, er kann (es) tun.

Text:
Lies *nôda'* mit Qameṣ statt Pataḥ (BERGER), vgl. XI 14.

Parallelen:
XI 17 *ḥefäṣ yekhûla(h) natan be-'adam la-'aśôt bên ṭôv le-ra'* „Das Gefallen am Können hat er in den Menschen gegeben, so daß er entweder Gutes oder Böses tun kann". S.

---

82 Die an sich richtige Übersetzung BERGERS „und gegen meine Abmachung" steht im Widerspruch zu seiner S. 24 in den Text aufgenommenen Konjektur *'al kårḥî*, die nach IX 3 mit „gegen meinen Willen" wiederzugeben wäre.

83 S. dazu oben S. 18.

ferner Baḥya b. Joseph b. Paquda, *sefär ḥôvôt ha-levavôt* V 5, a.a.O., S.186 *kî ha-ṭôv we-ha-ra' b-îkhåltekha* „Denn das Gute und das Böse unterliegen deinem Können". – Qoh 12,14 *'im ṭôv we-'im ra'* „Ob gut oder ob böse".

15 *we-'ôd shadday ya'anehû ke-dårshô*
ke-ḥefäṣ libbô yenahagehû:
Und noch[84] erhört ihn der Allmächtige, wenn er ihn sucht,
nach dem Gefallen seines Herzens lenkt er ihn.

Text:
Lies *ke-dårshô* statt *ke-dôreshô* (Berger). Die Lesart der Handschrift ist babylonisch *ke-durshô* = tiberisch *ke-dårshô* und nicht *ke-dûrshô* (Berger, S.291).

Parallele:
XI 18b *ya'anehû shadday ke-ḥefäṣ libbô* „Der Allmächtige erhört ihn nach dem Gefallen seines Herzens".

16 *le-khen 'al 'adam la-'aśôt yôshär*
kî ve-shîratô yeshabbeaḥ:
Deshalb obliegt es dem Menschen, das Rechte zu tun;
denn in seinem Liede soll er preisen,

Text:
Lies *lakhen* (Berger); *le-khen* ist offenbar eine forma mixta aus *le-khakh* und *lakhen*. – Lies *ve-shîratô* statt *be-shîratô* (Berger). Dieses Wort war ursprünglich *b-shyrtn* geschrieben. Nachdem das Nun durch Rasur zu einem Waw verkürzt worden war, hat man, um auch den letzten Zweifel zu beseitigen, ein zusätzliches Waw über der Zeile nachgetragen. Das über dem Sin/Schin-Grundzeichen stehende stilisierte Sin/Schin hat dieselbe Funktion wie der diakritische Punkt über dem Schin in der tiberischen Vokalisation. – Lies *yeshabbeaḥ* statt *yeshabbaḥ* (Berger), vgl. VII 11.

17 *lo' la-halokh ba-'aṣat ra'*
kî ve-mikhshalô yinnaqesh:
Nicht zu wandeln im Rat des Bösen[85];
denn in seiner Schlinge wird man gefangen.

Text:
Lies *ba-'aṣat* mit Pataḥ statt Qameṣ unter dem Beth (Berger). – Lies *be-mikhshalô* statt *be-mikhsholô* (Berger).

Parallelen:
Ps 1,1 *'ashrê ha-'îsh 'ashär lo' halakh ba-'aṣat resha'îm* „Wohl dem Manne, der nicht gewandelt ist im Rat der Gottlosen". – Ps 9,17 *be-fo'al kappa(y)w nôqesh rasha'* „Durch das Tun seiner Hände fängt der Gottlose".

---

84 Die Übersetzung Bergers „Und stets" beruht anscheinend auf einer Verwechslung von *we-'ôd* mit *we-tamîd*.

85 Die Übersetzung Bergers „im bösen Plan" nimmt die Beziehung von VIII 17a zu Ps 1,1 nicht ernst.

18 *tôda(h) û-tehilla(h) ʿanawa(h) û-teshûva(h)*
maṣṣîlôt baʿalêhän me-ʿawon:
Dank und Lob, Demut und Buße
erretten ihre Besitzer vor der Sünde.

Seite IX

1 *hägyôn tôra(h) gedôla(h) mi-kol*
ʾaz yaṣlîaḥ be-maʿasa(y)w we-yaśkîl:
Das Sinnen über das Gesetz ist größer als alles;
dann hat man Erfolg bei seinen Werken und Gelingen.

Text:
Das über dem Sin/Schin-Grundzeichen von *we-yaśkîl* stehende stilisierte Samekh hat dieselbe Funktion wie der diakritische Punkt über dem Sin in der tiberischen Vokalisation.

Parallelen:
Zur Verbindung *hägyôn tôra(h)* vgl. V 16; IX 8. – II 11b; IV 5a *kî ʾim la-hagôt be-tôrat yyy* „Außer/sondern über das Gesetz des Herrn zu sinnen"; IX 13 *lakhen hôgä(h) tôra(h) meʾushsharîm* „Deshalb wohl jedem, der über das Gesetz sinnt"; XVII 11 *[ṭôv hôgä(h)] be-tôrat yyy* „[Besser einer, der] (über das Gesetz des Herrn) [sinnt]"; Jos 1,8 *we-hagîta bô yômam wa-layla(h)* „Und du sollst darüber sinnen Tag und Nacht"; Ps 1,2 *û-ve-tôratô yähgä(h) yômam wa-layela(h)* „Und sinnt über sein Gesetz Tag und Nacht". – Jos 1,8 *ʾaz taṣlîaḥ ʾät derakhäkha we-ʾaz taśkîl* „Dann wirst du Erfolg haben auf deinen Wegen und dann wirst du Gelingen haben".

2 *ʾashrê ʾadam maṣaʾ ḥåkhma(h)*
we-yähgä(h) be-tôrat yyy:
Wohl dem Menschen, der Weisheit gefunden hat
und über das Gesetz des Herrn sinnt.

Zitat:
Prv 3,13 *ʾashrê ʾadam maṣaʾ ḥåkhma(h)* „Wohl dem Menschen, der Weisheit gefunden hat".

Parallelen:
II 11b; IV 5a *kî ʾim la-hagôt be-tôrat yyy* „Außer/sondern über das Gesetz des Herrn zu sinnen"; IX 13 *lakhen hôgä(h) tôra(h) meʾushsharîm* „Deshalb wohl jedem, der über das Gesetz sinnt"; XVII 11 *[ṭôv hôgä(h) be-tôrat yyy* „[Besser einer, der] (über das Gesetz des Herrn) [sinnt]"; Jos 1,8 *we-hagîta bô yômam wa-layla(h)* „Und du sollst darüber sinnen Tag und Nacht"; Ps 1,2 *û-ve-tôratô yähgä(h) yômam walayela(h)* „Und sinnt über sein Gesetz Tag und Nacht".

3 *'äwîlîm 'avadîm la-ḥakhamîm*
'al kårḥam ṣorekhîm bam:
Die Toren sind Diener der Weisen;
wider ihren Willen bedürfen sie ihrer.

Parallelen:
Prv 11,29 *we-'äväd 'äwîl la-ḥakham lev* „Und der Tor wird Knecht dessen, der weisen Herzens ist".

4 *kemô 'ashîr b-r'shîm yimshol*
kakha(h) 'äväd 'äwîl la-ḥakham lev:
Wie der Reiche über die Armen herrscht,
so ist der Tor Knecht dessen, der weisen Herzens ist[86].

Text:
Das Yod von *b-r'shîm* ist über der Zeile nachgetragen. Unter dem Schin steht ein tiberisches Chireq. – Lies *la-ḥakham lev* statt *le-ḥakham* (Berger, S. 296), vgl. Prv 11,29. Es kann keine Rede davon sein, daß „am Ende der Zeile [...] *lb* geschrieben und durchgestrichen (ist)".

Zitate:
Prv 22,7 *'ashîr be-rashîm yimshôl* „Der Reiche herrscht über die Armen". – Prv 11,29 *we-'äväd 'äwîl la-ḥakham lev* „Und der Tor wird Knecht dessen, der weisen Herzens ist".

5 *kemô 'äväd lowä(h) le-'îsh malwä(h)*
kakha(h) nä'älamîm 'avdê 'anawîm:
Wie der Schuldner Knecht des Gläubigers ist,
so sind die Heuchler Knechte der Demütigen.

Text:
Lies *nä'älamîm* statt *na'alamîm* (Berger), vgl. IV 3.

Zitat:
Prv 22,7 *we-'äväd lowä(h) le-'îsh malwä(h)* „Und der Schuldner ist Knecht des Gläubigers".

Parallele:
Ps 26,4 *we-'im na'alamîm* (sic) *lo' 'avô'* „Und zu den Heuchlern geselle ich mich nicht".

6 *lev nevônîm ke-lev nevî'îm*
kî ve-tôrat nevî'îm temûkhîm:[87]
Das Herz der Einsichtigen ist wie das Herz der Propheten;
denn durch das Gesetz der Propheten werden sie gehalten.

---

86 Zur Übersetzung Bergers „so dient der Dumme dem Weisen" s. *Text*.
87 S. dazu oben S. 5.

7 *rabym ḥshbym ky ḥkmym hm*
w-mw'sy twrh mh ḥkmtm:
Viele denken, daß sie weise sind[88],
aber die das Gesetz verwerfen, was ist ihre Weisheit?!

Parallelen:
XII 7a *rabbîm soverîm kî ḥakhamîm hem* „Viele meinen, daß sie weise sind". – Jer 8,9 *hinne(h) vi-dvar yhwh ma'asû we-ḥåkhmat mä(h) lahäm* „Wenn sie das Wort des Herrn verwerfen, was haben sie dann für Weisheit?"

8 *ṭôva(h) ḥåkhma(h) we-hägyôn tôra(h)*
mi-kol 'isqê 'ôlam ha-zä(h):
Besser ist Weisheit und Sinnen über das Gesetz
als alle Geschäfte dieser Welt.

Text:
Lies *mi-kol* statt *mi-kål* (Berger), vgl. II 6.11f; III 7; IV 7; VI 2; VII 8.15; VIII 13; IX 9f; X 9.13; XI 13; XII 1.5.10; XVIII 16.

Parallelen:
Zur Verbindung *hägyôn tôra(h)* vgl. V 16; IX 1. – II 11b; IV 5a *kî 'im la-hagôt be-tôrat yyy* „Außer/sondern über das Gesetz des Herrn zu sinnen"; IX 13 *lakhen hôgä(h) tôra(h) me'ushsharîm* „Deshalb wohl jedem, der über das Gesetz sinnt"; XVII 11 *[ṭôv hôgä(h)] be-tôrat yyy* „[Besser einer, der] (über das Gesetz des Herrn) [sinnt]"; Jos 1,8 *we-hagîta bô yômam wa-layla(h)* „Und du sollst darüber sinnen Tag und Nacht"; Ps 1,2 *û-ve-tôratô yähgä(h) yômam wa-layela(h)* „Und sinnt über sein Gesetz Tag und Nacht".

9 *ṭôva(h) ḥåkhma(h) we-yir'at yyy*
mi-kol ta'anûgê ha-'ôlam ha-zä(h):
Besser ist Weisheit und Furcht des Herrn
als alle Genüsse dieser Welt.

Text:
Lies *mi-kol* statt *mi-kål* (Berger), vgl. II 6.11f; III 7; IV 7; VI 12; VII 8.15; VIII 13; IX 8.10; X 9.13; XI 13; XII 1.5.10; XVIII 16.

10 *gedôla(h) tôra(h) û-mûsar ḥåkhma(h)*
mi-kol ḥayyê ha-'ôlam ha-zä(h):
Größer ist das Gesetz und die Zucht der Weisheit
als alles Leben dieser Welt.

Text:
Lies *mi-kol* statt *mi-kål* (Berger), vgl. II 6.11f; III 7; IV 7; VI 2; VII 8.15; VIII 13; IX 8f; X 9.13; XI 13; XII 1.5.10; XVIII 16.

---

88 Die Übersetzung Bergers „Zahlreich sind die, die sie hochachten, denn weise sind sie" ist sprachlich zwar vielleicht möglich, läßt aber die enge formale und inhaltliche Parallele XII 7a unberücksichtigt.

Parallele:
Prv 15,33 *mûsar ḥåkhma(h) yir'at yhwh* „Die Zucht der Weisheit ist die Furcht des Herrn".

11 *kî ḥåkhma(h) khelî yôṣer*
we-'immô le-näṣaḥ neṣaḥîm:[89]
Denn die Weisheit ist das Werkzeug des Schöpfers
und mit ihm zusammen in alle Ewigkeit

Parallelen:
Prv 8,30 *wa-'ähyä(h) 'äṣlô 'amôn* „Und ich (scil. die Weisheit) war bei ihm als Werkmeister" und die an diese Interpretation von *'amôn* anknüpfenden Deutungen des Stichos wie z. B. BerR 1,1. S. Verf., 'Amôn – Pflegekind. Zur Auslegungsgeschichte von Prv. 8:30a, in: Übersetzung und Deutung. Studien zum Alten Testament und seiner Umwelt (Fs. A. R. Hulst), 1977, S. 154–163. S. ferner H. Gese, Der Johannesprolog, in: Ders., Zur biblischen Theologie. Alttestamentliche Vorträge, Beiträge zur Evangelischen Theologie 78 (1977), S. 152–201 und O. Hofius, „Der in des Vaters Schoß ist" Joh 1,18, ZNW 80 (1989), S. 163–171. – Zur Wendung *le-näṣaḥ neṣaḥîm* vgl. Jes 34,10.

12 {*wd ?*} *we-'oseqä(y)ha gam sham yit'annagûn*
levad mehäm nishḥatîm w-'pswym:
Und die sich mit ihr beschäftigen, werden sich auch dort laben;
(alle) außer ihnen werden vernichtet und finden ein Ende.

Text:
{wd ?} beruht wohl auf Verschreibung des folgenden *we-'oseqä(y)ha*. – Lies *yit'annagûn* mit Qameṣ statt Schwa mobile (Berger). – Das Pe von *w-'pswym* ist mit einem tiberischen Qibbuṣ versehen, das Samekh mit einem tiberischen Chireq. Demnach ist wahrscheinlich *wa-'afusîm* (vgl. Berger) zu lesen. – Bei Berger folgt IX 13a auf 12a.

13 *lakhen hôgä(h) tôra(h) me'ushsharîm*
we-la-'ad ḥayîm we-'ênam bôshîm:
Deshalb wohl jedem, der über das Gesetz sinnt[90],
er lebt ja auf ewig und wird nicht zuschanden[91].

Text:
Lies *hôgä(h)* statt *hôgê* (Berger). – Lies vielleicht *ḥayyîm* (Berger); Partizipien in adjektivischer Form mit *ā* in der ersten Silbe gibt es im mischnischen Hebräisch jedoch auch sonst[92]. – Bei Berger folgt IX 12b auf 13b.

Parallelen:
II 11b; IV 5a *kî 'im la-hagôt be-tôrat yyy* „Außer/sondern über das Gesetz des Herrn zu

---

89 S. dazu oben S. 5 und 16.

90 Zur Disgruenz im Numerus zwischen Subjekt und adjektivischem Prädikat vgl. C. Brockelmann, Hebräische Syntax, 1956, S. 25 § 28bβ. – Zur Übersetzung Bergers „Deshalb sind die, die über der Torah sinnen ... selig" s. *Text*.

91 Zur sachlich durch nichts begründeten Umstellung der vier Halbzeilen IX 12f. bei Berger s. *Text*.

92 Vgl. M. H. Segal, a. a. O., S. 92f. § 206.

sinnen,"; XVII 11 *[ṭôv hôgä(h)] be-tôrat yyy* „Besser einer, der] (über das Gesetz des Herrn) [sinnt]"; Jos 1,8 *we-hagîta bô yômam wa-layla(h)* „Und du sollst darüber sinnen Tag und Nacht"; Ps 1,2 *û-ve-tôratô yähgä(h) yômam wa-layela(h)* „Und sinnt über sein Gesetz Tag und Nacht". – XVI 18a *makhnî'ê yiṣram 'ênam bôshîm* „Die ihren Trieb demütigen, werden nicht zuschanden".

14 *'al yithallal 'adam be-yåfyô we-to'arô*
we-lo' yiśmaḥ le-lo' davar:
Nicht rühme sich der Mensch seiner Schönheit und seines Aussehens,
und nicht freue er sich eines Undings.

Text:
Lies *yithallal* statt *yithallel* (Berger), vgl. VIII 13; IX 15–18. – Lies *we-to'arô* (vgl. Jes 52,14) statt *we-tå'årô* (Berger).

Parallele:
Am 6,13 *ha-śemeḥîm le-lo' davar* „Die sich freuen über ein Unding".

15 *'al yithallal ba-hamôn mishpaḥtô*
kî va-mä(h) näḥshavîm hem:
Nicht rühme er sich des Umfangs seiner Familie;
denn wofür sind sie zu achten?

Text:
Lies *yithallal* statt *yithallel* (Berger), vgl. VIII 13; IX 14.16–18.

Parallele:
Jes 2,22 *kî va-mä(h) näḥshav hû'* „Denn wofür ist er zu achten?"

16 *'al yithallal 'adam be-khoaḥ gevûratô*
(w) kî 'im li-khbosh 'et yôṣerô:
Nicht rühme sich der Mensch der Kraft seiner Stärke,
sondern daß er seinen Trieb bezwingt.

Text:
Lies *yithallal* statt *yithallel* (Berger), vgl. VIII 13; IX 14f.17f. – Das *(w)* beruht auf Dittographie des letzten Buchstabens von IX 16a. – Lies *'et* statt *'ät* (Berger), vgl. VI 9.11; XVII 14. – Lies *yiṣrô* (Berger). Das erste Waw und einer der Cholem-Punkte von *yôṣerô* sind bereits in der Handschrift radiert.

Parallelen:
Jer 9,22 *we-'al yithallel* (sic) *ha-gibbôr bi-gvûratô* „Und nicht rühme sich der Starke seiner Stärke". – V 1 *we-yikhbosh yiṣrô* „Und er bezwingt seinen Trieb"; mAv 4,1 *'ê zä(h) hû' gîbbôr kôvesh 'ät yiṣrô* „Welcher ist ein Held? Wer seinen Trieb bezwingt".

17 *'al yithallal 'adam bi-khvôd 'åshrô*
kî 'ênam yekhôlîm le-haṣṣîlô:
Nicht rühme sich der Mensch der Ehre seines Reichtums;
denn sie können ihn nicht retten.

Text:
Lies *yithallal* statt *yithallel* (Berger), vgl. VIII 13; IX 14–16.18.
Parallelen:
Jer 9,22 *'al yithallel* (sic) *'ashîr be-'åshrô* „Nicht rühme sich der Reiche seines Reichtums". – Prv 11,4 *lo' yô'îl hôn be-yôm 'ävra(h)* „Besitz nützt nicht am Tag des Zorns".

18 *'al yithallal 'adam be-rov ḥåkhmatô*
we-'al yishsha'en 'äl bînatô:
Nicht rühme sich der Mensch der Menge seiner Weisheit,
und er verlasse sich nicht auf seine Einsicht,

Text:
Lies *yithallal* statt *yithallel* (Berger), vgl. VIII 13; IX 14–17.
Parallelen:
Jer 9,22 *'al yithallel* (sic) *ḥakham be-ḥåkhmatô* „Nicht rühme sich der Weise seiner Weisheit". – Prv 3,5 *we-'äl bînatekha 'al tishsha'en* „Und auf deine Einsicht verlaß dich nicht".

Seite X

Vorbemerkung:
Auf S. X finden sich vier oder fünf Feminina mit der Endung *-at* im status absolutus bzw. in der 3. Person f. sg. des Perfekts: *b-ṣdqt** (Z. 3), *teqûm[a]t* und *mehûmat* (Z. 7), *qahat* (Z. 10) sowie *ḥåkhmat* (Z. 12). Diese Häufung kann kaum zufällig sein. Als Erklärung bietet sich entweder eine bewußt archaisierende Schreibweise[93] (s. die Anspielung auf Thr 2,18 in Z. 8) oder ein „Arabismus"[94] an.

1 *kî 'im li-vṭoaḥ we-l-ithallal b-yyy*
be-haśkel [we-yadoa' 'e]t yôṣerô:
Sondern er vertraue und rühme sich des Herrn,
daß er verständig sei und seinen Schöpfer erkenne[95],

Text:
Lies *we-l-ithallal* statt *we-l-ithallel* (Berger). Die Form *l-ithallal* ist durch Elision des He aus *le-hithallal* entstanden; vgl. 1,2. – Das über dem Sin/Schin-Grundzeichen von *behaśkel* stehende stilisierte Samekh hat dieselbe Funktion wie der diakritische Punkt über

93 Vgl. H. Bauer/P. Leander, Historische Grammatik der hebräischen Sprache des Alten Testaments I, 1922 (Nachdruck Hildesheim 1965), S. 510f. § 62 v.

94 Vgl. C. Brockelmann, Arabische Grammatik, 12. Aufl. 1948, S. 10 § 4 und S. 81 § 66a.

95 Die Übersetzung Bergers „beim Verstehen der Werke seines Schöpfers" entspricht nur teilweise der von ihm selbst vorgenommenen Ergänzung, die etwa mit „beim Verstehen der Erkenntnis seines Schöpfers" wiedergegeben werden könnte.

dem Sin in der tiberischen Vokalisation. – Die Ergänzung *[we-yadoa' 'e]t* liegt im Hinblick auf Jer 9,23 näher als *[be-da'at]* (BERGER).

Parallele:
Jer 9,23 *kî 'im be-zo't yithallel ha-mithallel haśkel we-yadoa'* (sic) *'ôtî* „Sondern dessen rühme sich, wer sich rühmen will: Verständig zu sein und mich zu erkennen".

2 *la-'aśôt ṣedaqa(h) wa-ḥäsäd*
we-la-hagôt tamîd be-'imrê shefär:
Gerechtigkeit und Güte übe
und stets sinne über schöne Rede.

Text:
Lies *wa-ḥäsäd* statt *we-ḥäsäd* (BERGER). – Lies *shefär* statt *shäfär* (BERGER); vgl. II 18, wo statt tiberisch *gäshär* vielmehr *gesher* vokalisiert ist.

Parallelen:
Prv 21,21 *rodef ṣedaqa(h) wa-ḥäsäd* „Wer Gerechtigkeit und Güte nachjagt". – Gn 49,21 *ha-noten 'imrê shafär* (sic) „Der schöne Rede gibt".

3 *kî vi-ṣdaqa(h) 'adam yinnaṣel*
we-'ên mi-yadô maṣṣîl:
Denn durch Gerechtigkeit wird der Mensch gerettet,
und keiner errettet aus seiner (scil. Gottes) Hand.

Text:
b-ṣdqh ist aus *b-ṣdqt* korrigiert, vgl. die *Vorbemerkung.*

Zitat:
Dt 32,29; Jes 43,13 *we-'ên mi-yadô maṣṣîl* „Und keiner errettet aus seiner Hand".

Parallelen:
Ez 14,14.20 *hemma(h) ve-ṣidqatam yenaṣṣelû/yaṣṣîlû nafsham* „Durch ihre Gerechtigkeit retten sie (scil. Noah, Daniel und Hiob) ihr Leben/sich selbst".

4 *bi-ṣdaqa(h) yikkôn 'adam*
û-ve-da'at yyy û-vä-'ämûnatô:
Durch Gerechtigkeit hat der Mensch Bestand
und durch Erkenntnis des Herrn und durch seinen Glauben.

5 *ṣarîkh 'adam li-zkor yôṣerô*
û-velî le-shabbeaḥ sôf 'aḥarîtô:
Der Mensch muß seines Schöpfers gedenken
und (darf) sein letztes Ende nicht preisen[96].

---

96 Die Übersetzung BERGERS „vergessen" beruht auf der Verwechslung von *le-shabbeaḥ* und *li-shk(o)aḥ*

6 *kî sôf häväl ka-'ashär la-kol*
we-yitrôn le-yir'ê yyy û-le-ḥoshevê shemô:
Denn das Ende ist eitel, wie es allem zukommt,
doch es gibt einen Gewinn für diejenigen, welche den Herrn fürchten
und an seinen Namen denken.
oder: seinen Namen achten.

Text:
Das Resch von *we-yitrôn* ist aus *rly* korrigiert; statt *we-yitrôn le-yir'ê yyy* war also offenbar *we-yätär le-yir'ê yyy* beabsichtigt.

Parallelen:
Qoh 9,2 *ha-kol ka-'ashär la-kol* „Alles ist, wie es allem zukommt". – Mal 3,16 *le-yir'ê yhwh û-le-ḥoshevê shemô* „Welche den Herrn fürchten und an seinen Namen denken/ seinen Namen achten".

7 *teqûm[a]t be-ḥåkhma(h) yitbônan*
we-khol mehûmat min 'iwwaltam:
Den Bestand wird er durch Weisheit einsehen,
und alle Unruhe kommt von ihrer Torheit.

Text:
Zu *teqûm[a]t* und *mehûmat* vgl. die *Vorbemerkung.* – Lies *we-khol* statt *wekol* mit Dagesch lene im Kaf (Berger).

Parallele:
XVIII 10a *we-da'at 'ellä(h) be-ḥåkhma(h) yitbônan* „Und die Erkenntnis dieser (Dinge) wird er durch Weisheit einsehen".

8 *tefûga(h) we-dômemê tôledot 'iwwälät*
we-gam shikhḥûm ma'aśe(h) re'a(h):
Nachlassen und Stillstand[97] sind Erzeugnisse der Torheit,
und auch das Vergessen ist das Werk der Bosheit[98].

Text:
Für die Konjekturen *we-dûma(h)* und *shekheḥîm*, vgl. X 9, (Berger) besteht kein Anlaß. Bei *shikhḥûm* dürfte es sich um eine künstliche Bildung nach Analogie von *shikhlûl* „Vollendung", *shi'bûd* „Versklavung" usw. handeln. Schon Schechter vermutete: „Perhaps it is a noun = *shikkaḥôn*[99]." – Lies *ra'a(h)*; der umgekehrte Fehler findet sich in XII 3b.

Parallele:
Thr 2,18 *'al tittenî fûgat* (sic) *lakh 'al tiddom bat 'ênekh* „Erlaube dir kein Nachlassen, und dein Augapfel stehe nicht still".

---

97 Zur Übersetzung Bergers „und übles Nachreden" s. *Text*; hebräisch *dûma(h)* heißt „Schweigen".

98 Zur Übersetzung Berger „und auch solche, die das Werk des Erkennens vergessen" s. *Text*.

99 *ṭikkaḥôn* ist offenbar ein Druckfehler.

9 *marbä(h) da'at mashlîkh tefûga(h)*
be-wadda'y yavîn kol shikhḥûm:
Wer Erkenntnis vermehrt, verwirft das Nachlassen,
gewiß führt er alles Vergessen[100] zur Einsicht.

Text:
Lies *kol* statt *kål* (Berger), vgl. II 6.11f; III 7; IV 7; VI 2; VII 8.15; VIII 13; IX 8–10; X 13; XI 13; XII 1.5.10; XVIII 16. – Für die Konjektur *shekheḥîm* (Berger), vgl. X 8, besteht kein Anlaß.

10 *kemô qahat barzäl pana(y)w yeqalqel*
kakha(h) libbôt be-limmûd yavîn:
Wie man, wird das Eisen stumpf, seine Schneide schärft,
so führt man die Herzen durch Lernen zur Einsicht.

Text:
Zu *qahat* vgl. die *Vorbemerkung*.

Parallelen:
Qoh 10,10 *'im qeha(h) ha-barzäl we-hû' lo'* (orientalische Handschriften: *lô*) *panîm qilqel* „Wenn das Eisen stumpf wird und man nicht (bzw. ihm) die Schneide schärft". – X 11b *kakha(h) libbôt be-lahag yavîn* „So führt man die Herzen durch Studieren zur Einsicht".

11 *kemô 'adama(h) teḥarash we-tizzara'*
kakha(h) libbôt be-lahag yavîn:
Wie der Ackerboden gepflügt und besät wird,
so führt man die Herzen durch Studieren zur Einsicht.

Text:
Lies *teḥarash* statt *teḥaresh* (Berger).

Parallele:
X 10b *kakha(h) libbôt be-limmûd yavîn* „So führt man die Herzen durch Lernen zur Einsicht".

12 {*ybyn*} *kemô ṣimmûaḥ mi-mayim yiṣmaḥ*
kakha(h) ḥåkhmat min ḥippûśah):
Wie ein Sproß aus dem Wasser sprießt,
so die Weisheit aus ihrer Erforschung.

Text:
{*ybyn*} beruht auf Dittographie des letzten Wortes von X 11b. – Lies *yiṣmaḥ* mit Qameṣ statt Pataḥ (Berger). – Zu *ḥåkhmat* vgl. die *Vorbemerkung*. – Das über dem Sin/Schin-Grundzeichen von *ḥippûśah* stehende stilisierte Samekh hat dieselbe Funktion wie der diakritische Punkt über dem Sin in der tiberischen Vokalisation.

Parallele:
XV 19a *ḥåkhmat 'adam me-rov hqrḥ* „Die Weisheit des Menschen kommt von der Menge ‚ihrer Untersuchung'".

100 Zur Übersetzung Bergers „alle Vergeßlichen" s. *Text*.

13 *kol mal'akhôt be-ḥåkhma(h) yitnaheg*
we-ha-ḥåkhma(h) be-dibbûr yaḥqôr:
Alle Arbeiten werden durch Weisheit gelenkt[101],
aber die Weisheit (selbst) untersucht man durch das Reden.

Text:
Lies *kol* statt *kål* (Berger), vgl. II 6.11f; III 7; IV 7; VI 2; VII 8.15; VIII 13; IX 8–10; X 9; XI 13; XII 1.5.10; XVIII 16. – Lies *mal'akhôt* statt *mele'akhôt* (Berger). – Lies *we-ha-ḥåkhma(h)* mit Pataḥ statt Qameṣ unter dem He (Berger).

14 *higgîa' le-ḥappeśah yavîn we-yiśmaḥ*
kî nas mimmännû fûga(h) wa-'anaḥa(h):
Gelangt er dazu, sie zu erforschen, wird er einsehen und sich freuen;
denn es flieht vor ihm Trübsal und Seufzen.

Text:
Das über dem Sin/Schin-Grundzeichen von *le-ḥappeśah* stehende stilisierte Samekh hat dieselbe Funktion wie der diakritische Punkt über dem Sin in der tiberischen Vokalisation. – Lies *fûga(h)* statt *pûga(h)* (Berger).

Parallele:
Jes 35,11; 51,10 *(we-)nasû yagôn wa-'anaḥa(h)* „(Und) Trübsal und Seufzen werden fliehen".

15 *taḥalû'ê ha-gäshäm wbry' smym*
we-taḥalû'ê ha-näfäsh refû'atah ḥåkhma(h):
Die Krankheiten des Leibes ‚machen' Heilmittel ‚gesund'[102],
aber die Krankheiten der Seele – Arznei für sie (Sg.) ist die Weisheit[103].

Text:
Das Aleph von *wbry'* ist über der Zeile nachgetragen. Lies *ybry'* (Schechter); die Konjekturen Bergers *û-verîyê* bzw. *berî'ê* (S. 28 bzw. S. 315) bedeuten „(und) Gesunde", aber nicht „machen ... gesund".

16 *berît ha-gûf lo' yaṣṣîl be'ala(y)w*
û-verît ha-näfäsh memalleṭ be'ala(y)w:
Die Gesundheit des Leibes rettet seinen Besitzer nicht,
aber die Gesundheit der Seele[104] hilft ihrem Besitzer.

---

101 Die Übersetzung Bergers „Bei allen Verrichtungen verhalte man sich in Weisheit" beruht auf demselben Mißverständnis wie die Wiedergabe von *minhag û-minhag* mit „jegliche Sitte" in XII 15a.

102 Die an und für sich richtige Übersetzung Bergers „Krankheiten des Leibes machen Medikamente gesund" entspricht nicht dem von ihm hergestellten Text.

103 Die Übersetzung Bergers „ist das Heilmittel die Weisheit" beruht auf der irrigen Annahme, es gebe ein Substantiv *refû'ata(h)* (S. 413b).

104 Zur Übersetzung Bergers „Der Bund des Leibes ... Aber der Bund der Seele ..." s. *Text.*

Text:
Ob die Vokalisation von *bryt* richtig ist, sei dahingestellt; im mischnischen Hebräisch heißt „Gesundheit" *berî'ût.* – Das He von *ha-näfäsh* ist über der Zeile nachgetragen.

Parallele:
XVIII 18 *tôledat ha-gûf lo' yaṣṣîl be'ala(y)w tôledôt ha-näfäsh yemalleṭ [be'ala(y)w:]* „Das Erzeugnis des Leibes rettet seinen Besitzer nicht, die Erzeugnisse der Seele helfen [ihrem Besitzer]."

17 *me'ôr 'ênayim û-mashmî'at 'åznayim*
we-rêaḥ 'appayim û-mashshash yadayim:
Das Licht der Augen und das Hören der Ohren
und das Riechen der Nase und das Tasten der Hände,

Text:
Zu der Bildung *û-mashmî'at* vgl. *manhîgat* in XV 11b. – Lies *'appayim* statt *'appîm* (Berger). – Das Waw von *û-mashshash* ist anscheinend nachgetragen.

Parallelen:
Sepher Jeṣirah V 1[105] *shenêm 'äśre(h) feshûṭôt HWZḤṬYLNS'ṢQ yesôdan re'iyya(h) shemî'a(h) rîḥa(h) śîḥa(h) le'îṭa(h) tashmîsh ma'aśä(h) hillûkh rôgäz śeḥôq hirhûr shêna(h)* „Zwölf Einfache: HWZḤṬYLNS'ṢQ; ihr Grund ist: Gesicht, Gehör, Geruch, Sprache, Geschmack, Beischlaf, Tätigkeit, Gehen, Zorn, Lachen, Denken, Schlaf". – Sepher Jeṣirah V 6 *shenêm 'aśar manhîgîm ba-näfäsh ... shetê yadayim shetê raglayim ...* "Zwölf lenkende (Organe) in der ‚Seele': zwei Hände, zwei Füße ..."; Baḥya b. Joseph b. Paquda, *sefär ḥôvôt ha-levavôt* III 9, a.a.O., S.121: *û-fataḥ lakh ... ḥamishsha(ah) she'arîm 'äl ha-'ôlam, we-hifqîd 'alêhäm ḥamishsha(h) shô'arîm mi-nä'ämana(y)w. we-ha-she'arîm hem kelê ha-ḥûshîm, ha-'ênayim, we-ha-'åznayim, we-ha-'af, we-ha-lashôn, we-ha-yadayim. we-ha-shô'arîm hem ha-ḥûshîm ha-ḥamishsha(h) ha-mishtammeshîm bahäm, we-hem: ḥûsh ha-re'ût, we-ḥûsh ha-shema', we-ha-rêaḥ, we-ha-ṭa'am, we-ha-mishshûsh* „Und er (scil. der Schöpfer) hat dir (scil. der Seele) ... fünf Pforten zur Welt geöffnet und fünf Pförtner von seinen Getreuen darüber eingesetzt. Und die Pforten sind die Werkzeuge der Sinne: die Augen und die Ohren und die Nase und die Zunge und die Hände. Und die Pförtner sind die fünf Sinne, die sich ihrer bedienen, nämlich: der Gesichtssinn und der Gehörsinn und der Geruch und der Geschmack und das Tasten"[106].

---

105 Den Hinweis auf diesen Text und damit die Anregung zur Heranziehung des Sepher Jeṣirah überhaupt verdanke ich S. Schechter, a.a.O., S.434, Anm. 11.

106 Die nächste außerjüdische Parallele ist Augustinus, Confessiones X 8: „Ibi sunt omnia distincte generatimque servata, quae suo quaeque aditu ingesta sunt, sicut lux atque omnes colores formaeque corporum per oculos; per aures autem omnia genera sonorum; omnes odores per aditum narium; omnesque sapores per oris aditum; a sensu autem totius corporis, quid durum, quid molle, quid calidum frigidumve, lene aut asperum, grave seu leve, sive extrinsecus sive intrinsecus corpori." S. ferner Conrad Celtes (Zitiert nach J. W. Zincgref, Teutscher Nation klug ausgesprochene Weißheit, Frankfurt/Leipzig 1683 = Der Teutschen scharfsinnige kluge Sprüch. Auswahl, 3. Aufl. 1989, S.76): „Die fünf Sinne [sind] Türen des Verstands."

18 *leṭî'at ha-ḥekh we-hôlekh raglayim*
kûllam le-va'al ḥayyîm meṣûyîm:
‚Das Schmecken' des Gaumens[107] ‚und das Gehen' der Füße,
sie alle sind beim Lebewesen[108] vorhanden.

Text:
Lies *le'îṭat* (BERGER), vgl. Sepher Jeṣirah V 1. – Lies *ha-ḥekh* mit Pataḥ statt Qameṣ (BERGER) – Lies *wa-halôkh* (BERGER) oder besser *we-hillûkh*, vgl. Sepher Jeṣirah V 1. – *kûllam*, dessen Waw über der Zeile nachgetragen ist, ist mit tiberischem Qameṣ vokalisiert. – Lies *meṣûyîm* statt *meṣûyyîm* (BERGER).

Parallelen:
Sepher Jeṣirah V 1 *shenêm 'äśre(h) feshûṭôt HWZḤṬYLNS'ṢQ yesôdan re'iyya(h) shemî'a(h) rîḥa(h) śîḥa(h) le'îṭa(h) tashmîsh ma'aśä(h) hillûkh rôgäz śeḥôq hirhûr shêna(h)* „Zwölf Einfache: HWZḤṬYLNS'ṢQ; ihr Grund ist: Gesicht, Gehör, Geruch, Sprache, Geschmack, Beischlaf, Tätigkeit, Gehen, Zorn, Lachen, Denken, Schlaf"; Baḥya b. Joseph b. Paquda, *sefär ḥôvôt ha-levavôt* III 9, a. a. O., S. 121: *û-fataḥ lakh ... ḥamishsha(h) she'arîm 'äl ha-'ôlam, we-hifqîd 'alêhäm ḥamishsha(h) shô'arîm mi-nä'ämana(y)w. we-ha-she'arîm hem kelê ha-ḥûshîm, ha-'ênayim, we-ha-'åznayim, we-ha-'af, we-ha-lashôn, we-ha-yadayim. we-ha-shô'arîm hem ha-ḥûshîm ha-ḥamishsha(h) ha-mishtammeshîm bahäm, we-hem: ḥûsh ha-re'ût, we-ḥûsh ha-shema', we-ha-rêaḥ, we-ha-ṭa'am, we-ha-mishshûsh* „Und er (scil. der Schöpfer) hat dir (scil. der Seele) ... fünf Pforten zur Welt geöffnet und fünf Pförtner von seinen Getreuen darüber eingesetzt. Und die Pforten sind die Werkzeuge der Sinne: die Augen und die Ohren und die Nase und die Zunge und die Hände. Und die Pförtner sind die fünf Sinne, die sich ihrer bedienen, nämlich: der Gesichtssinn und der Gehörsinn und der Geruch und der Geschmack und das Tasten". – XI 2a *kî ḥamishsha(h) she'arîm nimṣa'îm be-va'alê ḥayyîm* „Denn die fünf Pforten finden sich bei den Lebewesen".

19 *yitrôn 'al 'ellä(h) dibbûr śefatayim*
lo' nimṣa' levad bä-'änôsh:[109]
Ein Vorzug diesen gegenüber[110] ist das Reden der Lippen;
es findet sich allein beim Menschen.

Text:
Das tiberische Pataḥ unter dem Lamed von *'ellä(h)* steht für babylonisches Pataḥ/Segol.

Parallelen:
Sepher Jeṣirah V 1 *shenêm 'äśre(h) feshûṭôt HWZḤṬYLNS'ṢQ yesôdan re'iyya(h) shemî'a(h) rîḥa(h) śîḥa(h) le'îṭa(h) tashmîsh ma'aśä(h) hillûkh rôgäz śeḥôq hirhûr shêna(h)* „Zwölf Einfache: HWZḤṬYLNS'ṢQ; ihr Grund ist: Gesicht, Gehör, Geruch, Sprache, Geschmack, Beischlaf, Tätigkeit, Gehen, Zorn, Lachen, Denken, Schlaf". – Baḥya b. Joseph b. Paquda, *sefär ḥôvôt ha-levavôt* III 9, a. a. O., S. 90 *koaḥ ha-dibbûr,*

---

107 Die Übersetzung BERGERS „Das Kauen des Gaumens" ist als Bezeichnung eines der fünf Sinne etwas ungewöhnlich.

108 Die Übersetzung BERGERS „bei den Lebewesen" beruht offenbar auf Angleichung an XI 2a.

109 S. oben S. 19.

110 Bei der Übersetzung BERGERS „Diesen vorzuziehen" ist *'ellä(h)* fälschlich auf die fünf Sinne usw. statt auf die „Lebewesen" bezogen.

'ashär natan lô ha-bôre' yitrôn 'al she'ar ha-ḥayyîm shä-'ênam medabberîm „Die Fähigkeit des Redens, die der Schöpfer ihm (scil. dem Menschen) gegeben hat, ist ein Vorzug gegenüber dem Rest der Lebendigen, die nicht reden". Dieselbe Vorstellung findet sich im übrigen auch in den jüdischen Targumim zu Gn 2,7b und ist beispielsweise im Targum Neofiti 1 in die Worte gefaßt *w-hwh 'dm l-npsh* (v. l. *npsh*) *d-ḥyyh mmll'* „So wurde der Mensch (zu) ein(em) mit Sprache begabten/s lebenden/s Wesen".

Seite XI

1 *we-ha-'immer mar'ä(h) d[ä]r[ä]kh ḥayyîm*
lo' ve-'êllû ḥamishsha(h) she'arîm:
Und das Sprechen zeigt den Weg des Lebens
nicht durch diese fünf Pforten.

Text:
Lies *we-ha-'immer* statt *we-ha-'omer* (Berger); wie *ḥippeś* VIII 1 ist anscheinend auch *'immer* nach Analogie von *dibber* Jer 5,13; 9,7 gebildet.

Parallelen:
Nach Sepher Jeṣirah IV 7 gibt es *shiv'a(h) she'arîm ba-näfäsh ... shetê 'ênayim shetê 'åznayim shetê niqvê ha-'af we-ha-pä(h)* „sieben Pforten in der ‚Seele': zwei Augen, zwei Ohren, zwei Nasenlöcher und den Mund", d.h. Gesicht, Gehör, Geruch und Geschmack. Der Tastsinn zählt nach V 6 zu den *manhîgîm*, „den lenkenden (Organen)"; MTadshe' XI (BHM III 175) *we-shiv'a(h) she'arîm ba-näfäsh shenê (sic)'ênayim shenê* (sic)*'åznayim shetê 'appayim û-fä(h) 'äḥad* „Und sieben Pforten in der 'Seele': zwei Augen, zwei Ohren, zwei Nasenlöcher und ein Mund"; Baḥya b. Joseph b. Paquda, *sefär ḥôvôt ha-levavôt* III 9, a.a.O., S.121: *û-fataḥ lakh ... ḥamishsha(h) she'arîm 'äl ha-'ôlam, we-hifqîd 'alêhäm ḥamishsha(h) shô'arîm mi-nä'ämana(y)w. we-ha-she'arîm hem kelê ha-ḥûshîm, ha-'ênayim, we-ha-'ąznayim, we-ha-'af, we-ha-lashôn, we-ha-yadayim. we-ha-shô'arîm hem ha-ḥûshîm ha-ḥamishsha(h) ha-mishtammeshîm bahäm, we-hem: ḥûsh ha-re'ût, we-ḥûsh ha-shema', we-ha-rêaḥ, we-ha-ṭa'am, we-ha-mishshûsh* „Und er (scil. der Schöpfer) hat dir (scil. der Seele) ... fünf Pforten zur Welt geöffnet und fünf Pförtner von seinen Getreuen darüber eingesetzt. Und die Pforten sind die Werkzeuge der Sinne: die Augen und die Ohren und die Nase und die Zunge und die Hände. Und die Pförtner sind die fünf Sinne, die sich ihrer bedienen, nämlich: der Gesichtssinn und der Gehörsinn und der Geruch und der Geschmack und das Tasten".

2 *kî ḥamishsha(h) she'arîm nimṣa'îm be-va'alê ḥayyîm*
û-ve-kûllam lo' nimṣa' däräkh ḥåkhma(h):
Denn die fünf Pforten finden sich bei den Lebewesen,
aber bei ihnen allen findet sich nicht der Weg der Weisheit.

Parallelen:
X 18b *kûllam le-va'al ḥayyîm meṣûyîm:* „Sie alle sind beim Lebewesen vorhanden".

3 *dibbûr ḥåkhma(h) be-lev 'adam ḥen*
we-lo' min darkhê ḥamishsha(h) she'arîm:
Das Reden der Weisheit im Herzen des Menschen ist Gnade,
aber nicht von den Wegen der fünf Pforten.

4 *ḥåkhma(h) hî' le-'adam bi-lvad*
'af 'al pî shä-ḥamishsha(h) mesharetä(y)ha:
Die Weisheit steht allein dem Menschen zur Verfügung,
wenn auch die fünf ihre Diener sind.

5 *ḥamishsha(h) she'arîm be-lo' maḥashävät de'a(h)*
nimshal ka-behemôt nidmû:
Die fünf Pforten ohne Denken der Erkenntnis,
sie gleichen dem Vieh, das davon/schweigen muß.

Zitat:
Ps 49,13.21 *nimshal ka-behemôt nidmû* „Er gleicht dem Vieh, das davon/schweigen muß", vgl. XIV 17b.

6 *kî hishshah 'älôah ḥåkhma(h)*
we-lo' ḥalaq lah ba-bîna(h):
Denn Gott ließ sie die Weisheit vergessen
und gab ihr nicht Anteil an der Einsicht.

Text:
Das über dem Sin/Schin-Grundzeichen von *hishshah* stehende stilisierte Sin/Schin hat dieselbe Funktion wie der diakritische Punkt über dem Schin in der tiberischen Vokalisation[111]. Das stilisierte He über seinem He entspricht einem tiberischen Mappiq[112].

Zitat:
Hi 39,17 *kî hishshah 'älôah ḥåkhma(h) we-lo' ḥalaq lah ba-bîna(h)* „Denn Gott ließ sie (scil. die Straußenhenne) die Weisheit vergessen und gab ihr nicht Anteil an der Einsicht".

7 *melammed 'adam da'at we-ḥåkhma(h)*
le-khakh paqad le-'adam be-yôm dîn:
Er lehrt[113] den Menschen Erkenntnis und Weisheit;
deshalb sucht er den Menschen heim am Tag des Gerichts.

---

111 Vgl. P. Kahle, a.a.O., S. 115f. § 8e.

112 Vgl. P. Kahle, a.a.O., S. 124 § 8v.

113 Die Übersetzung Bergers „Es lehrt" ist mißverständlich und läßt die Anspielung auf Ps 94,10 unberücksichtigt.

Text:
Lies *le-khakh* statt *lle-khakh* (Berger). – Unter dem Daleth von *dîn* steht zusätzlich ein tiberisches Chireq.
Parallele:
Ps 94,10 *ha-melammed 'adam da'at* „Der den Menschen Erkenntnis lehrt".

8 *le-'adam natan ḥåkhma(h)*
û-mehäm tava' bi-ṣdaqa(h):
Dem Menschen hat er Weisheit gegeben
und von ihnen fordert er ein in Gerechtigkeit.

Parallelen:
Qoh 2,26 *kî le-'adam shä-ṭôv lefana(y)w natan ḥåkhma(h) we-da'at we-śimḥa(h)* „Denn dem Menschen, der ihm gefällt, hat er Weisheit und Erkenntnis und Freude gegeben". – Baḥya b. Joseph b. Paquda, *sefär ḥôvôt ha-levavôt* V 5, a.a.O., S.188 *kî ha-bôre' 'ênännû tôvea' ha-'adam 'älla' ke-fî ḥåkhmatô* „Denn der Schöpfer fordert den Menschen nur entsprechend seiner Weisheit".

9 *'ên yakhôl 'adam le'mor lo' yada'tî*
kî da'at nivre't be-'adam:
Der Mensch kann nicht sagen: Ich kenne (es) nicht;
denn die Erkenntnis wurde im Menschen erschaffen.

Parallele:
XIII 7a *kî ḥåkhma(h) nivre't bi-shvîl 'adam* „Denn die Weisheit wurde um des Menschen willen erschaffen".

10 *we-'im yaḥpoṣ yûkhal la-da'at*
kî meṣûya(h) hî' ha-ḥåkhma(h):
Und wenn er will, kann er erkennen;
denn die Weisheit ist vorhanden.

11 *we-'im 'adam 'ênô mevîn*
mî yûkhal li-mṣô' ḥåkhma(h):
Aber wenn der Mensch nicht einsichtig ist,
wer kann die Weisheit (dann) finden?

12 *'im bi-khlal ha-ḥåkhma(h) mî yûkhal*
'aval bi-qṣatah yûkhal le-havîn:
Wenn es um die Gesamtheit der Weisheit geht, wer kann (es dann)[114]?

114 Die freie Übersetzung Bergers „Wer kann sie verstehen" ist als Fortsetzung von Z. 11, wo es eindeutig um das Finden der Weisheit geht, nicht ganz sachgemäß.

Aber (wenn es nur) um einen Teil von ihr geht, kann man (sie) einsehen.

Text:
Unter dem ersten Lamed von *bi-khlal* steht ein tiberisches Qameṣ.

13 *kol me'ûma(h) nimṣa'îm*
'aval be-ḥippûś nôda'îm:
Schlechterdings alles läßt sich finden,
aber es wird (nur) durch Forschen erkannt.

Text:
Lies *kol* statt *kål* (Berger), vgl. II 6.11f; III 7; IV 7; VI 2; VII 8.15; VIII 13; IX 8–10; X 9; XI 13; XII 1.5.10; XVIII 16.

14 *'el 'äḥad be-ḥåkhma(h) nôda'*
'ênô maṣûy ki-yad maḥanôt:
Der eine Gott wird durch Weisheit erkannt,
er ist nicht nach Art von Heerlagern(?) vorhanden[115].

Text:
Lies *nôda'* mit Qameṣ statt Pataḥ (Berger), vgl. VIII 14. – Lies *ki-yad* statt *be-yad* (Berger).

Parallele:
XII 2a *ha-kol be-ḥåkhma(h) nôda'îm* „Alles wird durch Weisheit erkannt".

15 *ḥåkhma(h) hî' ḥayyîm le-va'alah*
û-khevôd wa-'oz le-maḥazîqah:
Die Weisheit ist Leben für ihren Besitzer
und Ehre und Stärke für den, der sie festhält.

Text:
Lies vielleicht *we-khavôd* (Berger).

Parallelen:
Prv 16,22 *meqôr ḥayyîm*[116] *sekhäl be'ala(y)w* „Eine Quelle des Lebens ist der Verstand für seinen Besitzer". – Prv 3,18 *'eṣ ḥayyîm hî' la-maḥazîqîm bah* „Ein Baum des Lebens ist sie (scil. die Weisheit) für die, die sie festhalten".

16 *tôḥälät ṣaddîqîm 'ônäg we-śimḥa(h)*
we-tiqwat 'äwîlîm ḥoshäkh û-de'aga(h):
Die Erwartung der Gerechten sind Wonne und Freude,
aber die Hoffnung der Toren sind Finsternis und Sorge.

Parallele:
Prv 10,28 *tôḥälät ṣaddîqîm śimḥa(h)* „Die Erwartung der Gerechten ist Freude".

115 Zur Übersetzung Bergers „nicht durch Ausruhen wird er gefunden" s. Berger, S. 327f. Daß *maḥanä(h)*, Pl. *maḥanôt* „Ausruhen" heißen kann, wäre jedoch erst noch zu beweisen.

116 Berger S. 329 zitiert Prv 16,22 als *meqôm ḥayyîm* „ein Ort des Lebens".

17 *ḥefäṣ yekhûla(h) natan be-'adam*
la-'aśôt bên ṭôv le-ra':[117]
Das Gefallen am Können hat er in den Menschen gegeben,
so daß er entweder Gutes oder Böses tun kann.

Text:
Lies *be-'adam* statt *ba-'adam* (BERGER).

Parallelen:
VIII 14 *nôda' kî le-'adam yekhêlatô 'im ṭôv we-'im ra' yûkhal la-'aśôt* „Es ist bekannt, daß der Mensch über sein Können verfügt; ob gut oder ob böse, er kann (es) tun". S. ferner Baḥya b. Joseph b. Paquda, *sefär ḥôvôt ha-levavôt* V 5, a. a. O., S. 186 *kî ha-ṭôv we-ha-ra' b-îkhåltekha* „Denn das Gute und das Böse unterliegen deinem Können".

18 *'im yaḥpoṣ 'adam ṭôv we-lo' ra'*
ya'anehû shadday ke-ḥefäṣ libbô:
Wenn der Mensch Gefallen hat am Guten und nicht am Bösen,
erhört ihn der Allmächtige nach dem Gefallen seines Herzens.

Text:
Statt des *Sôf pasûq* steht am Ende der Zeile ein Zeichen, das einer verschnörkelten liegenden Acht ähnelt.

Parallele:
VIII 15 *we-'ôd shadday ya'anehû ke-dårshô ke-ḥefäṣ libbô yenahagehû* „Und noch erhört ihn der Allmächtige, wenn er ihn sucht, nach dem Gefallen seines Herzens lenkt er ihn".

Seite XII

1 *kol ḥefäṣ yûkhal li-drôsh*
we-yimṣa'ehû le-ṭôvatô 'ô le-ra'atô:
Alles, woran er Gefallen hat, kann er suchen
und er wird es finden, für sich zum Guten oder zum Bösen[118].

Text:
Lies *kol* statt *kål* (BERGER), vgl. II 6.11f; III 7; IV 7; VI 2; VII 8.15; VIII 13; IX 8–10; X 9.13; XI 13; XII 5.10; XVIII 16.

2 *ha-kol be-ḥåkhma(h) nôda'îm*
we-ḥåkhma(h) bid[...]a(h) nimṣa'îm:
Alles wird durch Weisheit erkannt,
und die Weisheit durch... (der Dinge), die sich finden lassen[119].

---

117 S. dazu oben S. 18.

118 Die Übersetzung BERGERS „zum Guten oder zum Bösen" berücksichtigt nicht das Suffix 3.m.sg an *le-ṭôvatô* und *le-ra'atô*.

119 Zur Übersetzung BERGERS „und Weisheit ist bei denen, die als die erfunden werden, die an Erkenntnis haften" s. *Text*.

Text:
Die Ergänzung *bid[veqê de'a(h)]* (Berger) überfüllt die Lücke; ob sie im Zusammenhang von Z. 2b hebräisch möglich ist, sei dahingestellt.
Parallele:
XI 14a *'el 'äḥad be-ḥåkhma(h) nôda'* „Der eine Gott wird durch Weisheit erkannt".

3 *derîshat {dwrsh} ḥåkhma(h) tôsîf de'a(h)*
û-ferî'at mûsar shikhḥat ra'a(h):
Das Suchen nach Weisheit mehrt die Erkenntnis,
aber Mißachtung von Zucht bedeutet Vergessen der Erkenntnis.

Text:
derîshat, dem bei Berger das Dagesch lene fehlt, ist am rechten Rand nachgetragen. – Unter dem Daleth von *dwrsh* steht ein tiberisches Shwa mobile, unter seinem Resch ein tiberisches Chireq; der Vokalisator wollte also anscheinend *dôresh* „wer sucht", das seine Existenz wohl der Erinnerung an III 15par verdankt, zunächst in *derîshat* „(das) Suchen" verbessern. – Lies *de'a(h)* (Berger); der umgekehrte Fehler findet sich in X 8b.
Parallelen:
Zum Motiv des Suchens der Weisheit vgl. I 1; III 15; VII 17; XIII 1; XVI 4 sowie Sir 6,27; 51,14. – Zur Verbindung *û-ferî'at mûsar* vgl. Prv 13,18; 15,32 *pôrea' mûsar* „Wer Zucht mißachtet".

4 *shemî'a(h) hî' ro'sh limmûdah*
we-'aḥarît limmûd da'at û-vîna(h):
Das Hören ist der Anfang ihres Lernens,
und das Ende des Lernens sind Erkenntnis und Einsicht.

5 *sôf da'at we-ḥåkhma(h) yir'at yyy*
kî zä(h) kol ha-'adam:
Die Summe von Erkenntnis und Weisheit ist die Furcht des Herrn;
denn das ist Angelegenheit jedes Menschen.

Text:
Lies *kol* statt *kål* (Berger), vgl. II 6.11f; III 7; IV 7; VI 2; VII 8.15; VIII 13; IX 8–10; X 9.13; XI 13; XII 1.10; XVIII 16.
Zitat:
Qoh 12,13 *kî zä(h) kål (sic) ha-'adam* „Denn das ist Angelegenheit jedes Menschen".
Parallele:
Qoh 12,13 *sôf davar ha-kol nishma' 'ät ha-'älohîm yera' we-'ät miṣwota(y)w shemôr* „Die Summe der Sache, das Ganze, laßt uns hören: Fürchte Gott und halte seine Gebote".

6 *kî ḥåkhma(h) belî ṣedaqa(h) mikhshôl ba'alah*
û-ṣedaqa(h) taṣṣîl mi-mawät:
Denn Weisheit ohne Gerechtigkeit ist ein Fallstrick für ihren Besitzer,
aber Gerechtigkeit/Wohltätigkeit errettet vom Tode.

Text:
Das stilisierte He über dem He von *ba'alah* entspricht einem tiberischen Mappiq.

Zitat:
Prv 10,2; 11,4 *û-ṣedaqa(h) taṣṣîl mi-mawät* „Aber Gerechtigkeit errettet vom Tode". Daß *ṣedaqa(h)* in dem Zitat von Prv 10,2; 11.4 in Tob 4,10 (BA) u.ö. als ἐλεημοσύνη „Wohltätigkeit" aufgefaßt ist, sei nur am Rande erwähnt. Dementsprechend wird Prv 10,2; 11,4 gerne als Inschrift auf Spendenbüchsen verwendet; vgl. z.B. B. Deneke (Hg.), Siehe, der Stein schreit aus der Mauer. Geschichte und Kultur der Juden in Bayern, 1988, S. 144–146.

7 *rabbîm soverîm kî ḥakhamîm hem*
û-śemeḥîm be-maḥashävät yiṣram:
Viele meinen, daß sie weise sind,
und freuen sich über das Denken ihres Triebs.

Parallele:
IX 7 *rabym ḥshbym ky ḥkmym hm* „Viele glauben, daß sie weise sind".

8 *w-îgî'am be-havlê 'ôlam*
û-meḥakkîm ba-'amalam:
Und ihr Mühen ist auf die Eitelkeiten der Welt gerichtet,
und doch warten sie auf (den Ertrag) ihre(r) Mühsal[120].

9 *'ênayim lahäm we-lo' yir'û*
kî ṭaḥ me-haśkîl libbotam:
Sie haben Augen und sehen nicht;
denn ihre Herzen sind verhärtet, daß sie nicht verstehen.

Zitat:
Ps 115,5; 135,16 *'ênayim lahäm we-lo' yir'û* „Sie haben Augen und sehen nicht".

Parallele:
Jes 44,18 *kî ṭaḥ me-re'ôt 'ênêhäm me-haśkîl libbotam* „Denn ihre Augen sind verklebt, daß sie nicht sehen, ihre Herzen sind verhärtet, daß sie nicht verstehen".

10 *ha-lô' khol ha-'ôlam ro'îm havalîm*
kî 'ên yitrôn be-khol 'amal:
Sieht nicht die ganze Welt Eitelkeiten?
Denn es gibt keinen Gewinn bei aller Mühsal.

Text:
Lies *khol* und *be-khol* statt *khål* und *be-khål* (Berger), vgl. II 6.11f; III 7; IV 7; VI 2; VII 8.15; VIII 13; IX 8–10; X 9.13; XI 13; XII 1.5; XVIII 16.

Parallele:
Qoh 1,3 *ma(h) yitrôn la-'adam be-khål 'amalô* „Was ist der Gewinn für den Menschen bei all seiner Mühsal?"; vgl. II 11.

---

120 Die Übersetzung Bergers „und man lacht über ihre Mühe" beruht auf der Verwechslung von hebr. *ḥkh* (vgl. Hi 3,21 *ha-meḥakkîm*) „warten" mit aram. *ḥwk* „lachen".

11 *ḥayyîm û-melûkha(h) ʻoshär w-îkhula(h)*
we-ḥen we-tifʼärät we-khavôd:
Leben und Königtum, Reichtum[121] und Können
und Gnade und Herrlichkeit und Ehre –

Text:
Das erste Waw von *we-khavôd* scheint nachgetragen zu sein.

Parallele:
VII 16 *melûkha(h) we-ʻoshär û-khevôd ʻôlam* „Königtum und Reichtum und Ehre der Welt".

12 *kûllam nifsadîm wa-havalîm*
ḥåkhma(h) yetêra(h) ʻal kullah:
Sie alle sind wertlos[122] und eitel;
die Weisheit ist vorzüglicher als das alles.

Text:
Das stilisierte He über dem He von *kullah* entspricht einem tiberischen Mappiq.

Parallelen:
IV 17a *śimḥat ḥåkhma(h) yetêrat yyy* „Die Freude an der Weisheit ist das Vorzüglichste für den Herrn". Vielleicht gehört hierher auch Prv 12,26 *yater me-reʻehû ṣaddîq* „Vorzüglicher als sein Gefährte ist der Gerechte".

13 *ha-kol ṣerîkhîm be-daʻat ḥåkhma(h)*
we-ḥåkhma(h) ṣerîkha(h) bi-ṣdaqa(h):
Alles bedarf der Erkenntnis der Weisheit,
aber die Weisheit bedarf der Gerechtigkeit.

14 *ṣädäq û-mishpaṭ tôledat ḥåkhma(h)*
û-shevaḥ ha-kol ḥåkhma(h): {*ky:*}
Gerechtigkeit und Recht sind das Erzeugnis der Weisheit,
aber das Lobenswerteste von allem[123] ist die Weisheit (selbst).

Text:
Lies *tôledat* statt *tôlädät* (Berger), vgl. XVIII 18. – Lies *û-shevaḥ* mit Qameṣ statt Pataḥ (Berger); vgl. III 2b; XIV 9a; XV 16a. – {*ky:*} beruht auf Vorwegnahme von XII 15a.

---

121 Die Übersetzung Bergers „und Reichtum" hat keinen Anhalt am Text der Handschrift.

122 Zu dieser Wiedergabe vgl. J. Lavy, Langenscheidts Handwörterbuch Hebräisch-Deutsch, 1975, S. 375a. Die Übersetzung Bergers „Verderben" beruht anscheinend auf der Verwechslung von *nifsadîm* mit *häfsed*.

123 Die Übersetzung Bergers „und alles Loben" beruht auf Verwechslung von *û-shevaḥ ha-kol* mit *we-kol ha-shebaḥ*.

15 *kî vah yôdea' minhag û-minhag*
we-ha-kol bah nimṣa'îm:
Denn durch sie erkennt man Lenkung um Lenkung[124],
und alles wird durch sie gefunden.

Text:
kî ist am rechten Rand nachgetragen; s. zu XII 14b. – Nach der sonstigen Verwendung der Wurzel *nhg* in der Weisheitsschrift aus der Kairoer Geniza wird *minhag* eher „Lenkung" (vgl. 2R 9,20) als „Sitte" (BERGER) bedeuten.

16 *ha-ḥofeṣ la-da'at ḥåkhma(h)*
yeḥasser mimmännû ta'awat 'ôlam:
Wer Gefallen daran hat, die Weisheit zu erkennen,
vermindert bei sich die Begierde der Welt[125].

Text:
Lies *ha-ḥofeṣ* statt *hä-ḥafeṣ* (BERGER). – Lies *mimmännû* statt *mi-maṣṣôt* (BERGER).

17 *'im yizzahar 'adam me-ḥamat ta'awatô*
yimṣa'ûhû ḥayyîm ṣedaqa(h) we-khavôd:
Wenn der Mensch sich warnen läßt vor dem Zorn seiner Begierde,
oder: wegen seiner Begierde
finden ihn Leben, Gerechtigkeit und Ehre.

Text:
Lies *yizzahar* statt *yizzaher* (BERGER), vgl. V 1.

Parallele:
Prv 21,21 *yimṣa' ḥayyîm ṣedaqa(h) we-khabôd* „Er findet Leben, Gerechtigkeit und Ehre".

18 *mashpîlê nafsham û-marḥîq ta'awatam*
neśî'îm barakha(h) me'et yyy:
Die ihre Seele/sich selbst erniedrigen und ihre Begierde entfernen,
empfangen Segen vom Herrn.

Text:
Lies *mashpîlê* statt *mashpilê* (BERGER). – Lies *û-marḥîqê* (BERGER). – Lies *nôśe'îm* (vgl. BERGER). – Lies *berakha(h)* (BERGER).

Parallele:
Ps 24,5 *yiśśa' verakha(h) me'et yhwh* „Er empfängt Segen vom Herrn".

---

124 Zur Übersetzung BERGERS „jegliche Sitte" s. *Text.* Vgl. außerdem die Anm. zu X 13a.
125 Zur Übersetzung BERGERS „verzichtet darauf, die Lust der Welt auszukosten" s. *Text.*

Seite XIII

1 *doreshê ḥåkhma(h) mevaqqeshê yyy*
yizkaw (?) bi-n'îmôt näṣaḥ: {*'hby*}
Die Weisheit suchen, nach dem Herrn fragen,
werden ewiger Wonnen gewürdigt werden.

Text:
Lies *yizkû* (Berger). – {*'hby*} beruht auf der Vorwegnahme von XIII 2a.

Parallelen:
Zum Motiv des Suchens der Weisheit vgl. I 1; III 15; VII 17; XII 3; XVI 4 sowie Sir 6,27; 51,14. – Ps 16,11 *ne'îmôt b-îmînekha näṣaḥ* „Wonnen in deiner Rechten ewiglich".

2 *'ohavê de'a(h) däräkh yyy*
yiśbe'ûn śemaḥôt penê yyy:
Die es lieben, zu erkennen den Weg des Herrn,
werden sich sättigen an Freuden vor dem Angesicht des Herrn.

Text:
'ohavê ist am rechten Rand nachgetragen; s. zu XIII 1b.

Parallele:
Ps 16,11 *śova' śemaḥôt 'ät panä(y)kha* „Sättigung an Freuden vor deinem Angesicht", vgl. VII 3.

3 *teḥillat yir'a(h) da'at yyy*
we-re'shît ḥåkhma(h) yir'at yyy:
Der Beginn der Furcht ist die Erkenntnis des Herrn[126],
und der Anfang der Weisheit ist die Furcht des Herrn.

Text:
Lies *da'at yyy* statt *da'at* (Berger).

Zitat:
Ps 111,10 *re'shît ḥåkhma(h) yir'at yhwh* „Der Anfang der Weisheit ist die Furcht des Herrn".

4 *mevazzä(h) nafshô li-khvôd yôṣerô*
yikhbad be-'ênê yyy:
Wer seine Seele/sich selbst verachtet um der Ehre seines Schöpfers willen,
ist geehrt[127] in den Augen des Herrn.

Text:
Lies *yikhbad* statt *yikkaved* (Berger).

---

126 Zur Übersetzung Bergers „... ist Erkenntnis" s. *Text.*
127 Zur Übersetzung Bergers „wird geehrt werden" s. *Text.*

5 *mevaṭṭel reṣônô mi-penê reṣôn yôṣerô*
{*w-*} *makhnîa' yiṣrô û-meshabber ga'awatô:*
Wer seinen Willen hintanstellt gegenüber dem Willen seines Schöpfers,
seinen Trieb demütigt[128] und seinen Stolz zerschlägt,

Text:
Lies *makhnîa'* statt *û-makhnîa'* (BERGER); das als Dittographie des letzten Konsonanten von 5a zu verstehende Waw ist radiert.

Parallelen:
mAv 2,4 *baṭṭel reṣônakh mi-penê reṣônô shä-yevaṭṭel reṣôn 'aḥerîm mi-penê reṣônakh* „Stelle deinen Willen hintan gegenüber seinem Willen, damit er den Willen anderer gegenüber deinem Willen hintanstellt". – XVI 18a *makhnî'ê yiṣram'ênam bôshîm* „Die ihren Trieb demütigen, werden nicht zuschanden",

6 *li-sh'ôl be-ḥåkhma(h) we-la'aśôt*
be-wadda'y yizkä(h) le-ḥayyê 'ôlam:
Um die Weisheit zu befragen und (sie) zu tun,
wird gewiß des ewigen Lebens gewürdigt werden.

Parallele:
IV 16b *yizkû le-ḥayyê 'ad* „Sie werden des ewigen Lebens gewürdigt werden".

7 *kî ḥåkhma(h) nivre't bi-shvîl 'adam*
we-hî' khelê ṣedaqa(h):
Denn die Weisheit wurde um des Menschen willen erschaffen,
und sie ist ein Werkzeug der Gerechtigkeit.

Text:
Lies *khelî*, vgl. BERGER.

Parallele:
XI 9b *kî da'at nivre't be-'adam* „Denn die Erkenntnis wurde im Menschen erschaffen".

8 *'ämûna(h) hî' qeṣat ṣedaqa(h)*
û-ve-ḥåkhma(h) yesh bah:
Glaube ist ein Teil der Gerechtigkeit,
und durch Weisheit ist er in ihr.

Parallele:
IV 8 *kî hî' qeṣat 'ämûna(h) hî' ṣedaqa(h)* „Denn sie ist ein Teil des Glaubens, d.h. der Gerechtigkeit".

---

128 Zur Übersetzung BERGERS „und wer seinen Trieb bezwingt" s. *Text*.

9 *lo' le-'åzram we-lo' le-'åhåvam*
kî 'im li-khvôd mekhabbedê yyy:
Nicht, um ihnen zu helfen, und nicht, um sie zu lieben,
sondern um der Ehre derer willen, die den Herrn ehren.

Parallele:
1S 2,30 *mekhabbeday 'akhabbed* „Die mich (scil. Gott) ehren, ehre ich"; vgl. II 4.

10 *'ośe(h) 'ellä(h) lo' yimmôṭ le-'ôlam*
we-yit'annag ba-däshän nafsham:
Jeder, der solches tut, wird nicht wanken in Ewigkeit,
und seine Seele labt sich am Fetten.

Text:
Lies *'ośe(h)* statt *'ośä(h)* (Berger).

Zitat:
Ps 15,5 *'ośe(h)* '(sic) *'ellä(h) lo' yimmôṭ le-'ôlam* „Wer solches tut, wird nicht wanken in Ewigkeit".

Parallelen:
III 13a *'ośe(h) 'ellä(h) lo' yimṣa' ḥen ra'* „Wer solches tut, wird keine Ungnade finden". – Jes 55,2 *we-tit'annag ba-däshän nafshekhäm* „Und eure Seele labt sich am Fetten".

11 *ḥakhamîm yiṣpenû da'at*
û-khesîlîm yiśne'û da'at:
Weise sammeln Erkenntnis,
aber Narren hassen Erkenntnis.

Text:
Das über dem Sin/Schin-Grundzeichen von *yiśne'û* stehende stilisierte Samekh hat dieselbe Funktion wie der diakritische Punkt über dem Sin in der tiberischen Vokalisation[129]. – Lies *da'at* mit Qameṣ statt Pataḥ (Berger).

Zitate:
Prv 10,14 *ḥakhamîm yiṣpenû da'at* „Weise sammeln Erkenntnis". – Prv 1,22 *û-khesîlîm yiśne'û da'at* „Und Narren hassen Erkenntnis".

12 *shoḥer ṭôv yimṣa'ûhû*
we-doreshê ra'a(h) tevo'ännû:
Jeder, der Gutes sucht, wird es finden,
aber jeden, der auf Böses aus ist, den wird es treffen.

Text:
Lies *yimṣa'ûhû* statt *yimṣa'ehû* (Berger).

Parallele:
Prv 11,27 *shoḥer ṭôv yevaqqesh raṣôn we-doresh ra'a(h) tevô'ännû* „Wer Gutes sucht, verlangt nach Wohlgefallen, aber wer auf Böses aus ist, den wird es treffen".

---

129 Vgl. P. Kahle, a. a. O., S. 115f. § 8e.

13 *ḥakham yare' we-sar me-ra'*
we-tô'avat kesîlîm sôr me-ra':
Ein Weiser ist (gottes)fürchtig und meidet das Böse[130],
aber der Abscheu der Narren ist es, das Böse zu meiden.

Text:
Lies *sôr* statt *sûr* (BERGER).

Zitate:
Prv 14,16 *ḥakham yare' we-sar me-ra'* „Ein Weiser ist (gottes)fürchtig und meidet das Böse". – Prv 13,19 *we-tô'avat kesîlîm sûr* (sic) *me-ra'* „Aber der Abscheu der Narren ist es, das Böse zu meiden".

Parallelen:
Hi 1,1 *we-haya(h) ha-'îsh ha-hû' tam we-yashar w-îre' 'älohîm we-sar me-ra'* „Und jener Mann war rechtschaffen und fromm und gottesfürchtig und mied das Böse", vgl. Hi 1,8; 2,3.

14 *shômer tôkheḥôt yikhbad*
we-śone' tôkheḥôt yamût:
Wer Zurechtweisungen beachtet, ist geehrt,
aber wer Zurechtweisungen haßt, muß sterben.

Text:
Lies beide Male *tôkheḥôt* statt *tôkhaḥôt* (BERGER).

Parallelen:
Prv 13,18 *we-shômer tôkhaḥat yekhubbad* „Aber wer Zurechtweisung beachtet, wird geehrt". – Prv 15,10 *śône' tôkhaḥat yamût* „Wer Zurechtweisung haßt, muß sterben".

15 *{shômer} mûsar ḥakhamîm yir'at yyy*
mûsar 'äwîlîm 'iwwälät:
Die Zucht der Weisen ist die Furcht des Herrn,
die Zucht der Toren ist Torheit.

Text:
{shômer} beruht auf der Wiederholung von XIII 14a oder der Vorwegnahme von XIII 17a.

Zitat:
Prv 16,22 *û-mûsar 'äwilîm 'iwwälät* „Aber die Zucht der Toren ist Torheit".

Parallele:
Prv 15,33 *yir'at yhwh mûsar ḥåkhma(h)* „Die Furcht des Herrn ist die Zucht der Weisheit".

---

130 Die Übersetzung BERGERS „Der Weise fürchtet das Böse und weicht vor ihm" läßt das Zitat aus Prv 14,16 außer acht.

16 *mattat 'el la-ṭôvîm ḥåkhma(h)*
we-śimḥa(h) la-ḥaṭṭa'îm natan 'isqê 'ôlam:
Die Gabe Gottes für die Guten ist die Weisheit,
aber als Freude[131] für die Sünder hat er die Geschäfte der Welt gegeben.

Text:
Gegen die Handschrift verbindet BERGER *we-śimḥa(h)* mit der ersten Vershälfte.
Parallelen:
Qoh 3,13; 5,18 *mattat 'älohîm hî'* „Das ist eine Gabe Gottes". – IV 1b *û-le-hit'asseq be-śimḥat 'ôlam ha-zä(h)* „Und sich mit der Freude dieser Welt zu beschäftigen.

17 *shômer ḥåkhma(h) yimṣa' ṭôv*
û-maṣa' de'a(h) yesh lô tiqwa(h):
Wer Weisheit bewahrt, wird Gutes finden,
und hat er Erkenntnis gefunden, hat er Hoffnung.

Parallele:
XVII 18; XVIII 1 *'im ya'aśä(h) yesh lô tiqwa(h)* „Wenn er (es) tut, hat er Hoffnung".

18 *yoṣe' la-rîv yikkalem*
we-shävät me-rîv yikkaved:
Wer in den Streit zieht, wird zuschanden,
aber dem Streit fernzubleiben[132], wird geehrt.

Text:
Lies *we-shävät* statt *we-shovet* (BERGER), vgl. Prv 20,3.
Parallelen:
Prv 25,8 *'al teṣe' la-riv maher* „Ziehe nicht schnell in den Streit". – Prv 20,3 *kavôd la-'îsh shävät* (sic) *me-rîv* „Es ist eine Ehre für den Mann, dem Streit fernzubleiben".

Seite XIV

1 *pî ḥakham poteaḥ be-ḥåkhma(h)*
wä-'äwîl be-shävär lo' yiftaḥ pîw:
Der Weise öffnet seinen Mund[133] in Weisheit,
aber der Tor öffnet (selbst) im Unglück nicht seinen Mund[134].

Text:
Zur Konstruktion vgl. Ps 109,2 *kî fî rasha' û-fî mirma(h) 'alay pataḥû* sowie Abraham b. Esra z. St. *ke-'îllû khatûv kî rasha' we-'îsh mirma(h) fateḥû fîhäm 'alay* „Als ob geschrie-

131 Zur Übersetzung BERGERS „ist Weisheit und Freude" s. *Text.*
132 Zur Übersetzung BERGERS „und wer abläßt vom Streit" s. *Text.*
133 Zur Übersetzung BERGERS „Der Mund der (sic) Weisen öffnet sich" s. *Text.*
134 Die Übersetzung BERGERS „Und der Dumme öffnet beim Unheil seinen Mund" läßt fälschlich die Negation *lo'* aus.

ben wäre: Denn der Gottlose und der Betrüger öffneten ihren Mund gegen mich". – Lies *pîw* statt *pîhû* (BERGER).

Parallelen:
Prv 31,26 *pîha pateḥa(h) be-ḥåkhma(h)* „Sie öffnet ihren Mund in Weisheit". – Prv 24,7 *ba-sha'ar lo' yiftaḥ pîhû* (sic) „Im Tor öffnet er (scil. der Tor) seinen Mund nicht".

2 *telûla(h) le-yikkôn melä'khät nafshô*
we-'aḥar kakh nidgû la-'aḥerîm lo' ṭôv:
Erhaben, auf daß sie Bestand habe, ist die Arbeit seiner Seele:
aber danach gegenüber anderen zu murren ist nicht gut[135].

Text:
Lies *le-yikkôn* statt *lîkhôn* (BERGER). *le-yikkôn* selbst ist wohl eine auf den Vokalisator zurückgehende Fehlinterpretation des vom Schreiber des Konsonantentextes intendierten *lîkkôn*, das seinerseits durch Elision des He aus *le-hikkôn* entstanden ist. – Der Text dieses Distichons ist schwer verständlich: *telûla(h)* in der ersten Vershälfte, das mit *melä'khät nafshô* im Genus und Numerus kongruiert, ist am ehesten als Femininum von *talûl* aufzufassen, das nur Ez 17,22 in der Wendung *'al har gavoah we-talûl* „auf einem hohen und erhabenen Berg" belegt ist. – Die Lesart *le-yikkôn* < *lîkkôn* < *le-hikkôn* „auf daß sie Bestand habe" wird gestützt durch XIV 3a *'af kî ma'asa(y)w lo' nekhonîm* „auch wenn seine Werke keinen Bestand haben". – In der zweiten Vershälfte erwartet man nach *we-'aḥar kakh* „und danach", wie in allen Nominalsätzen mit *lo' ṭôv* „nicht gut" als Prädikativum, anstelle der als Perfekt 3. c. pl. Nif'al von *dgh* zu analysierenden finiten Verbform entweder ein Nomen (VI 14; Prv 20,23) oder ein Verbalnomen (Prv 17,26; 18,5; 25,27; 28,21) als Subjekt. Als solche bietet sich vielleicht *nirgan* „Verleumder" (Prv 16,2; 18,8; 26,20.22; Sir 11,31) oder besser noch *nirgon* „(zu) murren" (Dt 1,27; Ps 106,25) an. So verstanden hat XIV 1b eine Entsprechung in XIV 3b *we-sôd 'aḥerîm lo' yegallä(h)* „So enthüllt er doch das Geheimnis anderer nicht". Die Konjektur BERGERS (*nägdô*) erfüllt nicht die oben beschriebenen Bedingungen für einen *lo' ṭôv*-Satz.

3 *'af kî ma'áśa(y)w lo' nekhonîm*
we-sôd 'aḥerîm lo' yegallä(h):
Auch wenn seine Werke keine Bestand haben[136],
so enthüllt er doch das Geheimnis anderer nicht.

Parallele:
Prv 25,9 *we-sôd 'aḥer 'al tegal* „Und das Geheimnis eines anderen enthülle nicht".

4 *maḥashävät ḥakhamîm 'ämät û-mishpaṭ*
û-maḥashävät 'äwîlîm ḥamas û-mirma(h):
Das Denken der Weisen ist Wahrheit und Recht,
aber das Denken der Toren ist Gewalttat und Trug.

---

135 Zur Übersetzung BERGERS „Täuschung aufzustellen ist das Geschäft seiner Seele. Und dann ist es angesichts seiner für die anderen nichts Gutes" s. *Text*.

136 Die Übersetzung BERGERS „nichtig sind" ist ungewöhnlich, da er „nichtig" oder „Nichtigkeit" sonst fast durchgängig zur Wiedergabe von *häväl* verwendet.

Parallelen:
XIV 6a *maḥashävät ḥakhamîm 'aḥarîtam* „Das Denken der Weisen kreist um ihr Ende"; XV 1b *maḥashävät ḥakhamîm me-ḥåkhmatam* „Das Denken der Weisen geht aus von ihrer Weisheit"; XVI 14a *maḥshevôt ḥakhamîm 'eṣa(h) we-de'a(h)* „Die Gedanken der Weisen sind Rat und Erkenntnis"; Prv 12,5 *maḥshevôt ṣaddîqîm mishpaṭ taḥbulôt resha'îm mirma(h)* „Die Gedanken der Weisen sind Recht, die Pläne der Gottlosen sind Trug". – Zur Verbindung *ḥamas û-mirma(h)* vgl. Zeph 1,9.

5 *maḥashävät ṣaddîqîm ḥåkhma(h)*
û-maḥashävät 'äwîlîm sakhlût:
Das Denken der Gerechten ist Weisheit,
aber das Denken der Toren ist Narrheit.

6 *maḥashävät ḥakhamîm 'aḥarîtam*
û-maḥashävät 'äwîlîm biṭnam:
Das Denken der Weisen kreist um ihr Ende,
aber das Denken der Toren um ihren Bauch.

Text:
Lies *'äwîlîm* statt *'äwîlym* (Berger).
Parallelen:
XIV 4a *maḥashävät ḥakhamîm 'ämät û-mishpaṭ* „Das Denken der Weisen ist Wahrheit und Recht"; XV 1b *maḥashävät ḥakhamîm me-ḥåkhmatam* „Das Denken der Weisen geht aus von ihrer Weisheit"; XVI 14a *maḥshevôt ḥakhamîm 'eṣa(h) we-de'a(h)* „Die Gedanken der Weisen sind Rat und Erkenntnis".

7 *maḥashävät ṣaddîqîm min yôṣeram*
û-maḥashävät resha'îm ta'awatam:
Das Denken der Gerechten kommt von ihrem Schöpfer,
aber das Denken der Gottlosen kreist um ihre Begierde.

8 *ha-näfäsh meḥashsheva(h)* {*w*} *ḥema(h)*
we-ta'awat 'älyôn we-taḥtôn:
Die Seele erdenkt Zorn[137]
und Begierde nach Hohem und Niedrigem.

Text:
Lies *meḥashsheva(h)* statt *maḥashava(h)* (Berger). – Lies *ḥema(h)* statt *weḥema(h)* (Berger); das Waw vor *ḥema(h)*, das wohl auf dem Mißverständnis von *meḥashsheva(h)* „sie erdenkt" als *maḥashava(h)* „Denken" beruht, ist radiert.
Parallele:
VII 7b *we-ta'awat 'älyôn we-taḥtôn* „Und Begierde nach Hohem und Niedrigem".

---

137 Zur Übersetzung Bergers „Die Seele ist Denken und Leidenschaft" s. *Text*.

9 *shevaḥ ha-näfäsh mi-da'at we-ḥåkhma(h)* {*h*}
û-khe'ûr ha-näfäsh min ta'awa(h) we-ḥema(h):
Das Lobenswerte an der Seele stammt von Erkenntnis und Weisheit,
aber das Häßliche an der Seele von Begierde und Zorn.

Text:
Das {*h*} beruht auf Dittographie des letzten Konsonanten von 9a oder des ursprünglich ersten Konsonanten von 9b. – Lies *û-khe'ûr* statt *we-khe'ûr* (BERGER). Das erste Waw von *û-khe'ûr* ist aus einem He korrigiert. – Lies *shevaḥ* mit Qameṣ statt Pataḥ (BERGER); vgl. III 2b; XII 14b; XV 16a.

10 *kevôd ha-näfäsh mi-da'at tevûna(h)*
û-vizyôn ha-näfäsh 'iwwaltah:
Die Ehre der Seele stammt von der Erkenntnis der Einsicht,
aber die Verachtung der Seele ist ihre Torheit.

11 *kavôd la-'anawîm 'äräkh 'appayim*
we-qalôn le-va'alê ḥema(h) we-ga'awa(h):
Ehre für die Demütigen ist die Langmut,
aber als Schande gilt sie den Zornigen und Stolzen[138].

Text:
Das babylonische Qameṣ über dem Kaf von *kavôd* ist aus einem Shwa mobile korrigiert; vgl. 10a – Lies *'äräkh*, vgl. Jer 15,15, statt *'oräkh* (BERGER).

12 *ḥema(h) we-ta'awa(h) khelê 'äwîl*
we-ḥåkhma(h) wa-'anawa(h) däräkh yyy:
Zorn und Begierde sind die Werkzeuge des Toren,
aber Weisheit und Demut sind der Weg des Herrn.

Parallele:
V 10 *kelî 'äwîl yayin we-shakhrût* „Das Werkzeug des Toren sind Wein und Trunkenheit". – III 18a *däräkh ṣaddîqîm ḥåkhma(h) wa-'anawa(h)* „Der Weg der Gerechten ist Weisheit und Demut".

13 *zôlel we-sôve' qalôn yirashû*
û-makhnî'ê ta'awatam yikkavedû:
Schlemmer und Trunkenbold erben Schande,
aber die ihre Begierde demütigen, werden geehrt.

Text:
Lies *yirashû* statt *yireshû* (BERGER). – Lies *yikkavedû* (i. p.) statt *yikkavedû* (BERGER).

Parallele:
Dt 21,20 *benenû zä(h) … zôlel we-sove'* „Dieser unser Sohn ist … ein Schlemmer und Trunkenbold".

---

138 Die Übersetzung BERGERS „Und Schande sind für die, die sie haben, Leidenschaft und Hochmut" setzt etwa *û-qelôn ba'alêhän ḥema(h) we-ga'awa(h)* voraus.

14 *ḥärpa(h) û-vûsha(h) môrashê 'äwîl*
we-hôd we-hadar le-va'alê ḥåkhma(h):
Schmach und Scham sind Erbteile des Toren,
aber Pracht und Hoheit gehören den Besitzern von Weisheit.

Parallelen:
Zur Verbindung *hôd we-hadar* vgl. Ps 21,6; 96,6; 104,1; 111,3; Hi 40,10; 1Ch 16,27.

15 *makhpä(h) 'af û-mashlîkh ta'awa(h)*
lo' yevôsh shenê 'ôlamîm:
Wer den Zorn beschwichtigt und die Begierde wegwirft,
wird nicht zuschanden (im Hinblick auf) die zwei Welten.

Text:
Lies *'af* mit Qameṣ statt Pataḥ (BERGER).

Parallelen:
Prv 21,14 *mattan ba-setär yikhpä(h) 'af* „Eine Gabe im verborgenen beschwichtigt den Zorn". – VIII 2 *we-yareshû shenê 'ôlamîm* „Und man erbt die beiden Welten".

16 *lo' yaḥpoṣ {kesîl} navôn be-'iwwälät*
we-lo' yo'vä(h) kesîl bi-tvûna(h):
Der Einsichtige hat kein Gefallen an der Torheit,
und der Narr will keine Einsicht.

Text:
Lies {*kesîl*} statt {*b'wlt*} (BERGER). {*kesîl*} ist wegen der Reminiszenz an Prv 18,2 in den Text geraten.

Parallele:
Prv 18,2 *lo' yaḥpoṣ kesîl bi-tvûna(h)* „Der Narr hat kein Gefallen an der Einsicht".

17 *ḥefäṣ kesîl 'akhîla(h) û-shetiyya(h)*
nimshal ka-behemôt nidmû:
Das Gefallen des Narren sind Essen und Trinken,
er gleicht dem Vieh, das davon/schweigen muß.

Zitat:
Ps 49,13.21 *nimshal ka-behemôt nidmû* „Er gleicht dem Vieh, das davon/schweigen muß", vgl. XI 5b.

Parallele:
XVI 5 *'ahavat kesîlîm 'akhîla(h) û-shetiyya(h)* „Die Liebe der Narren sind Essen und Trinken".

18 *ki-śḥoq la-kesîl ta'awat yiṣrô*
ken śeḥôq navôn me-ḥåkhmatô:
Wie die Begierde seines Triebs den Narren zum Lachen bringt,
so stammt das Lachen des Einsichtigen von seiner Weisheit[139].

139 Bei der Übersetzung BERGERS „Wie das Lachen des Blöden, so ist das Begehren seines

Text:
Das über dem Sin/Schin-Grundzeichen von *ki-śḥoq* stehende stilisierte Samekh hat dieselbe Funktion wie der diakritische Punkt über dem Sin in der tiberischen Vokalisation. – Lies *la-kesîl* statt *li-khsîl* (Berger).

Parallele:
Prv 10,23 *ki-śḥôq li-kesîl* (sic) *'aśôt zimma(h) we-ḥåkhma(h) le-'îsh tevûna(h)* „Wie Schandtat einen Narren zum Lachen bringt, ebenso Weisheit einen einsichtigen Mann“.

Seite XV

1 *[ma]ḥashävät 'äwîlîm bi-shvîl gishmam*
maḥashävät ḥakhamîm me-ḥåkhmatam:
Das Denken der Toren kreist um ihren Leib,
das Denken der Weisen geht aus von ihrer Weisheit.

Parallelen:
XIV 4a *maḥashävät ḥakhamîm 'ämät û-mishpaṭ* „Das Denken der Weisen ist Wahrheit und Recht“; XIV 6a *maḥashävät ḥakhamîm 'aḥarîtam* „Das Denken der Weisen kreist um ihr Ende“; XVI 14a *maḥshevôt ḥakhamîm 'eṣa(h) we-de'a(h)* „Die Gedanken der Weisen sind Rat und Erkenntnis“.

2 *ḥakhamîm yôde'îm mi-nishmatam* {*wg*}
we-gam nafsham 'evär 'aṣmam:
Weise erkennen aus ihrem Lebensodem heraus,
und auch ihre Seele[140] ist ein Glied ihres Selbst.

Text:
{*wg*} beruht auf Vorwegnahme des folgenden Wortes.

3 *['ä]wîlîm 'ênam 'avîm la-da'at ḥåkhma(h)*
kî vînat 'adam 'ên lahäm:
Toren sind nicht willens, die Weisheit zu erkennen[141];
denn die Einsicht des Menschen besitzen sie nicht.

Text:
Lies *'avîm* statt *'ovîm* (Berger), vgl. XVI 12b. Partizipien in adjektivischer Form mit *ā* in der ersten Silbe gibt es im mischnischen Hebräisch auch sonst[142].

Parallelen:
XVI 12b *we-'ênam 'avîm [li-shmoa'] mûsar* „Und sie (scil. die Toren) sind nicht willens, die Zucht [zu hören]“. – Prv 30,2 *we-lo' vînat 'adam lî* „Und die Einsicht des Menschen besitze ich nicht“.

Triebs. Dem entspricht das Lachen des Einsichtigen aus seiner Weisheit“ ist offenbar gegen den Text der Handschrift das *ken* „so“ verdoppelt. Abgesehen davon ist die Abhängigkeit des Distichons von Prv 10,23 außer acht gelassen.

140 Die Übersetzung Bergers „und auch die Seelen“ ist falsch.

141 Die Übersetzung Bergers „Die Dummen wollen nicht die Erkenntnis der Weisheit“ läßt die Paralle XVI 12b außer acht und verwechselt *la-da'at* mit *le-da'at*.

142 Vgl. M. H. Segal, a. a. O., S. 92 f. § 206.

4 *'äwîlîm 'ohavê ta'awa(h)*
wa-ḥakhamîm meshabberê ta'awa(h):
Toren lieben die Begierde,
aber Weise zerschlagen die Begierde.

Text:
Das über dem Sin/Schin-Grundzeichen von *meshabberê* stehende stilisierte Sin/Schin hat dieselbe Funktion wie der diakritische Punkt über dem Schin in der tiberischen Vokalisation.

5 *'äwîlîm me'ammenîm bi-r'iyyat 'ayin*
we-lo' makhshîlîm ka-behema(h):
Toren glauben dem Augenschein
und sind uneinsichtig, wie das Vieh.

Text:
Lies vielleicht *ma'aminîm* (Berger). – Lies *maśkîlîm* (Berger).

6 *ḥakhamîm maśkîlîm be-'ên ha-ḥåkhma(h)*
û-khesîlîm ba-ḥoshäkh holekhîm:
Weise sind einsichtig durch das Auge der Weisheit,
aber Narren wandeln in der Finsternis.

Text:
Das über dem Sin/Schin-Grundzeichen von *maśkîlîm* stehende stilisierte Samekh hat dieselbe Funktion wie der diakritische Punkt über dem Sin in der tiberischen Vokalisation.

Parallele:
Qoh 2,14 *we-ha-kesîl ba-ḥoshäkh hôlekh* „Aber der Narr wandelt in der Finsternis".

7 *'äwîlîm 'avdê viṭnam*
we-'aḥarê 'ênêhäm holekhîm:
Toren sind Knechte ihres Bauches
und folgen ihren Augen.

Parallelen:
XVII 5a *û-resha'îm 'avdê viṭnam* „Aber die Gottlosen sind Knechte ihres Bauches"; Sahl b. Maṣlîaḥ ha-Kohen[143] (Karäer, 1. Hälfte 10. Jh.s), *sefär tôkhaḥat*, in: S. Pinsker (Ed.), *Liqqûṭê qadmôniyyôt* II, Wien 1860, S. 24–43, hier: S. 33 *wa-'ashär hû' 'äväd biṭnô ... nirḥaq mimmännû* „Und wer Knecht seines Bauches ist ..., von dem halten wir uns fern". – Sir 3,18 *'l tlk 'ḥry lbk w-'ynyk* „Folge nicht deinem Herzen und deinen Augen".

---

143 Daß Sahl b. Maṣlîaḥ ha-Kohen zu den *'avêlê ṣiyyôn* gehörte, ist in Anbetracht der oben S. 16f. geäußerten Vermutung über das geistige Umfeld der Weisheitsschrift aus der Kairoer Geniza nicht uninteressant.

8 *tô'avat yyy 'iwwälät we-gavhût*
we-ka'as we-ta'awa(h) we-śimḥat nåkhrî:
Ein Abscheu für den Herrn sind Torheit und Hochmut
und Unmut und Begierde und Freude an Fremdem,

Text:
Das über dem Sin/Schin-Grundzeichen von *we-śimḥat* stehende stilisierte Samekh hat dieselbe Funktion wie der diakritische Punkt über dem Sin in der tiberischen Vokalisation.

Parallelen:
Prv 16,5 *tô'avat yhwh kål gevah lev* „Ein Abscheu für den Herrn ist jeder, der hochmütigen Herzens ist". – VI 8a *ha-śemeḥîm be-śimḥat nåkhrîm* „Die sich freuen mit der Freude der Fremden".

9 *ta'anûgê 'ôlam we-'ahavat bäṣa'*
we-khazav we-'aqov ha-lev:
Die Genüsse der Welt und die Sucht nach Gewinn
und die Lüge und die Arglist des Herzens.

Text:
Lies *hal-lev* statt *ha-lev* (Berger).

Parallele:
Jer 17,9 *'aqov ha-lev mi-kol* „Arglistiger ist das Herz als alles".

10 *be-'ellä(h) 'ên ḥefäṣ meqabbel teshûva(h)*
'im ba-'anawîm la-tet reṣônam:
An diesen (Dingen) hat kein Gefallen, der die Buße annimmt,
wohl aber an den Demütigen, (ihnen) zu geben, was sie wollen[144].

Parallelen:
Qoh 5,3 *kî 'ên ḥefäṣ ba-kesîlîm* „Denn er hat kein Gefallen an den Narren". – *meqabbel teshûva(h)* „Der die Buße annimmt" erinnert an das Gottesprädikat *ha-roṣä(h) bi-tshuva(h)* „der Wohlgefallen hat an der Buße" in der 5. Bitte des Achtzehngebets.

11 *we-'ellä(h) raq tôledôt 'anashîm*
we-lo' manhîgat yôṣeram:
Und diese (Dinge) sind nur die Erzeugnisse von Menschen,
aber nicht die Lenkung[145] ihres Schöpfers.

Text:
Lies *manhîgat* statt *mi-nehîgat* (Berger). Zur Bildung *manhîgat* vgl. *û-mashmî'at* in X 17a.

144 Die Übersetzung Bergers „unter diesen Dingen gibt es keines, das Vergeltung empfängt, wenn man an den Demütigen Gefallen hat" übersieht, daß *meqabbel teshûva(h)* Gottesprädikat ist und daß *ntn raṣôn* offenbar das Antonym zu *lqḥ raṣôn* (Mal 2,13) bildet.

145 Die Übersetzung Bergers „und nicht Führen" entspricht nicht der von ihm selbst angenommenen Lesart; s. *Text.*

12 *[marḥîq] ha-näfäsh min ta'awat 'ôlam*
yit'annag be-naḥalê devash we-ḥäm'a(h):
[Wer] die Seele [fernhält] von der Begierde der Welt,
wird sich an Bächen von Honig und Dickmilch laben.

Text:
Die Ergänzung *[marḥîq]* (BERGER), vgl. III 3a, ist sehr erwägenswert.

Parallelen:
III 3a *harḥîqû nafshekhäm min ta'awat ha-zo't* „Entfernt eure Seele von der Begierde nach dergleichem"; Baḥya b. Joseph b. Paquda, *sefär ḥôvôt ha-levavôt* X 7, a.a.O., S. 301 *we-hishtaddel le-harḥîq ta'awôt ha-'ôlam mi-libbekha* „Und befleißige dich, die Begierden der Welt von deinem Herzen fernzuhalten". – Hi 20,17 *naḥalê devash we-ḥäm'a(h)* „Bäche von Honig und Dickmilch".

13 *'ashrê {'dm} ḥakham we-tam bä-'ämûna(h)*
kî vi-shnêhäm yimmaṣe'û ḥen:
Wohl dem Weisen[146] und dem Rechtschaffenen im Glauben;
denn durch beide findet man Gnade.

Text:
{*'dm*} beruht wohl auf Erinnerung an IX 2par. – Lies *we-tam* statt *wa-tam* (BERGER). – Lies *yimṣe'û* (BERGER).

14 *lo' niqra' ḥakham lifnê yyy*
kî 'im ba-'aśôt ḥåkhmatô:
Niemand wird weise genannt vor dem Herrn,
es sei denn auf Grund des Tuns seiner Weisheit.

15 *shem po'el min på'ålô*
we-shem ḥakham min ṣidqatô:
Der Name des Täters kommt von seiner Tat,
und der Name des Weisen von seiner Gerechtigkeit.

Text:
Lies *på'ålô* statt *få'ålô* (BERGER). – Lies *we-shem* statt *wa-shem* (BERGER).

16 *de'a(h) velî fo'al 'ên shevaḥ*
kmw 'd/r bl' mwsr:
Erkenntnis ohne Tun ist (ebenso wenig) lobenswert
wie ‚ein Tor'[147] ohne Zucht.

Text:
Am rechten Rand steht ein stilisiertes Samekh; vgl. I 6; VIII 11; XV 19. – Gegen BERGER

146 Die Übersetzung BERGERS „Selig der Mensch, der weise ... ist" läßt unberücksichtigt, daß *'dm* in der Handschrift gestrichen ist.

147 Zur Übersetzung BERGERS „wie auch ein Leben" s. *Text.*

S. 361 bietet die Handschrift nicht *pw'l*, sondern *p'l*, vgl. XV 17. – Lies *shevaḥ* mit Qameṣ statt Pataḥ (BERGER), vgl. III 2b; XII 14b; XIV 9a. – Lies *'äwîl* „Tor"; vgl. zu dieser Konjektur den korrigierten Schreibfehler {*'ry*} *'äwîl* in XVI 8a. *'or* „Licht" (BERGER) bedeutet nur in übertragenem Sinne „Leben".

17 *û-fo'al belî de'a(h) lo' yikkon*
kî ha-kol bah yittakhen:
Und Tun ohne Erkenntnis hat keinen Bestand;
denn (nur) durch sie ist alles möglich.

Text:
Gegen BERGER S. 361 bietet die Handschrift nicht *pw'l*, sondern *p'l*, vgl. XV 16. – Lies *belî* mit Dagesch lene statt ohne (BERGER).

18 *be-da'at ṣaddîqîm näḥälaṣîm*
û-ve-ṣädäq ḥakhamîm nisṣalîm:
Durch Erkenntnis wird den Gerechten geholfen,
und durch Gerechtigkeit werden die Weisen gerettet.

Text:
Lies *näḥälaṣîm* (vgl. Prv 11,8) statt *näḥlaṣîm* (BERGER).

Parallele:
Prv 11,9 *û-ve-da'at ṣaddîqîm yeḥaleṣû* „Und durch Erkenntnis wird den Gerechten geholfen".

19 *ḥåkhmat 'adam me-rov hqrḥ*
we-'iwwälät 'adam me-'aṣluta(y)w:
Die Weisheit des Menschen kommt von der Menge ‚ihrer Untersuchung'[148],
aber die Torheit des Menschen kommt von seiner Faulheit.

Text:
Lies *ḥåqrah* (vgl. X 13b) statt *ha-ṭoraḥ* (BERGER). – Lies *me-'aṣlutô*; die Lesart BERGERS *(me-'aṣlata(y)w)* ist unmöglich.

Parallelen:
Am rechten Rand steht ein stilisiertes Samekh; vgl. I 6; VIII 11; XV 16. – X 12a *kakha(h) ḥåkhmat min ḥippûśah* „So (entsprießt) die Weisheit aus ihrer Erforschung; X 13b *we-ha-ḥåkhma(h) be-dibbûr yaḥqôr:* „Aber die Weisheit untersucht man durch das Reden".

Seite XVI

1 *ḥåkhma(h) lä-'äwîl me-ḥôl yikhbad*
lo' yûkhal śe'etah[:]
Weisheit ist für den Toren schwerer als Sand;
er kann sie nicht (er)tragen.

148 Zur Übersetzung BERGERS „des Sich-Mühens" s. *Text*.

Text:
Lies *yikhbad* mit Qameṣ statt mit Pataḥ (Berger). – Lies *yûkhal* mit Pataḥ statt Qameṣ (Berger). – Das über dem Sin/Schin-Grundzeichen von *śe'etah* stehende stilisierte Samekh hat dieselbe Funktion wie der diakritische Punkt über dem Sin in der tiberischen Vokalisation. Das stilisierte He über seinem He entspricht einem tiberischen Mappiq.
Parallele:
Hi 6,3 *kî 'atta(h) me-ḥôl yammîm yikhbad* „Denn nun ist es (scil. mein Unmut bzw. Unglück) schwerer als der Sand der Meere".

2 *lev kesîlîm 'ênêhäm*
we-'ên ḥakhamîm libbôtam:
Das Herz der Narren sind ihre Augen,
aber das Auge der Weisen sind ihre Herzen.
Parallele:
Baḥya b. Joseph b. Paquda, *sefär ḥôvôt ha-levavôt* VIII 3, a.a.O., S.255 *libbôt ha-ḥakhamîm yesh lahäm 'ênayim rô'ôt ma(h) shä-'ênam rô'îm ha-peta'îm* „Die Herzen der Weisen haben Augen, welche sehen, was die Einfältigen nicht sehen".

3 *ta'awat ḥakhamîm tevûna(h) we-'eṣa(h)*
we-ta'awat kesîlîm ma'akhal û-mashqa(h):
Die Begierde der Weisen sind Einsicht und Rat,
aber die Begierde der Narren sind Essen und Trinken[149].
Text:
Lies *û-mashqa(h)* statt *û-mashqä(h)* (Berger), vgl. XVIII 17a.

4 *mevazzä(h) ḥåkhma(h) 'ohev ta'awa(h)*
we-dôresh ḥåkhma(h) śone' vaṣa':
Wer Weisheit verachtet, liebt Begierde,
aber wer Weisheit sucht, haßt Gewinn.
Text:
Lies *vaṣa'* statt *väṣa'* (Berger).
Parallelen:
Zum Motiv des Suchens der Weisheit vgl. I 1; III 15; VII 17; XII 3; XIII 1 sowie Sir 6,27; 51,14.

5 *'ahavat kesîlîm 'akhîla(h) û-shetiyya(h)*
û-shekhîva(h) 'isqam be-havlê 'ôlam:
Die Liebe der Narren sind Essen und Trinken,
und Beischlaf ist ihre Beschäftigung mit den Eitelkeiten der Welt.
Parallelen:
IV 12a *ha-margîlîm ba-'akhîla û-shetiyya(h) û-shekhîva(h)* „Die sich gewöhnt haben an Essen und Trinken und Beischlaf"; XIV 17a *ḥefäṣ kesîl 'akhîla(h) û-shetiyya(h)* „Das Gefallen des Narren sind Essen und Trinken".

---

149 Die Übersetzung Bergers „und Rauschgetränk" beruht auf der Verwechslung von *mashqah* mit *shekhar*.

6 *tô'avat 'äwîlîm 'anawîm*
û-mela'avîm 'al mashpîl rûḥam:
Der Abscheu der Toren sind die Demütigen,
und sie spotten gegen jeden, der seinen Geist demütigt[150].

Text:
Lies *û-mela'avîm* statt *û-mal'ivîm* (BERGER). – Lies *rûḥam* statt *ḥakham* (BERGER).

Parallelen:
V 6b *le-hashpîl rûḥam lifnê yyy* „Ihren Geist vor dem Herr zu demütigen". Zur Wendung *mashpîl rûḥam* vgl. Jes 57,15; Prv 16,19; 19,23 *shefal rûaḥ* „der demütigen Geistes ist". S. ferner PesR 34 (Friedmann 159a) *lakhen ḥakkû lî ne'um yhwh le-yôm qûmî le-'ad ba-'avêlîm shä-niṣṭa'arû 'immî 'al bêtî hä-ḥareb we-'al hêkhalî ha-shamem 'akhsha(h)w 'anî me'îd bahäm shä-nä'ämar 'ät dakka' û-shefal rûaḥ 'al tehî qôre' 'ät dakka' 'ella' 'ittî dakka' 'ellû 'avêlê ṣiyyôn shä-hishpîlû 'et rûḥam we-shame'û 'et ḥärpatam we-shateqû we-lo' hähäzîqû ṭôva(h) le-'aṣmam* „‚Darum wartet auf mich, ist der Spruch des Herrn, bis zu dem Tag, an dem ich als Zeuge auftrete' (Zeph 3,8). (Das bezieht sich) auf die Trauernden, die sich mit mir grämen um mein Haus, das verwüstet, und meinen Tempel, der verödet ist. Jetzt bin ich Zeuge für sie, wie gesagt ist: ‚bei dem Zerschlagenen und dem, der demütigen Geistes ist' (Jes 57,15). Lies nicht ‚bei dem Zerschlagenen', sondern ‚bei mir ist der Zerschlagene'. Das sind die um Zion Trauernden, die ihren Geist demütigen und ihre Beschimpfung hören und schweigen und sich selbst nichts darauf zugute halten" sowie Baḥya b. Joseph b. Paquda, *sefär ḥôvôt ha-levavôt* VI 2, a. a. O., S. 195 *we-ha-nikhna' hû' ha-niqra' be-sifrê ha-qôdäsh ... shefal rûaḥ* „Und wer sich demütigt, ist derjenige, welcher in den heiligen Schriften ... ‚der demütigen Geistes ist' genannt wird".

7 *śimḥat 'äwîlîm be-ta'awatam*
lo' yishenû 'im lo' yimṣe'û:
Die Freude der Toren ist in ihrer Begierde,
sie können nicht schlafen, sie hätten denn (etwas) gefunden.

Parallele:
Prv 4,16 *lo' yishenû 'im lo' yare'û* „Sie können nicht schlafen, sie hätten denn Böses getan".

8 *day {l'ry} lä-'äwîlîm 'ôlam ha-zä(h)*
we-'ênam ḥafeṣîm ba-'ôlam ha-ba':
Den Toren genügt diese Welt,
und sie haben kein Gefallen an der kommenden Welt.

Text:
{l'ry} beruht auf Verschreibung des folgenden Wortes, vgl. XV 16. – Lies *ba-'ôlam* statt *be-'ôlam* (BERGER).

---

150 Zur Übersetzung BERGERS „gegen den Weisen, der sich erniedrig" s. *Text*. Abgesehen davon bedeutet *mashpîl ḥakham* „der den Weisen erniedrigt" und nicht „den Weisen, der sich erniedrigt".

9 *lo' yûkhal 'äwîl li-zkor ḥåkhma(h)*
we-lo' li-shmoa' däräkh yyy:
Nicht kann ein Tor der Weisheit gedenken
und nicht auf den Weg des Herrn hören.

10 *kî hû' shav 'al qê'ô*
be-'ôd 'ên lô voshät:
Denn er kehrt zurück zu seinem Gespei,
solange er noch kein(e) Scham(gefühl) besitzt.

Text:
Lies *qê'ô* statt *qî'ô* (BERGER).

Parallele:
Prv 26,11 *ke-khäläv shav 'al qe'ô* (sic) „Wie ein Hund, der zu seinem Gespei zurückkehrt".

11 *'aḥarê viṣ'ô libbô hôlekh*
'aḥarê gawwô yashlîkh 'ośêh[û:]
Sein Herz folgt seinem Gewinn[151],
und den, der i[hn] gemacht hat[152], wirft er hinter seinen Rücken.

Text:
Lies *gawwô* statt *gewô* (BERGER). – Zur Ergänzung *'ośêh[û:]* vgl. VI 14b. Von den Ergänzungsvorschlägen BERGERS (*['ośê ṣedaqa(h)]* S. 40 bzw. *['oṣerêhû]* S. 364) paßt zumindest die erstgenannte nicht in die Lücke.

Parallelen:
Ez 33,31 *'aḥarê viṣ'am libbam holekh* „Ihr Herz folgt ihrem Gewinn". – Zur Wendung *hishlîkh 'aḥarê gawwô* vgl. 1R 14,9; Ez 23,35; Neh 9,26. – Zu *'ośêh[û]* als Gottesbezeichnung vgl. VI 14b; Jes 27,11.

12 *divrê ḥakhamîm tô'avat 'äwîlîm*
we-'ênam 'avîm [li-shmoa'] mûsar:
Die Worte der Weisen sind der Abscheu der Toren,
und sie sind nicht willens, die Zucht [zu hören.]

Text:
Lies *'avîm* statt *'ovîm* (BERGER), vgl. XV 3a. Partizipien in adjektivischer Form mit *ā* in der ersten Silbe gibt es im mischnischen Hebräisch auch sonst[153].

Parallele:
XV 3a *['ä]wîlîm 'ênam 'avîm la-da'at ḥåkhma(h)* „Toren sind nicht willens, die Weisheit zu erkennen".

---

151 Die Übersetzung BERGERS „Er wandelt hinter der Habgier seines Herzens her" verwechselt *'aḥarê viṣ'ô libbô* mit *'aḥarê väṣa' libbô*.

152 Zur Übersetzung BERGERS „die, die ihn hindern wollen" s. *Text*. Die von ihm auf S. 40 vorgenommenen Ergänzung *'ośê ṣedaqah]* wäre etwa mit „die, die Gerechtigkeit/Wohltätigkeit üben" wiederzugeben.

153 Vgl. M. H. SEGAL, a. a. O., S. 92f. § 206.

13 *{mwsr} ḥåkhma(h) me'îra(h) li-v'alä(y)ha*
we-näfäsh be'alä(y)ha tadûṣ:
Die Weisheit erleuchtet ihren Besitzer,
und die Seele ihres Besitzers hüpft (vor Freude)[154].

Text:
{mwsr} beruht auf Dittographie des letzten Wortes von XVI 12b. – Lies *tadûṣ* statt *tarûṣ* (BERGER).

Parallele:
Qoh 8,1 *ḥåkhmat 'adam ta'îr pana(y)w* „Die Weisheit eines Menschen erleuchtet sein Angesicht".

14 *maḥshevôt ḥakhamîm 'eṣa(h) we-de'a(h)*
maḥshevôt 'äwîlîm ta'awa(h) we-ḥema(h):
Die Gedanken der Weisen sind Rat und Erkenntnis,
die Gedanken der Toren sind Begierde und Zorn.

Parallelen:
XIV 4a *maḥashävät ḥakhamîm 'ämät û- mishpaṭ* „Das Denken der Weisen ist Wahrheit und Recht"; XIV 6a *maḥashävät ḥakhamîm 'aḥarîtam* „Das Denken der Weisen kreist um ihr Ende"; XV 1b *maḥashävät ḥakhamîm me-ḥåkhmatam* „Das Denken der Weisen geht aus von ihrer Weisheit".

15 *ga'awa(h) we-ta'awa(h) makhshîl la-va'alêhän*
we-ḥåkhma(h) wa-'anawa(h) mashlût ba'alêhän:
Stolz und Begierde bringen ihre Besitzer zu Fall,
aber Weisheit und Demut bedeuten die Herrschaft (?) ihrer Besitzer
oder: bringen ihre Besitzer zur Ruhe (?)[155].

Text:
Lies *le-va'alêhän* (BERGER). – Da man ein Antonym zu *makhshîl* erwartet, ist die Konjektur BERGERS (*moshelôt* statt *mashlût*) nur ein Notbehelf. Zu erwägen wäre entweder die Beibehaltung von *mashlût* als nach Analogie von *malkhût* gebildetes Abstraktnomen oder, obwohl das Hif'il von *shlh* in positiver Bedeutung sonst nicht belegt zu sein scheint[156], die Konjektur *mashlôt* „zur Ruhe bringende".

16 *'aḥarît ga'awa(h) shaflût*
we-sôf shaflût gavhût:
Das Ende des Stolzes ist Erniedrigung,
und das Ende der Erniedrigung ist Hochmut.

Text:
Lies beide Male *shaflût* statt *shiflût* (BERGER).

---

154 Zur Übersetzung BERGERS „läuft rasch davon" s. *Text.*

155 Zur Übersetzung BERGERS „regieren ihre Besitzer" s. *Text.*

156 Im Neuhebräischen bedeutet das Hif'îl von *shlh* „jemanden (mit falschen Hoffnungen) beruhigen"; vgl. J. LAVY, a. a. O., S. 572a.

17 *ta'awat poh we-ḥimmûd 'avîra(h)*
'aḥarîtam bûsha(h) we-qalôn:
Die Begierde nach dem Hier und das Verlangen nach Übertretung –
ihr Ende ist Scham und Schande.

Text:
Lies *ta'awat* mit Pataḥ statt Qameṣ unter dem Waw (BERGER). – Lies *'avîra(h)* statt *'avêra(h)* (BERGER), vgl. V 5; VI 7. – Lies *'aḥarîtam* statt *'aḥrîtam* (BERGER).

18 *makhnî'ê yiṣram 'ênam bôshîm*
'im le-shem shadday 'asaqûm:
Die ihren Trieb demütigen, werden nicht zuschanden,
wenn sie es um des Allmächtigen willen geschafft haben[157].

Text:
Lies *'asaqûm* statt *'oseqîm* (BERGER).

Parallelen:
XIII 5b *û-makhnîa' yiṣrô û-meshabber ga'awatô* „Und wer seinen Trieb demütigt und seinen Stolz zerschlägt"; IX 13b *we-la-'ad ḥayîm we-'ênam bôshîm* „Sie leben ja auf ewig und werden nicht zuschanden".

Seite XVII

1 *[...] yyy (ṣ)eva'ôt*
we-lo' [...] le-[']ôlam:
[...] der/n/s Herr/n der Heerscharen[158]
und nicht [...] in Ewigkeit.

Text:
Lies *(ṣ)eva'ôt* statt *[be-na]'ôt* (BERGER). Zu der bei der Lesung *(ṣ)eva'ôt* vorausgesetzten Form des Ṣade vgl. *mi-maṣṣîl* XVII 12b.

2 *[...]îm däräkh ḥåkhma(h)*
we-'o[... ta'a]w[a]t ['ôlam?]:
[...]en den Weg der Weisheit
und [... die Begierde der Welt?][159].

Text:
Für die Ergänzung *[däräkh 'ana]wîm* (BERGER) zu Beginn der Zeile gibt es am Text der Handschrift keinen Anhalt. – Wie ein Vergleich von XVII 2b mit 3b zeigt, ist die Ergänzung *we-'oze[vîm]* (BERGER) ausgeschlossen. – *[ta'a]wat [...]* (BERGER) füllt die Lücke nicht; ich ergänze daher *[ta'a]w[a]t ['ôlam?]*.

157 Zur Übersetzung BERGERS „wenn sie sich beschäftigen um Gottes willen" s. *Text*.

158 Zur Übersetzung BERGERS „vor Gott in den Wohnungen" s. *Text*.

159 Zur Übersetzung BERGERS „(Der Weg der Demütig)en ist der Weg der Weisheit, und sie las(sen ab von ihren) Begierden ( )" s. *Text*.

3 *[...]îm ta'awatam*
we-'ozevîm däräkh yyy:
[...]en ihre Begierde
und verlassen den Weg des Herrn.

4 *[ḥakhamîm/ṣaddîqîm mena]ḥamîm be-läḥäm ḥuqqam*
wä-'äwîlîm 'ośîm we-lo' ve-mishpaṭ:
[Weise/Gerechte trö]sten mit dem ihnen zugewiesenen Brot,
aber Toren erwerben (Reichtum) durch Unrecht.

Text:
Vor *[mena]ḥamîm* ist entweder *ḥakhamîm* (vgl. XIII 15; XIV 1.4.6; XV 1.4; XVI 14) oder *ṣaddîqîm* (vgl. XI 16; XIV 5) zu ergänzen.

Parallelen:
Prv 30,8 *haṭrîfenî läḥäm ḥuqqî* „Ernähre mich mit dem mir zugewiesenen Brot". – Jer 17,11 *'ośä(h) 'oshär we-lo' ve-mishpaṭ* „Er erwirbt Reichtum durch Unrecht".

5 *[ṣaddîqîm] 'avdê yyy*
û-resha'îm 'avdê viṭnam:
[Die Gerechten] sind Knechte des Herrn,
aber die Gottlosen sind Knechte ihres Bauches.

Parallelen:
XV 7a *'äwîlîm 'avdê viṭnam* „Toren sind Knechte ihres Bauches"; Sahl b. Maṣlîaḥ ha-Kohen (Karäer, 1. Hälfte 10. Jh.), *sefär tôkhaḥat*, in: S. PINSKER (Ed.), *Liqqûṭê qadmôniyyôt* II, Wien 1860, S. 24–43, hier: S. 33 *wa-'ashär hû' 'äväd biṭnô ... nirḥaq mimmännû* „Und wer Knecht seines Bauches ist ..., von dem halten wir uns fern".

6 *[tô'avat yyy] däräkh rasha'*
we-däräkh ṣaddîqîm yä'ähav:
[Ein Abscheu für den Herrn] ist der Weg des Gottlosen[160],
aber den Weg der Gerechten liebt er.

Text:
Die Ergänzung *[śone' ḥakham]* (BERGER) ist alles andere als selbstverständlich. Nach III 17; Ps 1,6 und Prv 15,9 ist es viel wahrscheinlicher, daß *yyy* Subjekt des Satzes ist. – Lies *yä'ähav* mit Qameṣ statt Pataḥ (BERGER).

Zitat:
Prv 15,9 *tô'avat yhwh däräkh rasha'* „Ein Abscheu für den Herrn ist der Weg des Gottlosen".

Parallelen:
III 17 *däräkh ṣaddîqîm yä'ähav yyy we-däräkh resha'îm tô'eva(h):* „Den Weg der Gerechten liebt der Herr, aber der Weg der Gottlosen ist ein Abscheu"; Ps 1,6 *kî yôdea' yhwh däräkh ṣaddîqîm we-däräkh resha'îm to'ved* „Denn der Herr kennt den Weg der Gerechten, aber der Weg der Gottlosen führt in die Irre"; Prv 15,9 *tô'avat yhwh däräkh rasha' û-meraddef ṣedaqa(h) yä'ähav* „Ein Abscheu für den Herrn ist der Weg des Gottlosen, aber wer der Gerechtigkeit nachjagt, den liebt er."

---

160 Zur Übersetzung BERGERS „(Der Weise haßt) den frevelhaften Weg" s. *Text*.

7 *[ṭôv mehûmat ... we- ?]'amel ba-tôra(h)*
min shalwat kesîlîm û-ma'alalîm:
[Besser ist die Unruhe dessen, der ... und?] sich um das Gesetz müht,
als die Ruhe der Narren und Übeltäter(?)[161].

Text:
Die Ergänzung *[ṭôv mehûmat?]* wird durch den Parallelismus *mehûma(h) // shalwa(h)* in V 4 nahegelegt. – Lies *ba-tôra(h)* statt *be-tôra(h)* (Berger). – *û-ma'alalîm* kann vor allem dann, wenn *we- ?] 'amel ba-tôra(h)* richtig gelesen ist, schwerlich „und Taten" bedeuten; „und Taten Gottes" (Berger) ist vollends unmöglich. Man erwartet vielmehr ein Verbaladjektiv oder Partizip, das *kesîlîm* mehr oder weniger synonym ist wie z. B. *me'olelîm.*

Parallele:
Prv 1,32 *we-shalwat kesîlîm te'abbedem* „Und die Ruhe der Narren richtet sie zugrunde".

8 *[...] be(?)-ṭäräf ḥuqqam*
we-la-hagôt be-tôrat yyy:
[...] mit (?) der ihnen zugewiesenen Nahrung[162]
und zu sinnen über das Gesetz des Herrn.

Text:
Lies *be(?)-ṭäräf ḥuqqam* statt *[r]adaf ḥuqqam* (Berger); eine Verbalform (Qal Perf. 3.m.sg.) ist wegen der beiden babylonischen Pataḥ ausgeschlossen.

Parallelen:
I 6a *me'aṭ 'asoq be-ṭäräf ḥuqqô* „Sich wenig beschäftigen mit der einem zugewiesenen Nahrung". – II 11b; IV 5a *kî 'im la-hagôt be-tôrat yyy* „Außer/sondern über das Gesetz des Herrn zu sinnen"; IX 13 *lakhen hôgä(h) tôra(h) me'ushsharîm* „Deshalb wohl jedem, der über das Gesetz sinnt"; XVII 11 *[ṭôv hôgä(h)] be-tôrat yyy* „[Besser einer, der] (über das Gesetz des Herrn) [sinnt]"; Jos 1,8 *we-hagîta bô yômam wa-layla(h)* „Und du sollst darüber sinnen Tag und Nacht"; Ps 1,2 *û-ve-tôratô yähgä(h) yômam wa-layela(h)* „Und sinnt über sein Gesetz Tag und Nacht".

9 *[ṭôv ra(')sh] yare['] yyy*
me-'îsh 'ash[î]r we-'ên lô ḥåkhma(h):
[Besser ein Armer], der den Herrn fürchtet[163],
als ein reicher Mann, der keine Weisheit besitzt.

Text:
Zur Ergänzung *[ṭôv ra(')sh]* vgl. Prv 19,1; 28,6. – Lies *yare[']* statt *yere[']* (Berger). – Berger zieht *me-'îsh 'ash[î]r* gegen die Handschrift zu Z. 9a.

Parallelen:
Prv 19,1 *ṭôv rash hôlekh be-tummô me-'iqqesh śefata(y)w we-hû' kesîl* „Besser ein Armer, der unsträflich wandelt, als einer, der Verkehrtes spricht und dabei ein Reicher ist"; Prv 28,6 *ṭôv rash hôlekh be-tummô me-'iqqesh derakhîm we-hû' 'ashîr* „Besser ein

161 Zur Übersetzung Bergers „( ) er müht sich mit der Torah ( ) aufgrund der Sorglosigkeit der Blöden, und die Taten Gottes ( )" s. *Text.*

162 Zur Übersetzung Bergers „(er fra)gt ihren Anordnungen nach" s. *Text.*

163 Zur Übersetzung Bergers „( ) fürchtend Gott ( ) im Unterschied zum reichen Mann" s. *Text.*

Armer, der unsträflich wandelt, als einer, der verkehrte Wege geht und dabei ein Reicher ist".

10 *[ṭôv me'aṭ] (be-yir'at) yyy {w}*
we-ṭôv rash me-'îsh kazav:
[Besser wenig] (in der Furcht) des Herrn[164],
und besser ein Armer als ein Mann der Lüge.

Text:
Zur Ergänzung *[ṭôv me'aṭ]* vgl. Prv 15,16. – Schechter hat *(be-yir'at)* noch ohne weiteres lesen können. – Das {*w*} am Ende von 10a beruht auf Vorwegnahme des ersten Konsonanten von 10b.

Zitate:
Prv 15,16 *ṭôv me'aṭ be-yir'at yyy* „Besser wenig in der Furcht des Herrn". – Prv 19,22 *we-ṭôv rash me-'îsh kazav* „Und besser ein Armer als ein Mann der Lüge".

11 *[ṭôv la-hagôt] (be-tôrat) yyy*
mi-yagîa' le-ha'ashîr:
[Es ist besser, zu sinnen] (über das Gesetz) des Herrn,
als die Mühe, reich zu werden.

Text:
Zur Ergänzung *[ṭôv la-hagôt]* vgl. II 11b; IV 5a; XVII 8b. – Lies *mi-yagîa'* statt *mi-yegîa'* (Berger). – Für Schechter war*(be-tôrat)* noch ohne weiteres zu lesen. – Das über dem Sin/Schin-Grundzeichen von *le-ha'ashîr* stehende stilisierte Sin/Schin hat dieselbe Funktion wie der diakritische Punkt über dem Schin in der tiberischen Vokalisation.

Parallelen:
II 11b; IV 5a *kî 'im la-hagôt be-tôrat yyy* „Außer/sondern über das Gesetz des Herrn zu sinnen"; IX 13 *lakhen hôgä(h) tôra(h) me'ushsharîm* „Deshalb wohl jedem, der über das Gesetz sinnt"; Jos 1,8 *we-hagîta bô yômam wa-layla(h)* „Und du sollst darüber sinnen Tag und Nacht"; Ps 1,2 *û-ve-tôratô yähgä(h) yômam wa-layela(h)* „Und sinnt über sein Gesetz Tag und Nacht". – XVIII 3a *marbä(h) hôn we-yagea' le-ha'ashîr* „Wer Besitz vermehrt und sich abmüht, reich zu werden"; Prv 23,4 *'al tîga' le-ha'ashîr* „Mühe dich nicht ab, reich zu werden".

12 *[ṭov maṣṣîl] n[a]fshô*
mi-maṣṣîl nefashôt:
[Besser wer] seine Seele/sich selbst[165] [rettet]
als wer Seelen/Leben rettet.

Text:
Lies *n[a]fshô* statt *le-näfäsh* (Berger).

164 Zur Übersetzung Bergers „(in der Furch)t Gottes" s. *Text.*
165 Zur Übersetzung Bergers „den Lebensgeist" s. *Text.*

13 *[ṭov ṣadd]îq û-maṣdîq 'aḥerîm*
min rasha' we-yarshîa' 'aḥerîm:
[Besser ein Gerech]ter, der andere gerecht macht,
als ein Gottloser, der andere gottlos macht[166].

Text:
Lies *[ṭov ṣadd]îq û-maṣdîq* statt *[ya]qîm ṣaddîq* (BERGER).

14 *[ṭô]v le-khabbed 'et yôṣerô*
û-mi-le-khabbed 'et nafshô:
Es ist [bes]ser, seinen Schöpfer zu ehren[167],
als seine Seele/sich selbst zu ehren.

Text:
Lies *[ṭô]v* statt *ṭôv* (BERGER). – Lies beide Male *'et* statt *'ät* (BERGER), vgl. VI 9.11; IX 16. – Lies *û-mil-le-khabbed* statt *û-mi-le-khabbed* (BERGER), vgl. XVII 15.16. Das im Deutschen kaum adäquat wiederzugebende explikative Waw findet sich auch in III 16 und XVII 16.

15 *[ṭ]ôv le-khabbed tôrat yyy*
mi-le-khabbed she'er beśarô:
Es ist [bes]ser, das Gesetz des Herrn zu ehren,
als leibliche Verwandte zu ehren.

Text:
Lies *[ṭô]v* statt *ṭôv* (BERGER). – Lies *mil-le-khabbed* statt *mi-le-khabbed* (BERGER), vgl. XVII 14.16.

Parallelen:
Zur Wendung *she'er beśarô* vgl. V 13b sowie Lv 18,6; 25,49.

16 *[ṭ]ôv le-khabbed yere' yyy*
û-mi-le-khabbed kevôd bêtô:
Es ist [bes]ser, den zu ehren, der den Herrn fürchtet,
als die Ehre seines Hauses zu ehren.

Text:
Lies *[ṭ]ôv* statt *ṭôv* (BERGER). – Lies *û-mil-le-khabbed* statt *û-mi-le-khabbed* (BERGER), vgl. XVII 14.15. Das im Deutschen kaum adäquat wiederzugebende explikative Waw findet sich auch in III 16 und XVII 14.

Parallele:
Ps 15,4 *we-'ät yir'ê yhwh yekhabbed* „Und er ehrt, die den Herrn fürchten".

---

166 Zur Übersetzung BERGERS „(Es rich)tet auf ein Gerechter die Nachfolgenden mehr als der Ungerechte, der die Nachfolgenden schuldig macht" s. *Text*. Abgesehen davon heißt *'aḥerîm* „andere" und nicht „Nachfolgende".

167 Die in der Übersetzung BERGERS „Es ist besser ( ) zu ehren seinen Schöpfer" angedeutete Lücke hat weder am Text der Handschrift noch an dem von ihm selbst auf S. 42.376 hergestellten Text einen Anhalt.

17 *[ma]rbä(h) hônô û-meḥasser ḥåkhmatô*
'êkh yinnaqä(h) mi-pene yyy:
[Wer] seinen Besitz [ver]mehrt, aber seine Weisheit vermindert,
wie kann der ungestraft bleiben vor dem Herrn?

Parallele:
XVIII 3b *lo' yinnaq[ä(h) mi-penê yyy:]* „Er bleibt nicht ungestra[ft vor dem Herrn.]"

18 *[ma]rbä(h) hônô we-gômel ḥasadîm*
'im ya'aśä(h) yesh lô tiqwa(h):
[Wer] seinen Besitz [ver]mehrt, aber Wohltaten erweist[168],
wenn er (es) tut, hat er Hoffnung.

Text:
Die Lesungen Bergers (*ḥôsh* S. 42 bzw. *ḥôs* S. 380 und *'omel* S. 42.380) lassen sich nicht verifizieren.

Parallelen:
XIII 17 *û-maṣa' de'a(h) yesh lô tiqwa(h)* „und hat er Erkenntnis gefunden, hat er Hoffnung"; XVIII 1b *'im ya'aśä(h) yesh lô tiqwa(h)* „Wenn er (es) tut, hat er Hoffnung".

Seite XVIII

1 *[m]a[rb]ä[h h]ô[n] û-[m]a[ḥ]a[z]î[q] be-mûsar*
'im ya'aśä[h yesh] l[ô tiqwa(h):]
(Wer Besitz vermehrt[169], aber) an Zucht (festhält),
wenn er (es) tu[t, hat er Hoffnung.]

Text:
Die Lesart *hôn* ist absolut sicher, vgl. Berger, S. 44. Das von Berger, S. 380 konjizierte *ḥôs* hat keinen Anhalt am Text der Handschrift. – Zur Ergänzung *û-[m]a[ḥ]a[z]î[q] be-mûsar* vgl. die status constructus-Verbindung *ḥizzûq mûsar* in V 17a. – Zur Ergänzung *ya'aśä[h yesh] l[ô tiqwa(h):]* (vgl. Berger) s. XVII 18b.

Parallele:
XIII 17b *û-maṣa' de'a(h) yesh lô tiqwa(h)* „und hat er Erkenntnis gefunden, hat er Hoffnung"; XVII 18b *'im ya'aśä(h) yesh lô tiqwa(h)* „Wenn er (es) tut, hat er Hoffnung".

2 *ma[rbä(h)] hôn [...]*
'ûlay y[esh (lô) tiqwa(h):]
[Wer] Besitz ver[mehrt, ...,]
vielleicht[170] be[steht dann (für ihn) Hoffnung.]

168 Zur Übersetzung Bergers „(Wer Erbarmen vermehrt und) wer sich müht um Gemeinschaftspflichten" s. *Text.*

169 Zur Übersetzung Bergers „(Wer Erbarmen vermehrt und ...)" s. *Text.*

170 Zur Übersetzung Bergers „wenn er es nicht tun" s. *Text.* Die Wiedergabe von *'ûlay* mit „wenn ... nicht" beruht offenbar auf der Verwechslung von *'ûlay* mit *lûlê.*

Text:
Bergerergänzt *ya['aśä(h) :]* ; nach dem Zusammenhang ist eher an *y[esh (lô) tiqwa(h):]*, vgl. Thr 3,29, zu denken.
Parallele:
Thr 3,29 *'ûlay yesh tiqwa(h)* „Vielleicht besteht dann Hoffnung".

3 *marbä(h) hôn we-yagea' le-ha'ashîr*
lo' yinnaq[ä(h) mi-penê yyy:]
Wer Besitz vermehrt und sich abmüht, reich zu werden,
bleibt nicht ungestra[ft vor dem Herrn.[171]]

Text:
lo' yinnaq[ä(h) ... :] ist ohne weiteres zu lesen. In der verbleibenden Lücke kann man nach XVII 17b *mi-penê yyy* ergänzen. Für die Ergänzungen Bergers *lo' 'åshrô yikkôn be-'ôlam ha-ba'* (S. 44) bzw. *lo' yinna[ḥem ...]* (S. 380) gibt es am Text der Handschrift keinen Anhalt.
Parallelen:
XVII 11b *mi-yagea' le-ha'ashîr* „Als einer, der sich abmüht, reich zu werden"; Prv 23,4 *'al tîga' le-ha'ashîr* „Mühe dich nicht ab, reich zu werden". – XVII 17b *'êkh yinnaqä(h) mi-penê yyy* „Wie kann der ungestraft bleiben vor dem Herrn?"

4 *marbä(h) ḥåkhma(h) we-yagêa' ba-tôra(h)*
ṣidqatô '[omädät la-'ad:]
Wer Weisheit vermehrt und sich müht um das Gesetz,
dessen Gerechtigkeit[172] be[steht in Ewigkeit.]

Text:
Lies *we-yagêa'* statt *we-yagêh* (Berger). – Zur Ergänzung *ṣidqatô '[omädät la-'ad:]* vgl. Ps 111,3; 112,3.9.
Zitat:
Ps 111,3; 112,3.9 *(we-)ṣidqatô 'omädät la-'ad* „(Und) seine Gerechtigkeit besteht in Ewigkeit".

5 *ḥayyîm yamûtû û-melakhîm yishpalû*
wa-'ashirîm be-shäfäl [y]e[shevu:]
Lebende müssen sterben und Könige erniedrigt werden
und Reiche in Niedrigkeit [sitzen.[173]]

Text:
Lies *yishpalû* statt *yishpelû* (Berger). – Zur Ergänzung *be-shäfäl [y]e[shevu:]* vgl. Qoh 10,6b. Der Vorschlag Bergers *(bi-shfalîm nimṣa'[îm])* läßt sich nicht verifizieren.

171 Zur Übersetzung Bergers „der wird kein Mit(leiden wegen fremden Unglücks haben)" s. *Text*. Die von Berger, S. 44 vorgeschlagene Ergänzung *lo' 'å[shrô yikkôn be'ôlam* (sic) *ha-ba'* könnte vielleicht mit „Nicht wird sein Reichtum Bestand haben in der kommenden Welt" wiedergegeben werden.

172 Zur Übersetzung Bergers „seine Gerechtigkeit ( )" s. *Text*.

173 Zur Übersetzung Bergers „und Reiche werden unter den Niedri(gen gefunden)" s. *Text*.

Zitat:
Qoh 10,6b *wa-ʿashirîm be-shäfäl yeshevû* „Und Reiche müssen in Niedrigkeit sitzen".
Parallele:
Qoh 9,5 *kî ha-ḥayyîm yôdeʿîm shä-yamutû* „Denn die Lebenden wissen, daß sie sterben müssen".

6 *śeveʿîm ba-läḥäm niśkarû*
we-gibbôrî[m ḥatta(h) qashtam ?:]
Die da satt waren, müssen um Brot dienen,
und die Helde[n[174] – ihr Bogen ist zerbrochen.]

Text:
Das über dem Sin/Schin-Grundzeichen von *śeveʿîm* stehende stilisierte Samekh hat dieselbe Funktion wie der diakritische Punkt über dem Sin in der tiberischen Vokalisation. – Zur Ergänzung *we-gibbôrî[m ḥatta(h) qashtam* ?:] vgl. 1S 2,4; Jer 51,56.
Zitat:
1S 2,5 *śeveʿîm ba-läḥäm niśkarû* „Die da satt waren, müssen um Brot dienen".
Parallelen:
1S 2,4 *qäshät gibborîm ḥattîm* (lies *ḥatta(h)*[175]) „Der Bogen der Helden ist zerbrochen"; Jer 51,56 *ḥitteta(h) qashshetôtam* „Ihre Bogen sind zerbrochen".

7 *'ên yakhôl le-'abbed ḥåkhma(h)*
û-ṣedaqa(h) min ba[ʿ]al[ah ... :]
Man kann Weisheit nicht verlieren[176],
und Gerechtigkeit von [ihrem] Be[sit]zer [...]

Text:
Die Ergänzung *ba[ʿ]al[ah...]* (vgl. Berger) ist im Hinblick auf XVIII 8a sehr erwägenswert.

8 *kî hôlekh ṣedaqa(h) lifnê vaʿalah*
we-ḥåkhma(h) [... :]
Denn die Gerechtigkeit geht vor ihrem Besitzer einher,
und die Weisheit [...]

Parallele:
Ps 85,14 *ṣädäq lefana(y)w yehallekh* „Gerechtigkeit geht vor ihm (scil. Gott) einher".

---

174 Zur Übersetzung Bergers „und die Kraftvollen (   )" s. *Text.*

175 Zu dieser Emendation vgl. BHS und BHK.

176 Die Übersetzung Bergers „Die Weisheit kann nicht zugrundegehen" beruht auf der Verwechslung des Piʿel und des Qal von *'bd*.

9 *ṣarîkh 'adam la-da'at nafshô*
û-le-hit[bônen ... :]
Der Mensch muß sich um seine Seele kümmern
und [einsehen ...[177]]

Text:
Die Ergänzung *û-le-hit[na]ṣṣe[l]* (BERGER) ist unmöglich; die erkennbaren Vokalzeichen verlangen eine Form vom Typ *û-le-hitpo'el* wie *û-le-hit[bônen]*, vgl. XVIII 10.

Parallelen:
XVIII 12 *'ohev käsäf lo' yeda' nafshô* „Wer Geld liebt, kümmert sich nicht um seine Seele"; Hi 8,21 *lo' 'eda' nafshî* „Ich kümmere mich nicht um meine Seele."

10 *we-da'at 'ellä(h) be-ḥåkhma(h) yitbônan*
'im 'ên [ḥåkh]ma[(h)... :]
Und die Erkenntnis dieser (Dinge) wird er durch Weisheit einsehen;
wenn es keine Weisheit gibt, [... :]

Text:
Die Ergänzung *[ḥåkh]ma[(h) ... :]* (vgl. BERGER) ist recht wahrscheinlich.

Parallele:
X 7a *teqûm[a]t be-ḥåkhma(h) yitbônan* „Den Bestand wird er durch Weisheit einsehen".

11 *'al ken ḥayyav le-vaqqesh ḥåkhma(h)*
û-le-ḥappeśah ka-maṭ[mônîm:]
Deshalb ist er verpflichtet, Weisheit zu suchen
und nach ihr zu forschen wie nach Sch[ätzen.[178]]

Text:
Das über dem Sin/Schin-Grundzeichen von *û-le-ḥappeśah* stehende stilisierte Samekh hat dieselbe Funktion wie der diakritische Punkt über dem Sin in der tiberischen Vokalisation. Das stilisierte He über seinem He entspricht einem tiberischen Mappiq. – Die Ergänzung BERGERS *(ke-maṭ[môn:])* füllt die Lücke nicht.

Parallelen:
Prv 2,4 *'im tevaqqeshänna(h) ka-kasäf we-ka-maṭmônîm teḥappeśänna(h)* „Wenn du nach ihr suchst wie nach Silber und nach ihr forschst wie nach Schätzen". S. ferner das dem Salomo b. Gabirol zugeschriebene *sefär mivḥar ha-penînîm*[179] (ed. B. H. ASCHER, London 1859, S. 14 Nr. 75) *baqqashat ha-ḥåkhma(h) ke-ḥîppeś ha-maṭmônîm* „Das Suchen nach der Weisheit ist wie das Forschen nach Schätzen".

---

177 Zur Übersetzung BERGERS „und von sich abzureissen ( )" s. *Text*.

178 Zur Übersetzung BERGERS „wie einen vergrabenen Schatz ( )" s. *Text*.

179 Wie bei Baḥya b. Joseph b. Paqudas *sefär ḥôvôt ha-levavôt* stammt auch hier die Übersetzung aus dem Arabischen ins Hebräische von Juda b. Tibbon.

12 *'ohev käsäf lo' yeda' nafshô*
we-'aṣ le-ha'ashîr [lo' yinnaqä(h):]
Wer Geld liebt, kümmert sich nicht um seine Seele,
und wer schnell reich werden will, [bleibt nicht ungestraft.]

Text:
Lies *yeda'* statt *yada'* (BERGER), vgl. Hi 8,21. – Zur Ergänzung *[lo' yinnaqä(h):]* vgl. Prv 28,20.

Zitat:
Prv 28,20 *we-'aṣ le-ha'ashîr lo' yinnaqä(h)* „Und wer schnell reich werden will, bleibt nicht ungestraft".

Parallelen:
XVIII 9 *ṣarîkh 'adam la-da'at nafshô* „Der Mensch muß sich um seine Seele kümmern"; Hi 8,21 *lo' 'eda' nafshî* „Ich kümmere mich nicht um meine Seele".

13 *marbä(h) nekhasîm 'ên yôdea' yôṣerô*
û-môsîf ḥåkhma(h) [... :]
Wer Besitztümer vermehrt, kennt nicht seinen Schöpfer,
aber wer Weisheit mehrt, [... :]

Parallele:
mAv 2,7 *marbä(h) nekhasîm marbä(h) dayôn* „Wer Besitztümer vermehrt, vermehrt Kummer".

14 {*'shtw ?*} *'äshtônôt 'ôlam mafḥît de'a(h)*
we-rôv ḥåkhma(h) meva[zzä(h) ? ... :]
Die Gedanken der Welt vermindern die Erkenntnis,
aber die Menge der Weisheit verach[tet? ...[180]]

Text:
{*'shtw ?*} beruht auf Verschreibung des folgenden Wortes. – Die Ergänzung *meva[qqesh de'a(h)]* (BERGER) hat am Text der Handschrift keinen Anhalt. Der Buchstabenrest nach dem Beth legt vielmehr *mebazz[ä(h)]* nahe.

15 *me'aṭ 'îssaq we-'îssaq ba-tôra(h)*
hû' yitḥakkam li-m'o[d:]
Wenig hat er sich beschäftigt, sich aber mit dem Gesetz beschäftigt,
er wird sich als seh[r] weise erzeigen.

Text:
Lies *'îssaq we-'îssaq* statt *'îsseq we-'îsseq* (BERGER); das Pi'el von *'sq* begegnet auch in I 11 und II 15. – Lies *yitḥakkam* mit Qameṣ statt *yitḥakkem* (BERGER). – Von dem Daleth des Wortes *li-m'o[d:]* ist nur die rechte obere Ecke erhalten.

Parallelen:
I 2 *le-hitḥakkam we-l-itgabbar li-m'[o]d[:]* „Er wird sich wahrscheinlich als weise und seh[r] stark erweisen"; Sir 38,24 *w-ḥsr 'sq hw' ytḥkm* „Und wem Geschäft fehlt, der wird sich als weise erzeigen"; mAv 4,9 *häwê me'aṭ 'esäq wa-'asôq ba-tôra(h)* „Sei wenig beschäftigt, aber beschäftige dich mit dem Gesetz".

---

180 Zur Übersetzung BERGERS „und viel-Weisheit (sic) er(strebt das Erkennen)" s. *Text*.

16 *mi-kol 'adam lemad de'a(h)*
lo' le-hityabbesh le-'et ṣ[uqa(h):]
Von jedem Menschen lerne Erkenntnis;
man braucht nicht zu verdorren zur Zeit der Be[drängnis.[181]]
oder: sich nicht zu schämen zur Zeit der Be[drängnis.]

Text:
Lies *mi-kol* statt *mi-kål* (Berger), vgl. II 6.11f; III 7; IV 7; VI 2; VII 8.15; VIII 13; IX 8–10; X 9.13; XI 13; XII 1.5.10. – Die Konjektur *le-hitbayyesh* (Schechter) ist sehr erwägenswert. – Die Ergänzung *[ṣ]iyya(h)* (Berger) ist wegen des nach dem Ṣade deutlich zu erkennenden babylonischen Qibbuṣ ausgeschlossen.

Parallele:
mAv 4,1 *'ê zä(h) hû' ḥakham ha-lamed mi-kål 'adam* „Welcher ist weise? Wer von jedem Menschen lernt".

17 *tarbît ha-gûf ma'akhal u-mashqa(h)*
we-tarbît ha-näfäsh da'at we-[ḥåkhma(h):]
Der Ertrag des Leibes ist Essen und Trinken,
aber der Ertrag der Seele ist Erkenntnis und [Weisheit.][182]

Text:
Lies *u-mashqa(h)* statt *u-mashqä(h)* (Berger), vgl. XVI 3b. – Zur Ergänzung *we-[ḥåkhma(h):]* – das *we-* und das für tiberisches Qameṣ ḥaṭuf stehende babylonische Qibbuṣ sind deutlich sichtbar – vgl. II 14; XI 7; XII 5 und XIV 9.

18 *tôledat ha-gûf lo' yaṣṣîl be'ala(y)w*
tôledôt ha-näfäsh yemalleṭ [be'ala(y)w:]
Das Erzeugnis des Leibes rettet seinen Besitzer nicht,
die Erzeugnisse der Seele helfen[183] [ihrem Besitzer.]

Text:
Lies *tôledat* statt *tôlädät* (Berger), vgl. XII 14. – Lies *tôledôt* statt *tôledot* (Berger). – Lies *yemalleṭ* statt des unmöglichen *mele['ôt]* (Berger). – Die Ergänzung *be'ala(y)w* – das Shwa und das erste Qameṣ sind ohne weiteres zu lesen – ist durch die Parallele X 16 gesichert.

Parallele:
X 16 *berît ha-gûf lo' yaṣṣîl be'ala(y)w û-verît ha-näfäsh memalleṭ be'ala(y)w* „Die Gesundheit des Leibes rettet seinen Besitzer nicht, aber die Gesundheit der Seele hilft ihrem Besitzer".

---

181 Zur Übersetzung Bergers „zur Zeit der Trockenheit" s. *Text.*

182 Zur Übersetzung Bergers „ist Erkenntnis" s. *Text.*

183 Zur Übersetzung Bergers „Aber die Erzeugnisse der Seele erfüllen" s. *Text*; das „Aber" hat am Text der Handschrift keinen Anhalt.

V. Literaturverzeichnis

1. Quellentexte

a) Bibelausgaben

GINSBURG, C. D. (Ed.), The Old Testament, 4 Bde, 1908–1926

Biblia Hebraica ed. KITTEL, R., 13. Aufl. 1962

Biblia Hebraica Stuttgartensia edd. ELLIGER, K. et RUDOLPH, W., 3. Aufl., 1987

Septuaginta. Id est Vetus Testamentum graece iuxta LXX interpretes ed. RAHLFS, A., 2 Bde, 5. Aufl., 1952

Biblia Sacra juxta versionem simplicem quae dicitur Pschitta, 3 Bde, Mosul 1891 (Nachdruck Beirut 1951)

GINSBURGER, M., (Hrsg.), Pseudo-Jonathan (Thargum Jonathan ben Usiël zum Pentateuch), 1903

DIEZ MACHO, A., (Ed.). Neophyti 1. Targum palestinense Ms de la Biblioteca Vaticana. I. Génesis, 1968

NESTLE-ALAND, Novum Testamentum Graece, edd. ALAND, K. et ALAND, BARBARA, 26. Aufl., 1988

b) Ausgaben des Weisheitstextes aus der Kairoer Geniza

BELLÉLI, L., Un nouvel apocryphe. Étude sur un fragment de manuscrit du vieux Caire, 1904

BERGER, K., Die Weisheitsschrift aus der Kairoer Geniza. Erstedition, Kommentar und Übersetzung, TANZ 1, 1989

Ders., Die Bedeutung der wiederentdeckten Weisheitsschrift aus der Kairoer Geniza für das Neue Testament, NTS 36 (1990), S. 415–430

HARKAVY, A. E., Contribution à la littérature gnomique, REJ 45 (1902), S. 298–305

Ders., *śarîd û-falîṭ mi-sefär mishlê mûsar qadmôn*, in: *ḥadashîm gam yeshanîm* II 7, 1902/03 (Nachdruck Jerusalem 1969/70), S. 379–384

SCHECHTER, S., Genizah Fragments. I. Gnomic, JQR 16 (1904), S. 425–442

c) Rabbinische Literatur

BEER, G., (Hrsg.), Faksimile-Ausgabe des Mischnacodex Kaufmann A 50, 1929 (Nachdruck Jerusalem 1967/68)

GOLDSCHMIDT, L., (Hrsg.), Der babylonische Talmud, 9 Bde. Berlin 1897–1935

Masechet Derech Eretz Zutta. Second edition corrected and with extended commentary by SPERBER, D., Jerusalem 1982

Midrash Bereshit Rabba. Critical Edition with Notes and Commentary by THEODOR, J. and ALBECK, CH., 3 Bde. 2. Aufl., Jerusalem 1965

Midrash rabba(h) ʻal sefär shemôt û-megillat ʼäster, ed. LEWIN-EPSTEIN, Jerusalem 1964/65.

Midrasch Mischlê. Samlung (sic) agadischer Auslegung der Sprüche Salomonis, hrsg. von BUBER, S., Wilna 1893 (Nachdruck Jerusalem 1964/65)

Sefär pirqê de-rabbî 'älî'ezär ... 'im be'ûr ha-RaDa"L, Warschau 1851/52 (Nachdruck New York 1946)
Midrash Haggadol on the Pentateuch. Genesis, ed. by MARGULIES, M., Jerusalem 1975
Bet ha-Midrasch. Sammlung kleiner Midraschim und vermischter Abhandlungen aus der älteren jüdischen Literatur, hrsg. von JELLINEK, A., 6 Teile in 2 Bden, Leipzig 1853 – Wien 1878; 3. Aufl., Jerusalem 1967
Ozar Midrashim. A Library of two hundred Minor Midrashim, ed. by EISENSTEIN, J. D., 2 Bde, 1915 (Nachdruck Israel 1969)
GOLDSCHMIDT, L., (Hrsg.), Sepher Jeṣirah. Das Buch der Schöpfung, Frankfurt a.M. 1894 (Nachdruck Darmstadt 1969)

d) Rabbanitisches und karäisches Schrifttum des Mittelalters

ADLER, M. N., (Ed.), The Itinerary of Benjamin of Tudela, 1907
Baḥya b. Joseph b. Paquda, *sefär ḥôvôt ha-levavôt*, ed. LEWIN-EPSTEIN, Jerusalem 1965/66
HURWITZ, S., (Hrsg.), *Maḥzôr Vîṭrî le-rabbênû śimḥa(h)*, 2. Aufl. 1923 (Nachdruck Jerusalem 1963)
Jedaja b. Abraham Bedersi, *sefär beḥînat 'ôlam* Berlin 1926/27
Pesikta Rabbati. Midrasch für den Fest-Cyclus und die ausgezeichneten Sabbathe, hrsg. von FRIEDMANN, M., Wien 1880 (Nachdruck Tel Aviv 1962/63)
Pseudo-Salomo b. Gabirol, *sefär mivḥar ha-penînîm*, ed. by ASCHER, B. H., London 1859
Sahl b. Maṣlîaḥ ha-Kohen, *sefär tôkhaḥat*, in: PINSKER, S., (Ed.), *Liqqûṭê qadmôniyyôt* II, Wien 1860, S. 24–43

2. Hilfsmittel

(Konkordanzen, Wörterbücher und Grammatiken)

BAUER, H./LEANDER, P., Historische Grammatik der hebräischen Sprache des Alten Testamentes I, 1922 (Nachdruck Hildesheim 1965)
BROCKELMANN, C., Arabische Grammatik, 12. Aufl., 1948
Ders., Hebräische Syntax, 1956
BUXTORF, J., Lexicon Chaldaicum, Talmudicum et Rabbinicum, Basel 1639 (Nachdruck Hildesheim 1977)
BUXTORF, J., Lexicon Hebraicum et Chaldaicum ... Accessit Lexicon Breve Rabbinico-Philosophicum, Basel 1639
DALMAN, G. H., Aramäisch-neuhebräisches Handwörterbuch zu Targum, Talmud und Midrasch, 2. Aufl. 1938 (Nachdruck Hildesheim 1967)
ELIA LEVITA, Opusculum recens Hebraicum ..., cui titulum ... *Tishbî*, Isny 1541
JASTROW, M., A Dictionary of the Targumim, the Talmud Babli and Yerushalmi, and the Midrashic Literature, 2 Bde, 1903 (Nachdruck New York 1950)
KAHLE, P., Die masoretische Überlieferung des hebräischen Bibeltextes, in: BAUER, H./LEANDER, P., Historische Grammatik der hebräischen Sprache des Alten Testamentes I, 1922 (Nachdruck Hildesheim 1965), S. 71–172
LAVY, J., Langenscheidts Handwörterbuch Hebräisch-Deutsch, 1975
LEVY, J., Wörterbuch über die Talmudim und Midraschim, 4 Bde, 2. Aufl. 1924 (Nachdruck Darmstadt 1963)
Ders., Chaldäisches Wörterbuch über die Targumim und einen großen Theil des rabbinischen Schriftthums, 2 Bde, Leipzig 1867–1868 (Nachdruck Darmstadt 1966)
LISOWSKY, G., Konkordanz zum hebräischen Alten Testament, 2. Aufl., 1958
MANDELKERN, S., Veteris Testamenti Concordantiae Hebraicae atque Chaldaicae, 2 Bde, 4. Aufl., Jerusalem/Tel-Aviv 1959

MEYER, R., Hebräische Grammatik I. Einleitung, Schrift- und Lautlehre, Sammlung Göschen Bd. 763/763a/763b, 1966
SEGAL, M. H., A Grammar of Mishnaic Hebrew, 1927 (Nachdruck Oxford 1970)
WEHR, H./COWAN, J. M., A Dictionary of Modern Written Arabic, 1961

3. Sekundärliteratur

AVNERI, Z./ROTH, C., Art. Avelei Zion, in: Encyclopaedia Judaica III, Sp. 945f.
BLOCH, E., Thomas Münzer als Theologe der Revolution, 1989
DENEKE, B., (Hg.), Siehe, der Stein schreit aus der Mauer. Geschichte und Kultur der Juden in Bayern, 1988
GESE, H., Der Johannesprolog, in: Ders., Zur biblischen Theologie. Alttestamentliche Vorträge, Beiträge zur Evangelischen Theologie 78 (1977), S. 152–201
Ders., Die Entstehung der Büchereinteilung des Psalters, in: Ders., Vom Sinai zum Zion. Alttestamentliche Beiträge zur Biblischen Theologie, Beiträge zur Evangelischen Theologie 64 (1974), S. 159–167
GUTTMANN, J., Die Philosophie des Judentums, 1933
HOFIUS, O., „Der in des Vaters Schoß ist" Joh 1,18, ZNW 80 (1989), S. 163–171
JEREMIAS, J., Unbekannte Jesusworte, 4. Aufl. 1965
KAHLE, P. E., The Cairo Geniza, 2. Aufl., 1959
KAUFMANN, D., Die Sinne. Beiträge zur Geschichte der Physiologie und Psychologie im Mittelalter aus hebräischen und arabischen Quellen, Leipzig 1884 = Jahresbericht der Landes-Rabbinerschule in Budapest für das Schuljahr 1883–1884, Budapest 1884
MAIER, J., Geschichte der jüdischen Religion, 1973
RÖLLIG, W., Das Bier im Alten Mesopotamien, 1970
RÜGER, H. P., 'Amôn - Pflegekind. Zur Auslegungsgeschichte von Prv. 8:30a, in: Übersetzung und Deutung. Studien zum Alten Testament und seiner Umwelt (Fs. HULST, A. R.), 1977
Ders., Das Werden des christlichen Alten Testament, in: Jahrbuch für Biblische Theologie 3 (1988), S. 175–189
Ders., Die Inschrift auf dem ältesten jüdischen Männergrabstein Frankfurts, Frankfurter Judaistische Beiträge 9 (1981), S. 163–169
Ders., Ein Fragment der bisher ältesten datierten hebräischen Bibelhandschrift mit babylonischer Punktation, VT 16, 1966, S. 65–73
Ders., Syrien und Palästina nach dem Reisebericht des Benjamin von Tudela, Abhandlungen des deutschen Palästinavereins 12 (1990)
SCHIMANOWSKI, G., Weisheit und Messias. Die jüdischen Voraussetzungen der urchristlichen Präexistenzchristologie, WUNT II, 17, 1985
SCHOLEM, G., Kabbalah, 1978
SIMON, H./SIMON, MARIE, Geschichte der jüdischen Philosophie, 1984
SINGER, I. B., The Estate, 1987
SIRAT, COLETTE, A History of Jewish Philosophy in the Middle Ages, 1985
WESTERMANN, C., Zur Sammlung des Psalters, in: Ders., Forschung am Alten Testament, Theologische Bücherei 24 (1964), S. 336–343
WÜRTHWEIN, E., Der Text des Alten Testaments. Eine Einführung in die Biblia Hebraica, 5. Aufl. 1988
ZINCGREF, J. W., Teutscher Nation klug ausgesprochene Weißheit, Frankfurt/Leipzig 1683 = Der Teutschen scharfsinnige kluge Sprüch. Auswahl, 3. Aufl. 1989
ZUNZ, L., Die gottesdienstlichen Vorträge der Juden, 2. Aufl., Frankfurt a. M. 1892 (Nachdruck Hildesheim 1966)

Register

1. Bibelstellen

2. Rabbinische Literatur

3. Rabbanitisches und karäisches Schrifttum des Mittelalters

Wissenschaftliche Untersuchungen zum Neuen Testament

Alphabetisches Verzeichnis der ersten und zweiten Reihe

Appold, Mark L.: The Oneness Motif in the Fourth Gospel. 1976. *Band II/1.*
Bammel, Ernst: Judaica. 1986. *Band 37.*
Bauernfeind, Otto: Kommentar und Studien zur Apostelgeschichte. 1980. *Band 22.*
Bayer, Hans Friedrich: Jesus' Predictions of Vindication and Resurrection. 1986. *Band II/20.*
Betz, Otto: Jesus, der Messias Israels. 1987. *Band 42.*
– Jesus, der Herr der Kirche. 1989. *Band 52.*
Beyschlag, Karlmann: Simon Magnus und die christliche Gnosis. 1974. *Band 16.*
Bittner, Wolfgang J.: Jesu Zeichen im Johannesevangelium. 1987. *Band II/26.*
Bjerkelund, Carl J.: Tauta Egeneto. 1987. *Band 40.*
Blackburn, Barry Lee: 'Theios Anēr' and the Markan Miracle Traditions. 1991. *Band II/40.*
Bockmuehl, Markus N. A.: Revelation and Mystery in Ancient Judaism and Pauline Christianity. 1989. *Band II/36.*
Böhlig, Alexander: Gnosis und Synkretismus. 1989. 1. Teil. *Band 47.* – 2. Teil *Band 48.*
Büchli, Jörg: Der Poimandres – ein paganisiertes Evangelium. 1987. *Band II/27.*
Bühner, Jan A.: Der Gesandte und sein Weg im 4. Evangelium. 1977. *Band II/2.*
Burchard, Christoph: Untersuchungen zu Joseph und Aseneth. 1965. *Band 8.*
Cancik, Hubert: (Hrsg.): Markus-Philologie. 1984. *Band 33.*
Caragounis, Chrys C.: The Son of Man. 1986. *Band 38.*
Dobbeler, Axel von: Glaube als Teilhabe. 1987. *Band II/22.*
Ebertz, Michael N.: Das Charisma des Gekreuzigten. 1987. *Band 45.*
Eckstein, Hans-Joachim: Der Begriff der Syneidesis bei Paulus. 1983. *Band II/10.*
Ego, Beate: Im Himmel wie auf Erden. 1989. *Band II/34.*
Ellis, E. Earle: Prophecy and Hermeneutic in Early Christianity. 1978. *Band 18*
– The Old Testament in Early Christianity. 1991. *Band 54.*
Feldmeier, Reinhard: Die Krisis des Gottessohnes. 1987. *Band II/21.*
Fossum, Jarl E: The Name of God and the Angel of the Lord. 1985. *Band 36.*
Garlington, Don B.: The Obedience of Faith. 1991. *Band II/38.*
Garnet, Paul: Salvation and Atonement in the Qumran Scrolls. 1977. *Band II/3.*
Grässer, Erich: Der Alte Bund im Neuen. 1985. *Band 35.*
Green, Joel B.: The Death of Jesus. 1988. *Band II/33.*
Gundry Volf, Judith M.: Paul and Perseverance. 1990. *Band II/37.*
Hafemann, Scott J.: Suffering and the Spirit. 1986. *Band II/19.*
Heiligenthal, Roman: Werke als Zeichen. 1983. *Band II/9.*
Hemer, Colin J.: The Book of Acts in the Setting of Hellenistic History. 1989. *Band 49.*
Hengel, Martin und A. M. Schwemer (Hrsg.): Königsherrschaft Gottes und himmlischer Kult. 1991. *Band 55.*
Hengel, Martin: Judentum und Hellenismus. 1969. ^{3}1988. *Band 10.*
Herrenbrück, Fritz: Jesus und die Zöllner. 1990. *Band II/41.*
Hofius, Otfried: Katapausis. 1970. *Band 11.*
– Der Vorhang vor dem Thron Gottes. 1972. *Band 14.*
– Der Christushymnus Philipper 2,6–11. 1976, ^{2}1991. *Band 17.*
– Paulusstudien. 1989. *Band 51.*
Hommel, Hildebrecht: Sebasmata. Band 1. 1983. *Band 31.* – Band 2. 1984. *Band 32.*
Kamlah, Ehrhard: Die Form der katalogischen Paränese im Neuen Testament. 1964. *Band 7.*
Kim, Seyoon: The Origin of Paul's Gospel. 1981, ^{2}1984. *Band II/4.*
– "The 'Son of Man'" as the Son of God. 1983. *Band 30.*
Kleinknecht, Karl Th.: Der leidende Gerechtfertigte. 1984. ^{2}1988. *Band II/13.*
Klinghardt, Matthias: Gesetz und Volk Gottes. 1988. *Band II/32.*
Köhler, Wolf-Dietrich: Rezeption des Matthäusevangeliums in der Zeit von Irenäus. 1987. *Band II/24.*
Kuhn, Karl G.: Achtzehngebet und Vaterunser und der Reim. 1950. *Band 1.*

LAMPE, PETER: Die stadtrömischen Christen in den ersten beiden Jahrhunderten. 1987, ²1989. *Band II/18.*
MAIER, GERHARD: Mensch und freier Wille. 1971. *Band 12.*
– Die Johannesoffenbarung und die Kirche. 1981. *Band 25.*
MARSHALL, PETER: Enmity in Corinth: Social Conventions in Paul's Relations with the Corinthians. 1987. *Band II/23.*
MEADE, DAVID G.: Pseudonymity and Canon. 1986. *Band 39.*
MENGEL, BERTHOLD: Studien zum Philipperbrief. 1982. *Band II/8.*
MERKEL, HELMUT: Die Widersprüche zwischen den Evangelien. 1971. *Band 13.*
MERKLEIN, HELMUT: Studien zu Jesus und Paulus. 1987. *Band 43.*
METZLER, KARIN: Der griechische Begriff des Verzeihens. *1991.*
NIEBUHR, KARL-WILHELM: Gesetz und Paränese. 1987. *Band II/28.*
NISSEN, ANDREAS: Gott und der Nächste im antiken Judentum. 1974. *Band 15.*
OKURE, TERESA: The Johannine Approach to Mission. 1988. *Band II/31.*
PILHOFER, PETER: Presbyterion Kreitton. 1990. *Band II/39.*
RÄISÄNEN, HEIKKI: Paul and the Law. 1983, ²1987. *Band 29.*
REHKOPF, FRIEDRICH: Die lukanische Sonderquelle. 1959. *Band 5.*
REISER, MARIUS: Syntax und Stil des Markusevangeliums. 1984. *Band II/11.*
RICHARDS, E. RANDOLPH: The Secretary in the Letters of Paul. 1991. *Band II/42.*
RIESNER, RAINER: Jesus als Lehrer. 1981, ³1988. *Band II/7.*
RISSI, MATHIAS: Die Theologie des Hebräerbriefs. 1987. *Band 41.*
RÖHSER, GÜNTER: Metaphorik und Personifikation der Sünde. 1987. *Band II/25.*
RÜGER, HANS PETER: Die Weisheitsschrift aus der Kairoer Geniza. 1991. *Band 53.*
SÄNGER, DIETER: Antikes Judentum und die Mysterien. 1980. *Band II/5.*
SANDNES, KARL OLAV: Paul – One of the Prophets? 1991. *Band II/43.*
SATO, MIGAKU: Q und Prophetie. 1988. *Band II/29.*
SCHIMANOWSKI, GOTTFRIED: Weisheit und Messias. 1985. *Band II/17.*
SCHLICHTING, GÜNTER: Ein jüdisches Leben Jesu. 1982. *Band 24.*
SCHNABEL, ECKHARD J.: Law and Wisdom from Ben Sira to Paul. 1985. *Band II/16.*
SCHUTTER, WILLIAM L.: Hermeneutic and Composition in I Peter. 1989. *Band II/30.*
SCHWEMER, A. M. – siehe HENGEL.
SIEGERT, FOLKER: Drei hellenistisch-jüdische Predigten. 1980. *Band 20.*
– Nag-Hammadi-Register. 1982. *Band 26.*
– Argumentation bei Paulus. 1985. *Band 34.*
– Philon von Alexandrien. 1988. *Band 46.*
SIMON, MARCEL: Le christianisme antique et son contexte religieux I/II. 1981. *Band 23.*
SNODGRASS, KLYNE: The Parable of the Wicked Tenants. 1983. *Band 27.*
SPEYER, WOLFGANG: Frühes Christentum im antiken Strahlungsfeld. 1989. *Band 50.*
STADELMANN, HELGE: Ben Sira als Schriftgelehrter. 1980. *Band II/6.*
STROBEL, AUGUST: Die Studie der Wahrheit. 1980. *Band 21.*
STUHLMACHER, PETER (Hrsg.): Das Evangelium und die Evangelien. 1983. *Band 28.*
TAJRA, HARRY W.: The Trial of St. Paul. 1989. *Band II/35.*
THEISSEN, GERD: Studien zur Soziologie des Urchristentums. 1979, ³1989. *Band 19.*
WEDDERBURN, A. J. M.: Baptism and Resurrection. 1987. *Band 44.*
WEGNER, UWE: Der Hauptmann von Kafarnaum. 1985. *Band II/14.*
ZIMMERMANN, ALFRED E.: Die urchristlichen Lehrer. 1984, ²1988. *Band II/12.*